本书由国家社会科学基金资助（项目批准号11BTY025）

经济地理学视域下公共体育设施建设布局创新研究

毕红星 著

中国社会科学出版社

图书在版编目（CIP）数据

经济地理学视域下公共体育设施建设布局创新研究／毕红星著．
—北京：中国社会科学出版社，2016.5
ISBN 978 - 7 - 5161 - 7970 - 3

Ⅰ.①经… Ⅱ.①毕… Ⅲ.①体育器材—基础设施建设—
经济地理学—研究 Ⅳ.①G818.3②F294.9

中国版本图书馆 CIP 数据核字（2016）第 074983 号

出 版 人	赵剑英	
选题策划	刘 艳	
责任编辑	刘 艳	
责任校对	陈 晨	
责任印制	戴 宽	

出 版	中国社会科学出版社	
社 址	北京鼓楼西大街甲 158 号	
邮 编	100720	
网 址	http://www.csspw.cn	
发 行 部	010 - 84083685	
门 市 部	010 - 84029450	
经 销	新华书店及其他书店	

印 刷	北京明恒达印务有限公司	
装 订	廊坊市广阳区广增装订厂	
版 次	2016 年 5 月第 1 版	
印 次	2016 年 5 月第 1 次印刷	

开 本	710×1000 1/16	
印 张	21.25	
插 页	2	
字 数	363 千字	
定 价	80.00 元	

目　　录

前　言

　　十六大提出了全面建设小康社会奋斗目标。首次将"明显提高全民族健康素质、形成比较完善的全民健身体系"列入全面建设小康社会的发展目标体系。"十二五"时期群众体育的发展目标之一就是"建立完善以全民健身设施建设为主要内容之一的全民健身公共服务体系"。可见，公共体育设施建设布局是形成完善全民健身体系的重要内容，是到2020年实现全面建设小康社会的国家层面的重要措施。据"十一五"群众体育研究报告显示，公共体育设施短缺成为制约群众体育事业发展的主要瓶颈之一，表现为公共体育场地数量面积不足、布局不合理。我国体育事业"十二五"规划一项重点工作，就是要"加强城乡基层社区体育设施建设"。

　　公共体育设施建设布局，是指根据国民经济和社会发展的优势和条件，以及人口结构、环境条件和文化体育事业发展需要所进行的统筹兼顾、优化配置并符合国家关于城乡公共体育设施用地定额指标规定的宏观规划设计。不仅为体育事业发展提供重要的理论借鉴，同时也为我国体育事业的发展作出了重大贡献。城市公共体育设施建设布局的研究，离不开经济地理学理论方法的支持。它们既相互依存，又相互独立；既相互协调，又相互支撑。因此，研究经济地理学理论方法，既是城市公共体育设施建设布局研究的基础，又是寻求城市公共体育设施建设布局模式的创新研究。

　　本书紧紧把握我国经济社会发展总体目标，依托我国形成完善的全民健身体系群众体育发展战略，对城市公共体育设施建设布局的经济地理学展开研究。本课题借鉴经济地理学理论，以城市公共体育设施建设布局研究发展为背景，审视城市公共体育设施建设布局研究的契合性；以我国体育设施建设布局的现状调研为基础，找出城市公共体育设施建设布局的影响因素；以交叉与借鉴为研究创新，整合经济地理学"点—轴—网"理论模式；以影响因素为依据，以"点—轴—网"理论模式为依托，构建城市公共体育设施建设布局"点—轴—网"理论模式；以 GIS 为研究工具，通过"点—轴—网"的构建实现对城市公共体育设施建设布局的管理；以"点—轴—网"理论模式为平台，研究公共体育设施功能规划。

研究城市公共体育设施建设布局的经济地理学，首先应诠释城市公共体育设施建设布局的意义，厘清城市公共体育设施建设布局与经济地理学的关系，分析我国城市公共体育设施建设布局历史演进；其次应通过数学模型的建立与分析找出城市公共体育设施建设布局的影响因素；再次应在梳理整合经济地理学"点—轴—网"理论体系基础上，运用定量研究方法构建城市公共体育设施"点—轴—网"理论模式；最后应构建 Web GIS 系统并以此工具来对"点—轴—网"进行管理分析，进而借助"点—轴—网"理论模式对城市公共体育设施功能进行规划。

本书结合体育设施建设布局外部空间的影响，通过数学模型的建立与分析得出五大因素（地理因素、社会因素、经济因素、本位因素、其他因素）、十个指标［城区面积、城市人口密度、教育程度为大专及以上人口数量、晨晚练站（点）每天相对稳定的活动人数、财政收入、城市绿地面积、城市建成区面积、年末公共交通车辆运营数、年末实有道路长度、城市化水平］的影响因素体系。

在紧密围绕形成完善的全民健身体系，加强公共体育设施建设布局的国家群众体育事业发展的背景下，以公共体育设施建设布局的大量文献和统计数据为支撑，分析我国公共体育设施建设布局发展的现状。我国体育场地建设数量与规模发展呈现迅速增长态势；标准体育场地是体育场地建设中的重中之重；室外体育场地及篮球场等场地仍是标准体育场地结构系统中的主要部分；我国体育场地建设分布的行业系统归属与分布的地理位置划分具有明显的行政与时代特征；我国体育场地建设投资主体呈现多元化的发展态势；我国四大区域体育场地建设布局存在着较大的差异，东部区不同种类体育场地数量明显领先；东部区在标准体育场地建设规模和投资上侧重于县级和市级的，非标准体育场地绝大部分隶属于教育系统和其他系统，非标准体育场地分布数量最多的三个地点为校园、居住小区和乡村，群众体育场地是建设的重点，政府援建体育场地的重点是地级和省级体育场地。

　　结合城市公共体育设施建设布局的现状和特点，充分运用经济地理学理论，深入论证了城市公共体育设施建设布局"点—轴—网"理论模式，包括城市公共体育设施建设"点—轴—网"布局点的选择、轴的确定、点轴与其腹地合成问题及其设计等。首次以经济地理学"点—轴—网"空间布局的理论方法来规划城市公共体育设施建设布局。将中心点选择的一般原则、轴线建立的依据、点轴与其腹地合成具体运用于城市公共体育设施建设布局"点—轴—网"模式的构建。

　　本书分三个方面进行城市公共体育设施"点—轴—网"布局模式的分析。第一个方面是通过定量分析的方法确定中心点与发展轴，从而构建北京市公共体育设施"点—轴—网"空间结构。第二个方面是将 GIS 作为一种研究工具，对"点—轴—网"模式的构建进行分析。第三个方面是运用"点—轴—网"模式来优化城市公共体育设施的建设布局，使城市公共体育设施充分发挥其属性功能，从而实现公共体育设施社会利益与经济效益最大化的研究目标。

　　本书的突出特色在于将城市公共体育设施建设布局与经济地理学的理论方法相结合，对城市公共体育设施建设布局进行整体的规划设计。既包含了采取定量研究方法来进行"点"与"轴"的选择与确定，进而建立"网络"，又包含借助 GIS 对"点—轴—网"理论模式的管理以及通过"点—轴—网"理论模式平台对城市公共体育设施功能进行规划，为城市公共体育设施建设布局模式的构建提供了可供借鉴的宏观依据，为城市公共体育设施建设布局研究提供了理论依据和具体发展模式。课题研究把握城市体育事业发展与经济社会发展相协调，竞技体育与群众体育以及体育产业相协调，"举国体制"的中国体育特色道路，遵循公共体育设施建设布局基本规律，指导城市公共体育设施建设布局研究，提出了具有实际操作意义的城市公共体育设施建设布局"点—轴—网"理论模式。

　　本书研究取得的阶段性成果，先后在《上海体育学院学报》、《沈阳体育学院学报》、《成都体育学院学报》、《体育文化导刊》、《山东体育科技》CSSCI 来源期刊、扩展版期刊以及中文核心类期刊发表 8 篇及待发表 1 篇，在经济类期刊《东北财经大学学报》发表 2 篇，在省级期刊发表 16 篇，1 篇论文被中国人民大学复印资料全文转载，3 篇论文获省部级奖；完成《城市公共体育设施建设布局的经济地理学研究》书稿 1 部，完成同名研究报告 1 篇。

　　本书由于从城市公共体育设施宏观建设布局视角出发，涉及的内容比较宽泛，研究涉猎区域较大，只能进行部分城市的调研，所以调查研究的范围略显不足；对城市公共体育设施建设布局"点—轴—网"模式的构建，更多的还是从城市公共体育设施建设布局的空间发展上进行结构性的描述；研究成果也仅限于对区县级以上公共体育设施建设布局的指导，而对社区以及居住区公共体育设施建设布局还只是依托上一个行政等级背景的研究，主要表现在宏观指导层面上。本书在构建空间结构模式上注意了客观性的分析，包括收集和运用大量的数据和资料以佐证，从而更多地强调了可行性论证；受时间所限，在信息反馈上，目前还仅仅得到部分市一级政府体育单位和部门的意见回馈，有待于我们做进一步对比分析和实践验证。

　　本书是国家哲学社会科学基金一般项目（批准号：11BTY025；证书号：20151440）的研究成果，于 2015 年 10 月 12 日顺利通过结项，并被全国哲学社会科学规划办确定为优秀鉴定等级。课题负责人是毕红星，课题组成员有付革、景志辉、毕小朵、李柏、王方雄、赵富洋、司亮、王洁群、王大宇、张益增、曹碧姣。

　　国家哲学社会科学规划办公室、辽宁省哲学社会科学规划办公室、东北财经大学的领导以及科研处和体育教学部的领导对本书十分关心，给予大力支持和经费保障。在此，表示衷心的感谢。最后，深深地感激我已辞世的父亲和 74 岁的母亲以及我的二姐毕小朵、外甥女曹碧姣、妻子董晓奎、女儿毕辽。课题整个研习过程倾注了他们无限的爱和心血，我的身后永远有他们期待和鼓励的目光，这将永远是我前行的动力。同时，真诚地感谢一直给予我指导与支持的邹师先生、刘志敏先生、付革副教授、司亮副教授、王大宇老师以及马振国研究员。

毕红星

2015 年 11 月

绪　　论

一　问题的提出

"明显提高全民族健康素质、形成比较完善的全民健身体系"已经被列入十六大所提出的全面建设小康社会的发展目标。公共体育设施是人民群众进行体育健身活动的基本物质条件。因而，公共体育设施是全民健身体系中的重要组成部分。据"十一五"群众体育研究报告显示，公共体育设施短缺成为制约群众体育事业发展的主要瓶颈之一，表现为公共体育场地数量面积不足、布局不合理。同时，随着人民物质文化需要不断增长，人民群众的体育意识不断增强。当前，广大人民群众对体育健身活动设施的强烈需求与公共体育设施供给严重不足形成明显的矛盾。基于此，我国体育事业"十二五"规划的一项重点工作，就是要"加强城乡基层社区体育设施建设"。因此，加强公共体育设施的建设布局刻不容缓。如何进行公共体育设施的建设布局成为一个亟待解决的课题。

公共体育设施建设布局，是指根据国民经济和社会发展的优势和条件，以及人口结构、环境条件及文化体育事业发展需要所进行的统筹兼顾、优化配置并符合国家关于城乡公共体育设施用地定额指标规定的宏观规划设计。21 世纪初期，公共体育设施建设布局研究以"中心地理论"和 GIS 等为代表的研究局面出现在体育学研究领域。公共体育设施建设布局研究，不仅为体育事业发展提供重要的理论借鉴，同时也为我国体育事业的发展作出了重大贡献。城市公共体育设施建设布局的研究，离不开经济地理学理论方法的支持。它们既相互依存，又相互独立；既相互协调，又相互支撑。因此，研究经济地理学理论方法，既是城市公共体育设施建设布局研究的基础，又是寻求城市公共体育设施建设布局模式的创新研究。

本书通过对公共体育设施建设布局的内在诉求及影响因素的相关分

析，运用经济地理学理论与方法，构建城市公共体育设施建设布局"点—轴—网"理论模式，以此为基础，依托 GIS 进行管理分析，并利用"点—轴—网"理论模式平台进行城市公共体育设施建设布局的优化，进而发挥其功能。

二　研究视角与研究意义

（一）研究视角

本书紧紧把握我国经济社会发展总体目标，依托我国形成完善的全民健身体系群众体育发展战略，对城市公共体育设施建设布局的经济地理学展开研究。选取东部、西部、东北部、中部四大区域的 13 个省会城市和直辖市作为现状调查的数据采集源，加以定量与定性分析，探索公共体育设施建设布局发展规律，寻求适合城市公共体育设施发挥优势的建设布局模式。城市公共体育设施建设布局，要坚持城市体育事业发展与经济社会发展相协调，坚持竞技体育与群众体育及体育产业相协调，坚持"举国体制"的中国体育特色道路；本书借鉴经济地理学理论，探讨城市公共体育设施建设布局新的研究视角，旨在探索和建立城市公共体育设施建设布局的"点—轴—网"理论模式。

1. 以城市公共体育设施建设布局研究发展为背景，审视城市公共体育设施建设布局研究的契合性

体育建筑的研究早于体育设施的研究，体育设施建设布局的研究是以体育建筑研究为基础和依据的。大众体育设施的建设布局表现为以社区体育中心的设施建设布局为主。体育设施建设布局要依据城市规划与城市发展的总体要求，城市体育设施专项规划的制定与实施就是城市规划与城市发展指导体育设施建设布局的具体体现。城市公共体育设施建设布局研究已经涉及多个学科的理论与方法。寻求经济与社会理论的支撑是体育设施建设布局实现经济效益与社会效益最大化的"刚性需求"。经济地理学研究对象是区域的生产力布局。经济活动、文化等非经济因素是经济地理学研究考量的主要内容。陆大道先生提出的"点—轴"开发理论和以数学模型为代表的新方法，以及以 GIS 为代表的新技术是我国经济地理学理论与方法技术的主要表现。经济地理学是研究产业结构与产业布局演变规律的科学，城市公共体育设施属于体育产业之一，以经济地理学的方法与理论来解决公共体育设施的建设布局问题是极有可能成功的一种选择，运用

经济地理学的理论与方法来解决我国城市公共体育设施建设布局的问题是非常契合的。

2. 以我国体育设施建设布局的现状调研为基础，找出城市公共体育设施建设布局的影响因素

我国体育场地建设数量与规模发展呈现迅速增长态势；标准体育场地是体育场地建设中的重中之重；室外体育场地以及篮球场等场地仍是标准体育场地结构系统中的主要部分；我国体育场地建设分布的行业系统归属与分布的地理位置划分具有明显的行政与时代特征；我国体育场地建设投资主体呈现多元化的发展态势；我国四大区域体育场地建设布局存在着较大的差异，东部区不同种类体育场地数量明显领先；东部区在标准体育场地建设规模和投资上侧重于县级和市级的，非标准体育场地绝大部分隶属于教育系统和其他系统，非标准体育场地分布数量最多的三个地点为校园、居住小区和乡村，群众体育场地是建设的重点，政府援建体育场地的重点是地级和省级体育场地。基于我国体育设施建设布局现状，从地理、社会、经济、本位因素以及其他因素来考量，经过数学模型的建立与分析，最终得出十个指标〔城区面积、城市人口密度、教育程度为大专及以上人口数量、晨晚练站（点）每天相对稳定的活动人数、财政收入、城市绿地面积、城市建成区面积、年末公共交通车辆运营数、年末实有道路长度、城市化水平〕的影响因素体系。

3. 以交叉与借鉴为研究创新，整合经济地理学"点—轴—网"理论模式

在陆大道先生"点—轴系统"理论模式构建思想的启示与指导下，本书将经济地理学的"增长极"、"点—轴系统"、"网络开发"三个理论的渐进全过程称为"点—轴—网"理论模式。在遵循市场原则、交通原则、行政原则的前提下进行中心点的选择；在把握城市地理环境因素、城市内部生长机制、城市区域的空间结构三个依据的基础上进行轴的确定；最后通过点轴与其腹地合成，进而构成"网络"。

4. 以影响因素为依据，以"点—轴—网"理论模式为依托，构建城市公共体育设施建设布局"点—轴—网"理论模式

要构建城市公共体育设施空间结构，在对空间结构影响因素全面分析的基础上，首要任务是分析与选择城市区域空间的"点"和"轴"，接下来是"网"的把握与确定。采取定量与定性相结合的研究方法是选择

"点"和"轴"的必要研究路径，同时也应充分考虑到影响城市公共体育设施建设布局的各种因素。只有科学合理地选择空间结构的"点"和"轴"，并按照城市行政区划进行整合，城市公共体育设施"点—轴—网"理论的空间结构才能形成。

5. 以 GIS 为研究工具，通过"点—轴—网"的构建实现对城市公共体育设施建设布局的管理

利用 Web GIS 技术与 Sogou Maps API 研究面向公众的城市公共体育设施 Web GIS。设计开发可视化、多媒体、便捷的城市公共体育设施及周边信息查询、体育设施空间分布及位置信息搜索、出行路线规划等信息服务功能，以大连市为例，为城市公共体育设施信息服务与管理提供新的技术视角。

6. 以"点—轴—网"理论模式为平台，研究公共体育设施功能规划

城市公共体育设施具有四方面功能：促进区域经济增长，带动城市体育文化产业链的整体发展；完成城市规划任务，实现城市新格局发展；提高竞技体育水平，加快城市体育事业发展；提高竞技体育水平，加快城市体育事业发展。公共体育设施功能的发挥与其建设布局是紧密相关的，建设布局过程直接影响公共体育设施功能的体现。对于实现城市公共体育设施功能而言，城市公共体育设施专项规划编制的分析具有重要的意义。依据本书的"运用经济地理学的理论与方法来解决我国城市公共体育设施建设布局的问题是非常契合的"观点，"点—轴—网"理论模式是公共体育设施城市规划与发展的最佳结构。公共体育设施建设布局的"点—轴—网"模式能够使其功能发挥达到最佳化。通过"点—轴—网"理论为大连市提出增建市级两处公共体育设施中心、一条二级发展轴的布局优化方案，进一步发挥大连市公共体育设施的功能。

（二）研究意义

经济地理学是研究产业结构与产业布局演变规律的科学。城市公共体育设施属于体育产业之一。运用经济地理学的理论与方法来解决我国城市公共体育设施建设布局的问题是非常契合的。有助于实现公共体育设施产业社会效益及经济效益最大化的研究目标。本书的研究意义在于：第一，以经济地理学理论与方法为基础，研究公共体育设施建设布局，为我国公共体育设施建设布局的研究提供新的研究视角；第二，以城市公共体育设施为研究主体，探索实现城市公共体育设施产业社会效益及经济效益最大

化，使公共体育设施建设布局研究从单一的专项研究向综合的复合研究转化，从而在更加宽泛的视野中体现体育研究的社会价值；第三，以城市为模块，完成城市公共体育设施建设布局，为实现城市建设整体规划目标奠定基础。

三　研究现状述评

公共体育设施是体育事业发展重要的载体和依托，据"十一五"群众体育研究报告显示，公共体育设施短缺成为制约群众体育事业发展的主要瓶颈之一，表现为公共体育场地数量面积不足、布局不合理。我国体育事业"十二五"规划的一项重点工作，就是要"加强城乡基层社区体育设施建设"。

（一）国外研究现状

从国外看，受经济、文化、意识形态等社会发展因素的影响，发达国家的社区体育设施发展建设经历了长期的发展过程，在建设标准和布局规划方面已经相当完善。体育设施建设布局的理论研究也处于领先水平。"中心地理论"及由其扩展形成的"点—轴系统"理论、"网络开发理论"在许多国家的城市体育设施建设中发挥了理论指导作用。"中心地理论"是探索城市体系内城市等级规模结构和地域空间结构规律的一种具有代表性的学说。决定各级中心地商品和服务供给范围大小的重要因子是经济距离，由费用、时间、劳动力三个要素决定，但消费者的行为也影响到经济距离的大小。经营性体育场馆的观众人数与场馆空间分布高度相关。在美国，职业棒球俱乐部特许区域的门槛人口为100万人，但这一人口规模在许多大城市都难以达到。发达国家十分重视社区体育设施的规划建设，特别强调社区住宅的康体功能。学校体育设施与社区公共体育设施的混合使用，使居住区与城市中心区的界线划分变得模糊。美国的体育场馆主要设在学校、体育中心、公园、教堂、假日饭店等地。社区体育场馆的规划往往同城市绿地和公园建设结合起来，实现场馆与公园一体化发展。目前，发达国家公共体育设施建设布局的研究集中在职业俱乐部体育场馆布局及社区体育设施规划等方面。在实践中，国外体育设施的运营取得了良好的社会效益与经济效益。

（二）国内研究现状

在国内，受原有计划体制及其社会经济状况的制约，公共体育设施建

设布局发展较为缓慢。从 2001 年 7 月 13 日我国申奥成功开始，体育设施
建设正在进入一个快速发展的新阶段。体育设施建设与城市发展目标、城
市规模、城市布局，特别是与今后一个时期城市居民需要的相互关系受到
社会广泛关注。体育设施建设的规划、土地供应、经济三大问题日渐突
出，已成为特定体育经济发展阶段亟待研究和解决的内容。交通影响分析
是科学合理的体育设施规划、土地开发规划的重要手段。大型运动会体育
设施的选址和空间分布必须同城市特点、城市规划和城市发展目标结合起
来。依据"中心地理论"，城市体育设施建设布局应考虑市场原则、交通
原则及行政原则。"点—轴"理论也被运用到体育竞赛表演业的空间结构
中。GIS 是一项较为成熟的应用软件技术。利用 GIS 的空间分析功能对场
馆布局的合理性进行统计分析，可以得到体育场馆分布的模型。GIS 技术
与区位配置模型结合起来研究社区体育服务设施布局的优化，为社区体育
设施选址方案提供新的视角。综上所述，学者从多个角度对体育设施建设
布局进行了研究。一方面，运用 GIS 分析体育设施布局的研究具有一定开
拓性；另一方面，"中心地理论"等作为体育设施建设布局的理论支撑受
到国内学者的广泛关注。

（三）小结

经济学和地理学是研究体育设施建设布局的两个重要的理论背景平
台，这两种研究理论表现出来的经济学特征及地理学特征与经济地理学的
研究范围是完全吻合的。以经济地理学的方法与理论来解决体育设施的建
设布局问题是极有可能成功的一种选择。因此，在认真分析和深入理解经
济地理学研究方法与理论的基础上，调查分析我国城市体育设施建设布局
的研究现状与不足，运用经济地理学方法与理论来研究体育设施的建设布
局具有一定的可行性。

四　研究内容的逻辑关系

研究城市公共体育设施建设布局的经济地理学，其研究内容的逻辑关
系是：首先应诠释城市公共体育设施建设布局的意义，厘清城市公共体育
设施建设布局与经济地理学的关系，分析我国城市公共体育设施建设布局
的历史演进；其次应通过数学模型的建立与分析找出城市公共体育设施建
设布局的影响因素；再次应在梳理整合经济地理学"点—轴—网"理论
体系基础上，运用定量研究方法构建城市公共体育设施"点—轴—网"

理论模式；最后应构建 Web GIS 系统并以此工具来对"点—轴—网"进行管理分析，进而借助"点—轴—网"理论模式对城市公共体育设施功能进行规划。本书的研究理论框架如图 0－1 所示。

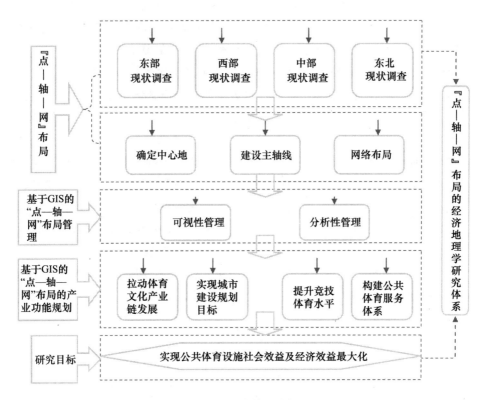

图 0－1　研究的理论框架

五　研究过程和研究方法

（一）研究过程

本书主要是在诠释城市公共体育设施产业建设布局意义的基础上，分析了我国四大区域城市公共体育设施建设布局的现状及影响因素，从而运用经济地理学相关理论，构建城市公共体育设施建设布局"点—轴—网"理论模式。本书分为理论研究和实证研究。理论研究，主要关注经济地理学的"增长极"、"点—轴系统"、"网络化"理论、城市公共体育设施建设"点—轴—网"布局基础和设计理论、GIS 理论等；实证研究，主要考察我国 13 个城市公共体育设施建设布局的现状，研究北京、沈阳、大连公共体育设施建设布局的"点—轴—网"理论模式。

本研究于 2011 年 7 月开始，共分为 2 个理论撰写组、3 个调研组、1 个材料组及 1 个统稿组，共 7 个研究小组。2011 年 9 月，理论组完成了《城市公共体育设施产业建设布局意义的诠释》部分的撰写。2012 年 3 月，理论组完成了《我国城市公共体育设施建设布局历史演进》部分的撰写。2012 年 6 月，理论组完成了《经济地理学理论应用现状综述》。2012 年 7 月，先后访谈了国家体育总局体育经济司体育设施管理办公室、北京市体育局体育场馆处、北京体育大学体育经济教研室和研究生院、辽宁省体育局法规处、辽宁第十二届全运会筹备办公室、吉林省体育局宋继新局长、黑龙江体育局法规处、呼和浩特市体育局体育场馆管理办公室、大连市体育局体育产业处、大连市规划局、沈阳师范大学国家体育总局社科重点研究基地，对公共体育设施建设布局状况与发展进行咨询。2012 年 12 月，调研组完成了《城市公共体育设施建设布局现状的文献综述》的撰写。2013 年 10 月，调研组完成了《城市公共体育设施建设布局现状调查》的撰写，同时理论组完成了《城市公共体育设施建设布局"点—轴—网"模式构建》的撰写。2013 年 12 月，本书研究组召开调研情况汇报会。2014 年 10 月，本书进入统稿及撰写阶段。

（二）研究方法

1. 文献资料法

首先，利用 CNKI 检索公共体育设施建设布局的相关文献；其次，利用互联网访问国家统计局网站、国家体育总局网站、北京统计信息网等获取有关数据；最后，通过全文复印国家体育总局体育经济司编《第四次全国体育场地普查数据汇编》《第五次全国体育场地普查数据汇编》以及 2006—2012 年《体育事业统计年鉴》，以此获取当前较为权威的数据资料。

2. 实地考察法

对公共体育设施建设布局的社会经济条件以及建设布局现状、特点进行详细的实地调查。重点对北京市、沈阳市以及大连市的公共体育设施建设布局的现状与发展进行了 10 多次的调查与访谈。

3. 统计图表法

运用统计学方法对统计数据进行整理、汇总并加工成统计图表，用以说明公共体育设施建设布局现状以及经济联系等。

4. GIS 分析法

对公共体育设施社会经济信息进行查询、检索和统计等，同时进行公共体育设施建设布局的分析与管理。

5. 数理统计法

对调查所得数据，采用 SPSS 19.0 软件进行统计分析，确保研究的科学性。对本书公共体育设施建设布局"点—轴—网"模式中"点"确定的定量化研究奠定了科学的技术基础。

6. 经济地图法

将研究内容画在图上并对公共体育设施现象或数据进行分析和表述。以实证的方式研究城市公共体育设施建设布局模式的优化以及公共体育设施功能的规划。

7. 技术经济论证法

通过多个指标的综合分析评价对区域内的公共体育设施布局的空间安排进行统一规划。

第一章　城市公共体育设施建设布局意义的诠释

第一节　城市公共体育设施的界定

《体育事业发展"十二五"规划》指出："'十二五'时期群众体育的发展目标是全面贯彻《全民健身条例》，实施《全民健身计划（2011—2015 年)》，强化公共体育服务职能，建立完善以全民健身设施建设、组织建设、活动开展、健身指导、科学评估等为主要内容的全民健身公共服务体系，切实保障广大人民群众参加体育活动的权利。"[1] 众所周知，公共体育设施是我国群众体育事业发展的最根本的物质基础，是公共体育服务体系的重要组成部分，是构建公共体育服务体系的重要载体和依托。从科学研究的方法论来看，名词概念界定与分类的分析及确定是对该名词涉及范畴进行探究所必须解决的首要问题。公共体育设施概念界定与类别划分，是公共体育设施建设布局研究的重要基础和前提。概念的界定就是对将要探索问题的本质、范围及其准则准确地加以阐述，最终科学地表达概念的内涵与外延。

一　公共体育设施的概念

1986 年 11 月 29 日由原城乡建设部、国家体委颁发的《城市公共体育运动设施用地定额指标暂行规定》指出："本用地定额指标中所指体育设施用地是指向公众开放、供广大群众进行体育锻炼或观赏运动竞技以及

---

① 国家体育总局政法司：《体育事业发展"十二五"规划》，http://www.sport.gov.cn/n16/n1077/n1467/n1843577/1843747.html。

业余运动员训练的体育设施及其用地。"① 对于城市公共体育设施的概念，不同的学者从不同的角度和范畴进行了界定。服部纪和所著的《体育建筑》中指出，作为一项基本服务设施，它主要是为了满足大众对体育的需求而建设，通常可分为室内和室外两种形式，从概念界定上属于大众体育设施的范畴。都盛君在《城市大众体育设施规划设计策略研究》一文中则基于以上界定，从服务的目的和服务的功能类型、规模大小以及经费来源等方面对体育设施给予了分类。郑志明在《特大城市公共体育设施布局规划研究——以成都市为例》中从广义和狭义两个方面详细阐述了公共体育设施的概念，认为公共体育设施属于国家和公众所有，并坚持非营利性和向公众开放原则，包括国家体育系统、教育系统、其他系统（国家机关、事业单位）的体育设施。成克峰在《沈阳市公共体育设施转型问题的研究》中从经济成分的主体视角出发认为：一切由公有经济投资占主体的体育设施都属公共体育设施的范畴，包括体育场、体育馆、游泳池（馆）及配套服务设施，但不包含企事业单位、部队内部、社区或街道内部的各类公共体育设施。章苗英在《关于我国公共体育设施若干问题的研究》中则认为，公共体育设施专指由国家投资或筹集社会资金兴建的，用于开展社会体育活动，满足广大群众进行体育锻炼或观赏运动竞技以及运动员训练、竞赛需求的体育馆、体育场、游泳池、灯光球场等体育活动场所。相对而言，章苗英所提出的论述较为全面地反映了概念的内涵与外延。随后，徐卫华、薛元挺在《厦门市公共体育设施专项规划编制探讨》中对公共体育设施概念的界定也做了同样的论述。关于城市公共体育设施的概念，不同的学者从不同的视角进行了表述和界定。总结众多学者专家的研究可以发现，城市公共体育设施一般包含几大共有的属性：它是城市基础设施的重要组成部分；在功能上主要是适应举办大型综合性运动会和赛事的要求以及满足群众性体育运动的需要；在所属权上归市区内市级及以下各级人民政府所有的公共设施；在性质上则是一种纯公益性的、无偿的服务实施。

　　国务院于 2003 年 6 月 18 日公布的《公共文化体育设施条例》中指出："公共文化体育设施是指由各级人民政府举办或者社会力量举办的，

---

　　① 原城乡建设部、国家体委：《关于颁发〈城市公共体育运动设施用地定额指标暂行规定〉的通知》，http：//wenku. baidu. com/view/787280dbad51f01dc281f112. html。

向公众开放的用于开展文化体育活动的公益性的图书馆、博物馆、纪念馆、美术馆、文化馆（站）、体育场（馆）、青少年宫、工人文化宫等的建筑物、场地和设备。"① 由此进一步推导可以得出：公共体育设施是指由各级人民政府举办或者社会力量举办的，向公众开放的用于开展体育活动的公益性的体育场（馆）等的建筑物、场地和设备。《公共文化体育设施条例》是经国务院第 12 次常务会议通过的，其内容与要求具有国家层面的权威性与科学性。相比较而言，章苗英等学者关于公共体育设施概念界定所具有的科学认可程度尚存在一定的局限性。因此，《公共文化体育设施条例》中对公共体育设施概念的界定在体育学研究领域是最具学术权威性的。本书中有关公共体育设施概念的认定完全遵照《公共文化体育设施条例》的界定。

公共体育设施包括：各级人民政府所有、由体育局主管的公共体育场馆及其附属用地；社会公益团体或社会力量开办的纯公益性体育场馆及其附属用地；各级人民政府所有的、具有体育设施性质的或包含体育健身设施的公园，即体育公园。《大连市体育设施专项规划（2009—2020）》指出，根据国内城市体育公园内体育设施的建设与使用情况以及借鉴国外城市经验，将体育公园面积的 20% 计入公共体育设施用地，并不与绿地统计重复计算。

市区内的公共体育设施不包括：竞技体育设施、公益企事业单位附属体育设施、经营性体育设施等、各类高尔夫球场、滨海沙滩岸线。竞技体育设施一般与公共体育设施相对，服务于专业性体育运动的训练或比赛，不具有公共性。对于市级大型体育比赛场所、训练基地等规划给出建议性选址，但不统计在公共体育设施之内。公益企事业单位附属体育设施主要指学校、机关、企事业等单位为解决内部人员体育活动需求而建设的体育设施，不具有公共性，不统计在公共体育设施之内。经营性体育设施是由市场决定，以营利为根本目的的体育场馆，虽然对公众开放，但不具有公共性，不统计在公共体育设施之内。高尔夫球是从国外流入中国的一项精英运动，一般占地面积非常大，服务人群却很少，不具有公共性，不统计在公共体育设施之内。沙滩作为滨海城市的主要特色，一般同时具有旅游、

---

① 国务院，《公共文化体育设施条例》，http：//www. gov. cn/zwgk/2005 – 05/23/content_157. htm。

休闲、度假、商业、服务、文化、体育等多种功能。同时沙滩又具有很高的公益性、开放性，尤其对于沿海城市来说，与沙滩相关的体育项目比较多，如果完全忽略掉沙滩在体育方面的功能也是不客观的。借鉴厦门、青岛、大连等滨海城市的公共体育设施规划经验，可以把沙滩作为平衡体育设施布局的一个重要因素考虑在内，但不统计在公共体育设施之内。

二　公共体育设施的属性

公共体育设施的本质属性之一是向公众开放性。郑美艳、王正伦在《大型公共体育设施国民经济评价研究（Ⅰ）——概念性框架与评价方法》中称之为功能属性，即向群众开放，满足全民健身功能要求，具有竞赛、训练、观战等功能。章苗英在《关于我国公共体育设施若干问题的研究》中认为，各类国家机关、社会团体、企事业单位、军队内部以及优秀运动队专用的训练基地都不是公共体育设施。陈融在《体育设施与管理》中认为，体育设施是指用于开展体育竞赛、训练、教学和群众性体育活动的场地、建筑物和固定附属设备。在我国体育设施的范畴中，各种类型的专用训练基地是包含在其中的。这部分体育设施是专门供给特殊群体（如体育专项运动队和国防军队等）使用的，其服务的对象具有特殊的指向性。在开展群众体育活动中，这部分国家机关、社会团体、企事业单位、军队内部以及优秀运动队专用的训练基地是不对公众开放的。因此，本书认为：从向公众开放属性来看，各类国家机关、社会团体、企事业单位、军队内部以及优秀运动队专用的训练基地不属于公共体育设施。

《城市公共体育运动设施用地定额指标暂行规定》指出："本用地定额指标中所指体育设施用地不包括各类学校体育运动设施的用地。"[①] 这说明学校体育设施未被列入《城市公共体育运动设施用地定额指标暂行规定》中所提到的公共体育设施范畴。《公共文化体育设施条例》规定："国家鼓励机关、学校等内部的文化体育设施向公众开放。"[②] 该项规定表明，学校体育设施属于单位内部设施，不是公共体育设施。因此，依据国家相关规范性的法规，可以推导出学校体育设施不属于公共体育设施。

[①]　原城乡建设部、国家体委，《关于颁发〈城市公共体育运动设施用地定额指标暂行规定〉的通知》，http://wenku.baidu.com/view/787280dbad51f01dc281f112.html。

[②]　国务院，《公共文化体育设施条例》，http://www.gov.cn/zwgk/2005-05/23/content_157.htm。

公共体育设施的本质属性之二是公益性。刘鹏局长在 2011 年全国体育产业工作会议上强调："体育事业是社会主义公益事业，是文化建设的重要组成部分，大型体育场馆既是构建公共体育服务体系也是构建公共文化服务体系的重要组成部分，是提供公共体育服务、满足人民体育需求的重要公共产品，其根本属性是公益性。"[①] 郑美艳、王正伦在《大型公共体育设施国民经济评价研究（Ⅰ）——概念性框架与评价方法》中认为，公益性是公共体育设施的经济属性，即国家或地方政府参与全额或者部分投资的、投资目标多样、外部效益较强、在规划类别上属于城市公共设施用地、具有一定营利性的不完全非营利体育产业载体建设项目。各级人民政府和社会力量是公共体育设施的举办方或是建设方。用于建设公共体育设施的体育财政支出是国家财政的一部分，具体来说属于政府公共财政支出范畴。可见，公共体育设施是公共财政的产物。同时，国家鼓励企事业单位、社会团体和个人等社会力量举办建设公共体育设施。在公共体育设施举办建设的实践中，国家的鼓励与引导取得了很好的效果，单位自筹资金是场馆建设资金的第一来源。这一点从第五次全国体育场地普查结果得以验证（见表 1 - 1）。第五次全国体育场地普查中北京市的数据显示：公益性公共体育设施 9944 个，经营性公共体育设施 2162 个，二者之比为 4.6:1。可见，公共体育设施的运营性质有两种，即纯公益性质和不完全非营利性质。公益性质的公共体育设施是主体。《公共文化体育设施条例》明确要求："公共体育设施管理单位提供服务可以适当收取费用，收费项目和标准应当经县级以上人民政府有关部门批准。需要收取费用的公共体育设施管理单位，应当根据设施的功能、特点对学生、老年人、残疾人等免费或者优惠开放，具体办法由省、自治区、直辖市制定。"[②] 2003 年第五次全国体育场地普查数据显示："我国体育场地经营收入前四位的省（自治区、直辖市）分别是：广东省为 918757 万元、辽宁省为 204373 万元、北京市为 148668 万元、河北省为 139327 万元。"可以看出，2003 年我国体育场馆创造的经济收入是非常可观的。由此可见，公共体育设施的主体是公益性质的，但是不完全非

---

① 刘鹏：《大型体育场馆运营要始终坚持公益性》，http://sports.163.com/11/1101/13/7HPDUOIU00051C89.html。

② 国务院，《公共文化体育设施条例》，http://www.gov.cn/zwgk/2005 - 05/23/content_157.htm。

营利性质的公共体育设施同时并存。在 2011 年全国体育产业工作会议上，国家体育总局局长刘鹏要求："准确把握公益性与经营性的关系，坚持社会效益与经济效益的统一，在坚持公益属性的前提下，不断完善大型体育场馆市场运营机制，为人民群众提供更加丰富、更加优质、更加高效的公共体育服务。"①

表 1 - 1　　　　第五次全国体育场地普查体育场地投资建设
经费来源分类情况一览表　　　　单位：亿元

资金来源名称	合计	财政	单位自筹	社会捐赠	体育彩票	其他资金
标准场地数量	127.48	39.56	74.54	1.56	0.35	11.47
非标准场地数量	13.64	2.85	8.22	0.11	1.2	1.26
合计	141.12	42.41	82.76	1.67	1.55	12.73

资料来源：鲍明晓、林显鹏、刘欣葵：《北京市城市规划与体育设施发展》，《体育科研》2006 年第 6 期。

三　公共体育设施的分类

正如由中国人民大学哲学系逻辑教研室编写、中国人民大学出版社出版的《逻辑学》中指出的："分类是划分的一种特殊形式，是根据对象的本质属性或显著特征进行的划分，具有较大的稳定性。分类更加要求以对象的一般本质属性或显著特征作为分类的标准。"②

目前，对公共体育设施分类的方法各不相同。1986 年颁布的《城市公共体育运动设施用地定额指标暂行规定》提出："城市公共体育设施分为市级体育设施、区级体育设施、居住区级体育设施、小区级体育设施。"③ 这种分类主要是基于公共体育设施建设标准提出的。通常考虑单处设施占地规模和人口分布等因素。比如，社区级体育设施要求每 1 万人设置总用地面积不小于 0.15 公顷，单处规模为 200—1000 平方米。④ 蒋

---

① 刘鹏：《大型体育场馆运营要始终坚持公益性》，http：//sports.163.com/11/1101/13/7HPDUOIU00051C89.html。

② 中国人民大学哲学系逻辑教研室编：《逻辑学》，中国人民大学出版社 1996 年版，第 33 页。

③ 原城乡建设部、国家体委，《关于颁发〈城市公共体育运动设施用地定额指标暂行规定〉的通知》，http：//wenku.baidu.com/view/787280dbad51f01dc281f112.html。

④ 同上。

蓉、陈果、杨伦在《成都市公共体育设施规划实践及策略研究》中认为：
参照 1986 年颁布的《城市公共体育运动设施用地定额指标暂行规定》，
对比国内其他城市建设标准，结合成都市的实际情况，规划将成都市中心
城内的公共体育设施分 4 级布置，即市级体育设施、区级体育设施、片区
级体育设施、社区级体育设施。近几年，城市体育设施专项规划是按照
《城市公共体育运动设施用地定额指标暂行规定》中的分类方法进行的，
比如《大连市体育设施专项规划（2009—2020）》中将体育设施分为市
级、片区级、区级、社区级。

鲍明晓、林显鹏、刘欣葵在《北京市城市规划与体育设施发展》中，
从建设用地类别的视角分析认为，在规划工作中，体育设施可分为两类：
一类是公共体育设施，主要指国家级、市级和区县级体育中心，在规划类
别上属于城市的公共设施用地；另一类是社区体育设施，是指根据居住区
配套指标建设的体育设施，在规划类别上属于居住用地。

截止到 2003 年 12 月 31 日完成的第五次全国体育场地普查中，将体
育场地分为标准体育场地和非标准体育场地。2004 年 8 月 9 日出台的
《第五次全国体育场地普查指标解释和填表说明》中指出："标准体育活
动场地是指符合体育竞赛规则要求规格的体育场地；非标准体育活动场
地是指未达到标准体育场地要求，但又可供长期开展体育健身活动，较
为固定的室内外体育场地。"① 鲍明晓、林显鹏、刘欣葵在《北京市城市
规划与体育设施发展》中将体育场地的标准与非标准两大类按照 8 种不
同属性进行再次分类。其中，体育场地是指专门用于体育训练、比赛和
健身活动的，有一定投资的、公益性或经营性体育建筑设施。按照以上
对公共体育设施概念的界定，体育场地包括公共体育设施，即公共体育
设施隶属于体育场地范畴之内。显而易见，公共体育设施分为标准公共
体育设施和非标准公共体育设施，区分二者的关键在于各类公共体育设
施的规格是否符合体育竞赛规则。同时，鲍明晓、林显鹏、刘欣葵在
《北京市城市规划与体育设施发展》中划分体育场地的方法同样适用于
公共体育设施的分类（见表 1 - 2）。但是，操作过程中要做到具体问题
具体分析。

---

① 国家体育总局,《第五次全国体育场地普查指标解释和填表说明》, http://
www. sport. gov. cn/n16/n1167/n2768/n32484/131126. html。

表1-2　　标准和非标准公共体育设施不同属性的类别划分一览表

序号	不同属性	划分类别
1	根据所属系统分布	体育系统、教育系统、其他系统
2	按行政隶属关系分布	中央级、市级、区县级、街道乡镇级
3	按体育场地位置分布	校园、宾馆饭店、居住小区、乡村、其他
4	按体育场地经济成分分类	国有经济、集体经济、私有经济、外商经济、港澳台经济
5	按体育场地建设资金来源分类	财政、单位自筹、社会捐赠、体育彩票、其他资金
6	按体育场地运营性质分类	公益性、经营性
7	按体育场地开放使用分类	不开放、部分开放、全天开放
8	按体育场地接待活动人次分类	每周活动人数1万人次以上、每周活动人数5000至1万人次、每周活动人数2501—5000人次、每周活动人数501—2500人次、每周活动人数500人次以下

　　资料来源：鲍明晓、林显鹏、刘欣葵：《北京市城市规划与体育设施发展》，《体育科研》2006年第6期。

　　经过上述分析得出：公共体育设施分类应与《城市公共体育运动设施用地定额指标暂行规定》中采用的分类原则一致，将公共体育设施类别与城市行政区划相匹配。这样的配置体系既能与国家规范相对应，便于制定各级公共体育设施的建设标准，又与行政区划相一致，便于实施管理。

第二节　城市公共体育设施产业建设布局的目标

一　公共体育设施社会效益与经济效益分析

　　公共体育设施是指由各级人民政府举办或者社会力量举办的，向公众开放的用于开展体育活动的公益性的体育场（馆）等的建筑物、场地和设备。向公众开放性和公益性是公共体育设施的两个基本属性。公共体育设施作为一种公共产品，其公益性就是为社会提供公共服务，这种公共服务体现在推动全民健身运动、提供社会就业的机会、提高城市综合素质等方面。这些方面正是公共体育设施对于社会层面的功能诉求。社会效益是指最大限度地利用有限的资源满足社会上人们日益增长的物质文化需求。① 公共体育设施作为体育产业重要的行业之一，归属于第三产业（即服务业）的范畴之内。向公众开放性保证了公共体育设施为社会提供公共服务。刘鹏局长在《2011 年大型体育场馆运营管理经验交流会》上要求："在坚持公益属性的前提下，不断完善大型体育场馆市场运营机制。"② 公共体育设施市场运营不仅对消费需求具有刺激作用，而且对城市体育产业和其他产业具有拉动作用。这说明公共体育设施市场运营的状况是通过经济层面来反馈的。经济效益可以准确地反馈公共体育设施市场运营的状况。社会效益和经济效益影响着公共体育设施存在的价值取向，它们既是公共体育设施建设布局的战略目标，又是公共体育设施市场运营的行动指南。因此，分析公共体育设施社会效益和经济效益具有重要的现实意义。

为了达到本书的目的，笔者对研究对象和研究方法进行了一定的选取。按我国东部率先发展、西部开发、中部崛起、东北老工业基地振兴的发展战略，选择四个区域中的四个省会城市及直辖市（北京、呼和浩特、武汉、沈阳）的市级全民健身中心（首体全民健身中心、呼和浩特市民体育中心、武汉全民健身活动中心、沈阳全民健身中心）作为研究对象。2012 年 10 月至 2013 年 4 月期间，安排星期六上午，在各个健身中心现场调查参与体育健身人员 4000 人。其中，男性 2808 人，女性 1192 人。对于研究方法，本书首先采用了问卷调查法与专家访谈法，对调查问卷进行了效度检验；其次运用文献资料法对研究内容进行检索与分析。

（一）公共体育设施的社会效益

1. 推动全民健身运动

（1）对公共体育设施的了解程度

通过对 3529 名体育健身者的调查发现，认为很了解公共体育设施的有 526 人，占 14.9%；比较了解的有 1835 人，占 52%；不太了解的有

---

① 社会效益，http://baike.baidu.com/view/570574.htm。
② 刘鹏：《大型体育场馆运营要始终坚持公益性》，http://sports.163.com/11/1101/13/7HPDUOIU00051C89.html。

1059 人，占 30%；完全不了解的有 109 人，占 3.1%。可见，大多数（占 66.9%）的被调查者对公共体育设施是比较了解的。

（2）对公共体育设施的认可程度

调查显示，对于通过利用公共体育设施进行健身的居民来说，认为公共体育设施是很好的体育锻炼硬件条件的有 2105 人，占 55.11%；认为是比较好的体育锻炼硬件条件的有 1526 人，占 39.96%；认为是不太好的体育锻炼硬件条件的有 188 人，仅占 4.93%。可见，认同公共体育设施是很好或较好的体育锻炼硬件条件的受调查者占了总人数的绝大多数（占 95.07%）。

（3）对健康意识的影响

通过对 3894 名参与体育健身者的调查表明，认为通过利用公共体育设施进行体育锻炼，健康意识有很大提高的有 1286 人，占 33.03%；认为有提高的有 2340 人，占 60.08%；认为没有提高的有 268 人，仅占 6.89%。可见，通过利用公共体育设施进行体育锻炼，认为健康意识有提高或有很大提高者占被调查者的绝大多数（占 93.11%）。

（4）对体育参与意识的影响

通过对 3890 名参与体育健身者的调查说明，认为通过利用公共体育设施进行体育锻炼，参与体育活动的意识有很大提高的有 1239 人，占 31.84%；有提高的有 2297 人，占 59.05%；认为没有提高的有 354 人，仅占 9.11%。可见，通过利用公共体育设施进行体育锻炼，认为体育活动参与意识有提高或有很大提高的被调查者占总人数的绝大多数（占 90.89%）。

（5）对周围人群的影响

在各类公共体育设施现场，我们看到了大量陪同亲人或朋友来到公共体育设施场馆的公民。通过对 3577 名参与体育健身者的调查发现，由于喜欢体育锻炼而使家人对公共体育设施很感兴趣的有 1461 人，占 40.84%；兴趣一般的有 1924 人，占 53.78%；不感兴趣的有 192 人，占 5.38%。在调查中还发现，由于喜欢体育锻炼而使朋友对公共体育设施很感兴趣的有 1578 人，占 44.12%，兴趣一般的有 1896 人，占 53.01%，不感兴趣的有 103 人，占 2.87%。可见，由于喜欢体育锻炼而使身边亲人或朋友对公共体育设施产生兴趣的影响是非常突出的（平均值为 95.88%）。

2. 宣传和弘扬奥林匹克精神

通过对 3271 名参与体育健身者的调查发现，认为通过利用公共体育设施进行体育锻炼，对奥运精神有更深刻理解的有 2860 人，占 87.44%；认为理解不太深刻的有 411 人，占 12.56%。在各类公共体育设施场馆对北京市 829 名公民的调查显示，通过利用公共体育设施进行体育锻炼对伦敦 2012 年奥运会（简称为"伦敦 2012"）的三大理念体会最深刻的依次为：伦敦 2012 是每一个人的 2012，有 416 人，占 50.15%；伦敦 2012 是每一个人的奥运会，有 288 人，占 34.69%；让奥林匹克精神启发每个人，有 125 人，占 15.16%。可见，体育锻炼者对奥林匹克精神较高的认知度充分表明公共体育设施起到了对奥林匹克精神的宣传与弘扬作用。

3. 对社会就业发挥着积极作用

2008 年，全国公共体育设施业增加值为 30 亿元，吸纳就业人数为 2.62 万人，① 奥运场馆工程建设决战的高峰时期有近 5 万农民工参与工程建设。② 这说明，当前公共体育设施业以数量较少的从业机构吸纳着大量的从业人员。随着我国改革开放的深入，生产方式和生活方式的急速转型，人们正步入休闲时代，闲暇时间正在迅速增加，人们的价值观念正在深刻转变，人们对体育文化、体育休闲、体育健身的需求大大增加。公共体育设施的需求量也将随之增加，体育场地设施的数量和规模也将相应有所扩大。可见，公共体育设施业吸纳就业存在较大发展空间，不断增加的公共体育设施会为社会解决更多的就业岗位。

4. 对提高城市综合素质的推动作用

（1）对城市市容市貌的宣传作用

通过对 3863 名参与体育健身者的调查发现，认为公共体育设施对城市市容市貌的宣传有很大作用的有 1630 人，占 42.20%；认为有一定作用的有 1727 人，占 44.71%；认为几乎无作用的有 506 人，占 13.09%。可见，认为公共体育设施对城市市容市貌有宣传作用或有很大宣传作用的占绝大多数（占 86.91%）。

---

① 《体育场馆随大型赛事蓬勃发展》，http：//www.qianzhan.com/analyst/detail/220/20120709-263ec609c50c0bca.html。

② 审计署，《北京奥运会不是一届最昂贵的奥运会》，http：//www.jhnews.cn/xwzx/2009-06/19/content_596521.htm。

（2）对城市基础设施改进的影响

通过对 3810 名参与体育健身者的调查显示，认为公共体育设施对城市基础设施改进有很大影响的有 1551 人，占 40.71%；认为有一定影响的有 1981 人，占 51.99%；认为几乎无影响的有 278 人，占 7.30%。可见，认为公共体育设施对城市基础设施建设有影响作用或有很大影响作用的占绝大多数（占 92.70%）。

（3）对提高城市公民文明程度的影响

通过对 3915 名参与体育健身者的调查表明，认为公共体育设施对城市公民文明程度的提高有很大作用的有 1550 人，占 39.58%；认为有一定作用的有 2011 人，占 51.36%；认为几乎无作用的有 354 人，仅占 9.06%。可见，认为公共体育设施对城市公民的文明程度有提高作用或有很大提高作用的占绝大多数（占 90.94%）。

（4）对提高城市服务业水平的影响

通过对 3915 名参与体育健身者的调查发现，认为公共体育设施对城市服务业水平的提高有很大作用的有 1409 人，占 35.98%；认为有一定作用的有 2253 人，占 57.56%；认为几乎无作用的有 253 人，占 6.46%。可见，认为公共体育设施对提高城市服务业水平有作用或有很大提高作用的占绝大多数（占 93.54%）。

（5）对城市知名度的影响

在 3980 位被调查者中，认为公共体育设施对城市知名度的提高有很大作用的有 2858 人，占 71.81%；认为有一定作用的有 978 人，占 24.58%；认为几乎无作用的有 144 人，仅占 3.61%。可见，认为公共体育设施对提高城市知名度有作用或有很大作用所占的比例非常高（为 96.39%）。

对上述评价进行进一步赋值计算，将选择有很大作用或影响的定为 3，有一定作用的定为 2，几乎无作用的定为 1。从表 1 - 3 可以看出公共体育设施对提高城市综合素质的推动作用的各项指标得分情况。

表 1 - 3 公共体育设施对提高城市综合素质的推动作用的各项指标得分情况

各项指标	有很大作用或影响的得分	有一定作用的得分	几乎无作用的得分	总分	排序
对城市知名度的影响	2.1543	0.4916	0.0361	2.6820	1

续表

各项指标	有很大作用或影响的得分	有一定作用的得分	几乎无作用的得分	总分	排序
对改进城市基础设施的影响	1.2213	1.0398	0.0730	2.3341	2
对提高城市公民文明程度的影响	1.1874	1.0272	0.0906	2.3052	3
对提高城市服务业水平的影响	1.0794	1.1512	0.0646	2.2952	4
对宣传城市市容市貌的作用	1.2660	0.8942	0.1309	2.2911	5

（二）公共体育设施的经济效益

1. 对消费需求的刺激作用

通过表 1-4 我们可以看出，除了黑龙江、江苏、安徽 3 个省公共体育设施结余为负数之外，其余的 23 个省、市、自治区的公共体育设施在 2010 年均有一定的创收（不包括统计数据未上报的省份）。创收位于前三位的是江西、浙江、天津。这说明公共体育设施的运营是在坚持公益属性的前提下，不断完善大型公共体育设施市场运营机制。《国务院关于加快发展服务业的若干意见》（国发〔2007〕7 号）提出："到 2020 年，基本实现经济结构向以服务经济为主的转变，服务业增加值占国内生产总值的比重超过 50%。"[①] 这不仅阐述了公共体育设施作为服务产业应该达到的目标，而且也有效地反映出公共体育设施的运营对健身休闲群体消费需求的刺激作用。

表 1-4　　　　　**我国公共体育设施市场运营状况**　　　　单位：万元

省、市、自治区	投入	支出	收支结余
北京	49004	43798.7	5205.3
天津	18097.8	10972.1	7125.7
河北	4059.5	3452.6	606.9
山西	3113	3097.0	16.0
内蒙古	19956.6	18359.4	1597.2
辽宁	—	6582.5	—

---

① 国务院，《国务院关于加快发展服务业的若干意见》，http://www.gov.cn/zwgk/2007-03/27/content_562870.htm。

续表

省、市、自治区	投入	支出	收支结余
吉林	10813	5409.0	5404.0
黑龙江	16250.9	16264.9	−14.0
上海	37913.5	33261.8	4651.7
江苏	19827.7	20040.7	−213.0
浙江	23077.5	13133.5	9944.0
安徽	1562.5	2611.8	−1049.3
福建	12630.8	12296.0	334.8
江西	28377.2	11918.4	16458.8
山东	17749.4	11467.5	6281.9
河南	12351.6	12337.4	14.2
湖北	15605.9	15424.4	181.5
湖南	—	7057.8	—
广东	57412.6	53964.9	3447.7
广西	5912.1	5159.6	752.5
海南	—	462.0	—
重庆	7723.8	7264.2	459.6
四川	23538.8	21214.5	2324.3
贵州	5328.8	4374.4	954.4
云南	8483.2	7865.4	617.8
西藏	—	268.0	—
陕西	6348.7	5425.7	923.0
甘肃	5468.4	5428.4	40.0
青海	—	718.9	—
宁夏	6517	4565.0	1952.0
新疆	9009.2	8926.8	82.4

资料来源：国家体育总局：《2010 年中国体育事业统计年鉴》，中国体育年鉴出版社 2011 年版，第 85—94 页。

2. 对城市体育产业及其他产业的拉动作用

赛事资源、运动员资源和场馆资源被认为是体育产业的三大核心。在 2007 年的全国体育产业工作会议上，国家体育总局提出了发展体育产业

的十六字方针，即依托场馆、紧扣本体、全面发展、服务社会。其内涵
为：要遵循体育产业的发展规律，以公共体育设施为平台和依托，重点培
育、扩大和提升健身休闲服务业、竞赛表演业等核心产业，发挥核心产业
的延伸和拉动作用；推动体育用品、体育旅游、体育会展、体育广告、体
育传媒服务和体育建筑等相关产业全面发展。① 2008 年北京奥运会新建和
改扩建比赛场馆 36 个，独立训练馆和国家队训练基地 66 个，共计 102 个
奥运项目，分别位于北京、天津、上海、沈阳、秦皇岛、青岛等城市，项
目总投资 194.9 亿元。② 2008 年，北京市体育产业实现增加值 154.0 亿
元，按现价计算，比 2007 年增长 75.8%，实现增加值占 GDP 的比重达到
1.39%。③《北京奥运会财务收支和奥运场馆建设项目跟踪审计结果》显
示："鸟巢、水立方等国家标志性体育场馆直接或间接为北京奥组委创造
205 亿元的收入，支出 193.43 亿元，收支结余超过 10 亿元。收入的主要
构成包括国际奥委会开发的市场收入和电视转播权收入中按协议分配给主
办城市的部分，此部分收入约占组委会收入总额的 40%；北京奥组委根
据主办城市合同，在国际奥委会授权下实施的市场开发收入 98.7 亿元，
主要包括合作伙伴、赞助商、供应商等不同级别的赞助收入以及特许经营
收入；门票、住宿、收费卡、利息、资产处置等其他收入 19.6 亿元，其
中，门票收入 12.8 亿元，占北京奥组委收入（205 亿元）的 6.24%，财
产处置收入 2.4 亿元。"④ 由此我们进一步看出，奥运体育场馆对北京市
体育产业的发展具有显著的拉动作用，尤其是北京市体育设施建设布局的
整体状况得到极大程度的改善与发展。

　　3. 广告商业价值

　　于敬凤、孙岩、陈元欣在《综合性大型体育赛事场馆设施广告发布
权的开发》中指出，广告主通过租用或购买公共体育设施内外以及周围的
广告空间资源的商业行为，来宣传自己和提升企业形象，达到塑造和强化

---

① 《体育场馆休闲产业化渐成趋势》，http://finance.sina.com.cn/roll/20081221/
23252585228.shtml。

② 审计署办公厅，《北京奥运会财务收支和奥运场馆建设项目跟踪审计结果》，http://
www.audit.gov.cn/n1992130/n1992150/n1992500/2302152.html。

③ 北京市统计局、国家统计局北京调查总队、北京市体育局，《北京市体育及相关产业发
展报告》，http://www.beinet.cn/fxyj/yjbg/201003/t553437.htm。

④ 审计署办公厅，《北京奥运会财务收支和奥运场馆建设项目跟踪审计结果》，http://
www.audit.gov.cn/n1992130/n1992150/n1992500/2302152.html。

品牌、提高消费者忠诚度以及增强经销商信心等目的，而支付给公共体育设施的费用就是其广告的商业价值。即公共体育设施经营者将场馆设施内外以及周围可进行发布广告的空间进行优化配置，通过市场运营，从而达到资产增值。公共体育设施广告在不断地发展，给公共体育设施带来很多的商业价值，并且这种商业价值在不断地发展，公共体育设施广告能够吸引很多的运动参与者关注，能够让更多的人了解到产品信息。香港体育馆被称为"红馆"，以举行娱乐节目驰名，特别是中文流行音乐会，现已成为香港主要的文化娱乐活动设施。因为利用体育场馆开展非体育性质活动是增加场馆收入的重要方法之一，在 2011 财政年度，支出约为 3600 万港币，体育场馆广告收入则为 7600 万港币，其中近八成的收入来自租金收益。① 可见，公共体育设施的广告商业价值是非常可观的。

此外，公共体育设施广告商业价值也体现于公共体育设施的冠名权。郭五一、万京一、丁峰在《我国奥运场馆冠名权开发构想》一文中认为，公共体育设施的冠名权是指公共体育设施业主将其所拥有的具有社会认知性的体育建筑物、设施的命名权予以有偿转让，从而给转让双方都带来直接经济利益或商业机会的权利。公共体育设施的冠名权不仅表现出对公共体育设施命名本身的权利，而且还拥有利用场馆和媒体进行产品广告与宣传的权利。2011 年 1 月 21 日，万事达卡国际组织在北京五棵松体育馆举行万事达中心揭幕仪式，曾经是北京奥运会篮球馆的五棵松体育馆更名为万事达中心，根据华熙集团与万事达卡之间达成的协议，每年冠名费 3000 万元，未来 5 年，不仅五棵松体育馆的外墙、内部以及门票上都将出现万事达中心这一名称，在此期间凡在该馆举行的演出和赛事，万事达持卡人将获得优先购票权、进入贵宾包厢以及与明星在后台见面互动等专属服务。② 可以说，公共体育设施通过出让冠名权获得运营资金是公共场馆商业开发的一个可行路径。同时，公共体育设施出让冠名权是其广告商业价值的一种表现形式。

二　社会效益与经济效益是公共体育设施建设布局的目标

向公众开放性和公益性是公共体育设施的两个基本属性。公共体育设

---

① 《体育场馆广告商业价值在哪里》，http://www.admaimai.com/zhuanti/Detail11117.htm。
② 《五棵松体育馆冠名万事达 国内场馆赚钱无方日子难熬》，http://sports.sina.com.cn/o/2011 - 01 - 26/03415429179.shtml。

施作为一种公共产品，其公益性就是为社会提供公共服务，这种公共服务体现在推动了全民健身运动、宣传和弘扬了奥林匹克精神、提供了社会就业的机会、改善了城市市容市貌、改进了城市基础设施、优化了城市整体规划、提高了城市公民文明程度、提升了城市服务业水平、扩大了城市知名度等方面。这些方面正是公共体育设施对于社会层面的功能诉求。然而，社会层面的功能诉求往往体现在社会效益的实现过程。社会效益又是通过最大限度地满足人们不断增长的物质文化需求这一终极目标来实现的。因此，公共体育设施的建设布局就是改变公共体育场地数量面积不足、布局不合理的公共体育设施现状。可见，社会效益是公共体育设施建设布局的目标之一。

　　公共体育设施作为体育产业重要的行业之一，归属于第三产业（即服务业）的范畴之内。向公众开放性保证了公共体育设施为社会提供公共服务。《国务院关于加快发展服务业的若干意见》（国发〔2007〕7号）提出："到2020年，基本实现经济结构向以服务经济为主的转变，服务业增加值占国内生产总值的比重超过50%。"[1] 这表明，公共体育设施为社会提供公共服务的同时，完成提高服务业增加值占国内生产总值比重的使命是必需的。正如刘鹏局长在2011年大型体育场馆运营管理经验交流会上所要求的："在坚持公益属性的前提下，不断完善大型体育场馆市场运营机制。"[2] 公共体育设施市场运营不仅对消费需求具有刺激作用，而且对城市体育产业和其他产业具有拉动作用。这说明公共体育设施市场运营的状况是通过经济层面反馈的。经济效益是以尽量少的劳动耗费取得尽量多的经营成果。提高经济效益，才能充分利用有限的资源创造更多的社会财富，满足人民日益增长的物质文化需要。[3] 城市公共体育设施的建设布局是对公共体育设施城市空间结构与区位的优化与选择，这正是对当下日趋短缺资源的布局规划，以更好地发挥其功能，满足公民日益增长的健身需求。可见，经济效益是公共体育设施建设布局的另一个目标。社会效益和经济效益影响着公共体育设施存在的价值取向。公共体育设施建设布局的目标就是社会效益与经济效益的最大化。

---

① 国务院，《国务院关于加快发展服务业的若干意见》，http：//www.gov.cn/zwgk/2007 - 03/27/content_562870.htm。

② 《大型体育场馆运营管理经验交流会》，http：//www.zgtycg.org/Article/25122.html。

③ 经济效益，http：//baike.baidu.com/view/188272.htm。

三　小结

公共体育设施作为全民健身的重要载体，被公众所了解与认可。它对增强健康意识和体育参与意识有着重要的影响作用，并且感染着亲友团队，从而有效地推动全民健身运动的开展；公共体育设施是宣传和弘扬奥林匹克精神的有利阵地；公共体育设施是体育产业一个重要的行业分支，对社会就业有着积极作用；公共体育设施通过对城市知名度等方面的影响推动着城市综合素质的提高。综上所述，公共体育设施对社会诸多方面的影响与作用恰恰反映了公共体育设施的社会效益。

经济效益是公共体育设施的生命线。通过《体育事业统计年鉴》中公共体育设施收支结余指标的分析可以充分说明公共体育设施的运营对健身休闲群体消费需求的刺激作用；国家审计署办公厅对北京奥运会财务收支和奥运场馆建设项目跟踪审计结果表明，公共体育设施对城市体育产业及其他产业具有较强的拉动作用；商业广告的运作是公共体育设施资金来源的重要渠道，同时公共体育设施出让冠名权是其广告商业价值的另一种表现形式。

准确定位公共体育设施属性与功能、作用，借鉴经济地理学等学科的理论与方法，加强公共体育设施的建设布局与运营管理，最大限度地发挥公共体育设施的社会效益和经济效益。

第三节　城市公共体育设施建设布局与经济地理学的关系

一　国外、国内体育设施建设布局研究文献分析

（一）国外体育设施建设布局研究文献分析

1. 国外体育设施建设布局研究文献的演进历程分析

胡振宇在《现代城市体育设施建设与城市发展研究》中表明：国外对体育建筑研究已有数千年的发展史，而对现代体育设施的专门研究只有几十年的历史。体育建筑研究的对象主要是古代以及现代奥运场馆，体育建筑是伴随着奥林匹克运动的发展而得到发展的。二战之后，体育设施研究得到发展，体育设施的研究是以体育建筑研究为基础而逐渐得到发展的。郑志明在《特大城市公共体育设施布局规划研究——以成都市为例》

中指出：国外研究资料多来自于各类建筑杂志对各国体育场馆的介绍及分析，内容以介绍具体体育场馆设计为主。例如，较早的研究是奈尔维（P. L. Nervi）（意）著、黄运升翻译后 1981 年在中国出版的《建筑的艺术与技术》。

20 世纪 30 年代以来，竞赛场馆的专业化趋势日益明显，综合性的体育场馆渐渐趋于淘汰，竞技项目精细化的发展导致大型体育场馆的竞技项目专业色彩愈加浓厚。比如，代表着世界足球运动最高水平的英国、意大利、德国、法国、荷兰等国家的职业联赛足球场是按照国际足联制定的世界杯比赛场地设计的标准和规范来建设的，场地不包括田径跑道。1932—1937 年，美国政府拨款 15 亿美元用于社区体育中心的建设。[①] 这是美国政府学习德国社区体育中心模式的典例，这也表明了对德国社区体育中心模式的认可。在当时，德国社区体育中心发挥的作用有效地缓解了工业化与城市化给社会公民带来的高强度社会压力和生存压抑。

20 世纪 50 年代，国外许多国家开始进行社区体育设施的建设，到 20 世纪末，国外社区体育设施的建设标准及其制度措施是相当完善的。郑皓怀、钱锋在《国外社区体育设施的发展建设初探》中认为：国外社区体育设施建设具有政府主导性、制度政策约束的法律性、居民体育需求性、建设目标阶段调整性以及投资来源社会性（家庭的投资尤为突出）等特征。这些特征促使国外社区公共体育设施建设进入了良性循环，产生广泛的社会效益，使体育人口数量、体育运动普及程度及国民体质状况得到提高与改善，全面提升社会发展水平。

20 世纪五六十年代，西方发达国家的体育场馆建设主要是以竞技体育单体式为主，以服务大型赛事为主要目的。20 世纪六七十年代，国外出现了以大众体育运动和国际大型体育赛事活动为主的复合式体育场馆建设模式。这种模式是体育与现代金融业、传媒业、旅游业及相关文化业等相互渗透融合的结果。可见，这种综合性的场馆的再次出现也是时代发展的产物。章苗英在《关于我国公共体育设施若干问题的研究》中指出，1960—1984 年期间，德国制定了投入 400 多亿马克巨资用于公共体育设

---

① 《体育公共服务国际比较及启示》，http：//wenku. baidu. com/link? url = CJSFtjOjR4BP9ka K5b Ruxuwa 6z60OwOY0y00 zqe MSdc3xuI Nq56 Nv2v MIJ5 ALMmxk Eqc49hQhyb SKtrgpqe0q EnXEn FYq3ky LMA8xar9qe。

施建设的三期国家体育计划（称为"黄金计划"）。之后，德国群众体育得以迅速发展，体育场馆的数量、人均体育场地面积得到大幅度的提高，极大地满足了公众不断增长的体育需求。孙倩在《对大众体育设施建设的思考》中提到：20 世纪 90 年代中期，美国人均体育场地面积达到了 14 平方米的水平。

20 世纪 70 年代，欧美国家体育场馆建设布局出现多元化的特征。体育公园、户外运动集聚区等新型的体育设施开始出现。这些城市体育设施与城市人文景观相融合，使人们充分体验城市开放空间。这种多元化的发展给体育场馆的建设布局注入了新的活力，助推了体育设施建设布局对城市更新的作用。1985 年美国弗林编著的《体育运动和娱乐设施规划》一书，从规划角度对体育设施进行研究，突破了以前单纯的体育场馆研究模式。[①] 这表明：体育设施与规划之间的相互关系研究是运用规划理论研究体育设施的较早跨学科研究模式，具有里程碑意义。1996 年，美国学者巴德尔（Baade R.）、欧内特斯·斯滕伯格（Ernest Sternberg）、蒂莫西（Timothy S.）、查普林（Chapin）等对当时美国用于职业竞技（篮球、棒球、橄榄球、冰球联赛）的大型体育场馆改扩建或新建的现象特别关注，他们认为，城市更新和再开发与大型体育场馆的建设有很密切的关系，城市体育设施建设是城市更新与再开发的助推器。[②]

20 世纪 80 年代，西方发达国家体育场馆建设商业化运作模式日渐成熟，特别是服务于职业体育的大型体育场馆商业配套设施的建设逐渐完善。20 世纪 90 年代，西方发达国家竞技体育职业化程度日渐成熟，竞技体育产业化高速发展，大型体育场馆的规模及其功能开始出现与赛事要求以及观赛需求相互不匹配的现象。许多城市的大型体育场馆进行改（扩）或新建，以此满足赛事和观众的需求。NBA 中休斯敦火箭俱乐部的比赛场馆由赞助商丰田公司直接出资建造，湖人俱乐部的比赛场馆则由赞助商斯台普斯公司直接出资建造。21 世纪以来，各发达国家政府在关注精英体育的同时，把更多的关注投向大众体育，这使得复合化的场馆真正在功能上达到竞技体育和大众体育的要求。正如胡斌、吕尤在《国外体育设

---

① 胡振宇：《现代城市体育设施建设与城市发展研究》，博士学位论文，东南大学，2006年，第 27 页。

② 同上文，第 75 页。

施发展评析与启示》中所认为的：场馆功能复合化最终成为国外体育设施建设布局研究的主要发展趋向。功能复合化的体育场馆既可以服务于竞技体育的比赛与训练，同时也可以满足大众健身休闲的要求。揭示出体育场馆集竞技体育与大众体育于一体的时代内涵，进而充分彰显出城市体育场馆实现社会效益与经济效益的时代诉求。体育场馆功能复合化不仅体现在体育场馆建成后功能使用方面，而且在其建设布局过程中应该对场馆建设规模和建设运动项目的内容以及场馆区位的选择进行全面综合的考量。

通过对以上材料的分析得出，国外发达国家竞技性大型场馆的建设布局经历了突出竞技项目特征的体育场馆—单体式纯竞技性体育场馆—复合式综合性大型体育场馆—职业俱乐部性质产业化模式的竞技体育场馆—功能复合化大型体育场馆的演变过程。这与学者方达儿在《体育设施建设漫谈》中的分析观点一致，即体育设施建设从功能角度上已从第一代单用型、第二代专用型、第三代兼用型，进入到了第四代的多用型。大众体育设施的建设布局则是表现为以社区体育中心的设施建设布局为主，逐渐出现集竞技与大众健身于一体的综合性大型场馆的发展历程。此外，发达国家体育设施建设布局影响或改变城市更新和再开发的研究结果揭示，城市体育设施的建设布局不仅仅局限于体育场馆设施本身的建设布局，更重要的是，体育设施的建设布局已经成为城市规划与发展的一个重要部分，已经深刻地影响着整个城市的更新与发展。因此，本书认为城市体育设施建设布局成为现代经济社会背景下城市发展亟待解决的核心问题之一。

2. 国外体育设施建设布局研究文献中的突出问题分析与启示

发达国家体育设施建设呈现网络化格局，主要由竞技体育设施、社会体育设施、学校体育设施、社区体育设施构成，并且表现为金字塔的模式，塔尖是竞技体育设施，塔基是社区体育设施。同时强调网络化布局是体育设施建设的发展趋势。郑皓怀、钱锋在《国外社区体育设施的发展建设初探》中认为：国外城市体育设施分为竞技体育设施、各类社会体育设施和社区体育设施三个层面。通过 CNKI 检索发现，相关文献集中在奥运场馆和社区体育设施建设布局的研究。因此，国外体育设施的建设布局研究主要集中在用于奥运会等大型赛事的体育场馆建设布局以及服务于大众的社区体育设施建设布局两个方面。

（1）国外奥运会体育场馆建设布局研究文献分析与启示

随着奥林匹克运动与世界社会经济的协调发展，人们赋予奥运会的社会效益与经济效益得到全方位的拓展，奥运会的亲民化、商业化、专业化以及全球化日渐凸显。奥运会场馆建设布局也发生了很大变化，主要表现为由室外性向室内性的变化，由非规范性向系统性的变化。前者是奥运项目为提高商业性和观赏性而产生的，后者进一步确定了奥运会场馆类型的规范化和具体化的发展态势。自 1972 年慕尼黑奥运会以来，奥运会比赛与训练场馆的建设表现出体育场馆系统化的整体构建理念。奥运会场馆设施系统内容已经约定俗成，通常包括主体育场、主体育馆、多用途体育馆或会展中心、足球预赛场地、棒球场、曲棍球场、垒球场、马术竞技场、射箭场馆、沙滩排球场、游泳馆、皮划艇赛场、帆船赛场、自行车赛场、若干训练场馆以及户外绿地等。这个庞大系统的构建，包括改建、扩建、新建和临时搭建，其中，新建场馆包括大学体育场馆。

奥林匹克公园是奥运会体育场馆设施建设布局的符号标志。奥林匹克公园主要包括体育设施、娱乐活动场所、艺术设施等大量户外空间。郑志明在《特大城市公共体育设施布局规划研究——以成都市为例》中指出：从历届奥运会来看，奥林匹克公园选址一方面考虑交通通达状况，选址在距离城区较近的地方，如德国慕尼黑奥林匹克体育公园的选址；另一方面结合城市发展与更新，选址在城市经济较为落后的区域，或是生态环境较差的区域。例如，2012 年伦敦奥运会主场馆"伦敦碗"选址建设在东伦敦区，这个区域是工业废旧区，其严重的生态污染长时间困扰着英国政府。实践证明，奥运会举办城市通过奥林匹克公园的建设使城市的经济发展水平和生态环境状况得到提高与改善。此外，奥林匹克公园内奥运村住宅赛时使用与赛后产权的运作模式，拉动了周边地区的房地产业，提升了城市形象；后奥运时代，奥林匹克公园与整个城市相融入，衍生形成的多功能公共服务中心，融合了办公、商业、酒店、文化、体育、会议、旅游、居住功能，具备完善的能源基础以及四通八达交通网络的新型城市区域，形成良性循环的产业链条机制，从而有效地带动了城市及其经济的发展。

从表 1-5 可以看出，1976—2008 年间的 9 届奥运会中，举办国家对奥运会的投入基本呈增长态势，尤其是北京奥运会和雅典奥运会资金投入均超过百亿美元。其中，用于体育场馆建设的资金比例也表现出增长的趋势。1992 年巴塞罗那奥运会投入中，用于奥运场馆设施建设与改造的资金为 10 亿美元，占总投入的 10.64%；2008 年北京奥运会中，有 130 亿美元用于奥运场馆建设，占总投入的 32.5% 。① 然而，2012 年伦敦奥运会体育场馆设施的建设预算仅为 24 亿美元，相比 2008 年北京奥运会，呈现大幅缩减趋势。② 由此可见，伦敦奥运会表现出倡导节俭办会的理念。林显鹏《现代奥运会体育场馆建设与赛后利用研究》一文表明，在奥运会体育场馆座位数方面，2012 年国际奥委会规定了奥运会体育场馆座位数，主体育场由北京奥运会的 80000 个座位缩减到 60000 个，主体育馆（篮球项目）由北京奥运会的 20000 个缩减到 12000 个。因此，在奥运会研究委员会的管理与指导下，伦敦奥运会已经提出限制奥运场馆建设投入与规格的新举措。

表 1 - 5　　　　　　　**历届奥运会资金投入一览表**　　　　单位：亿美元

举办城市	蒙特利尔(1976 年)	莫斯科(1980 年)	洛杉矶(1984 年)	汉城(1988 年)	巴塞罗那(1992 年)	亚特兰大(1996 年)	悉尼(2000 年)	雅典(2004 年)	北京(2008 年)	伦敦(2012 年)
投资	12	20	5.46	40	94	18	38	150	400	145

资料来源：《看历届奥运会的国家资金投入，地有多大产人有多大胆》，http：//www.ipc.me/all-previous-olympic-games-funding.html。

　　奥运会研究委员会是国际奥委会下设的一个机构，其主要目标是在保持奥运会持续发展的基础上，对奥运会的举办规模和经费投入进行有效控制而提出合理建议。2004 年奥运会研究委员会倡导的奥运场馆建设的新理念为后来的三届奥运会举办提供了策略支撑。新理念的核心内容主要包括：集中修建比赛场馆；协调比赛要求、遗产要求及环境要求，以临时设施替代永久性建筑；综合预决赛座位数的需求，科学设计场馆座位数量；增加非竞赛场馆的日常使用，提高竞赛场馆的使用率。不难看出，奥运会研究委员会旨在保持奥运会持续发展，通过采取控制奥运会规模和举办经费的措施，无疑对奥运体育场馆的建设布局提供了最为权威的标准，同时也为世界各国大型体育场馆的建设布局确定了坐标。

　　伦敦奥运会共投入使用了 34 个场馆，这些场馆包括新建、改（扩）

---

　　① 《看历届奥运会的国家资金投入，地有多大产人有多大胆》，http：//www.ipc.me/all-previous-olympic-games-funding.html。

　　② 北方新报，《伦敦奥运会场馆总预算比北京省百亿美元》，http：//news.ifeng.com/gundong/detail_ 2012_ 04/16/13916101_ 0.shtml?_ from_ ralated。

建以及临时建三大类，分别分布在奥林匹克公园、伦敦市区和其他城区三大区域。可持续发展作为伦敦奥运会比赛场馆建设布局的主旨理念，场馆建设布局呈现出建设经费节俭性、低碳环保性、低能节约性、依托人文景观临时建设、拆除后再利用、赛后社区健身共享、赛后俱乐部主场专用、奥运会研究委员会限制建设规模和举办经费建议的践行性、借助举办奥运会改善与发展落后地区的环境与经济发展等特征。这些特征紧扣比赛场馆建设布局的主旨理念，即可持续发展，充分考虑比赛场馆在后奥运时代的利用问题。进一步分析得出：伦敦奥运会比赛场馆赛后的归属路径分为拆除后材料设备挪为他用、成为奥运遗产被公民健身休闲和知名职业俱乐部训练与比赛所用。伦敦奥运会篮球馆坐落于奥林匹克公园北部，是最大的临时场馆，奥运会后被拆卸建筑材料用于其他建筑物；位于奥林匹克公园的小轮车场和自行车馆赛后改造成为自行车公园，专门为社区、体育俱乐部和运动员服务；伦敦奥运会主体育场"伦敦碗"赛后改为英超球队西汉姆联队的主场。

（2）国外社区体育设施建设布局研究文献分析与启示

20世纪六七十年代，西方发达国家为了提高与改善人的健康水平和生活质量，促进社会和谐发展，开始大力开展社区体育，并在当时为社区体育向其他国家进行推广积累了有益的经验。李刚在《长株潭城市群社区休闲体育设施现状及需求研究》中指出：西方发达国家非常重视大众体育运动的开展，比如美国"健康公民2000年"、日本"关于普及振兴体育运动的基本计划"、德国"黄金计划"、英国"社区体育中心发展计划"以及新加坡"体育设施蓝图计划"等的实施与普及，其中，社区体育活动扮演着重要的角色。社区体育活动经过长期的开展，其普及程度非常高，同时社区体育设施的建设布局方面也进入了较为成熟与完善的发展阶段。朱黎在《云南高校新建体育设施多元化功能定位研究》中认为，国外发达国家体育设施布局形成以社区为中心逐渐取代以城市为中心的模式，体育设施建设与公园建设、小区绿地相结合，形成体育设施开放化格局。李光在《我国省会城市体育设施要素研究》中表明：社区体育中心是国外大众体育主要的表现形式，社区体育中心和体育公园体现着国外大众体育的大众性和休闲性的核心理念，并构成了国外社区体育设施的框架体系。西方发达国家社区体育设施规划建设是有最低配置标准的，对体育设施的规模种类是有明确要求的。陆军在《武汉市武昌地区社区公共体育设施供给及其制度创新研究》中指出：一般根据社区人口的数量来规定其类型、功能和规模，而且这些规定最终都以立法形式加以确认和保证。通常，社区体育中心以社区居住的人口数量来匹配其建设的规模和种类。

社区体育中心的产生与存在揭示了国外大众体育运动的开展重点选择了社区来发展，随着大众体育运动的发展，社区体育中心的规划日渐规范化，社区体育中心的硬件部分——体育设施的建设布局也逐渐成熟与完善。换句话说，也就是发达国家公共体育设施的建设布局具有非常突出的社区属性。发达国家公共体育设施是社区服务网络的重要组成部分，其建设布局是以社区为核心来进行的，充分体现出服务大众的内涵。

社区体育设施与社会体育设施相互渗透，共同扮演着城市公共体育服务体系中的重要角色。李蓉在《重庆市主城区公共体育设施需求及分布研究》中认为：社区体育设施与学校体育设施及体育公园互补合作，在开展大众体育的过程中交相互动。雷芸芸在《武汉市青山区社区体育设施调查及整合研究》中指出：公园和学校体育设施是社区体育设施的重要组成部分。社区体育设施与学校体育设施形成学区模式，这种体育设施资源共享的模式在大众体育开展中发挥着重要的作用。在城市公共设施建设中，社区公共设施与公园融为一个有机的整体，社区体育设施利用公园空间资源形成体育公园模式的发展格局。因此，社区体育设施与社会体育设施是一种互补合作的关系。

通过对相关国外文献的分析得出，国外社区体育设施建设布局具有五个方面的特征。第一，政府对社区体育设施建设重视程度较高，表现出以政府投资为主体的多元化投资模式，社区体育设施的配置、规模、种类等规划均以立法的途径做支撑。第二，社区体育设施建设布局的标准是按照社区的行政区划来进行的，具有网络化分级布局的特点。英国社区体育中心分为村镇与社区厅、社区体育厅两个级别。社区是英国最低级行政区。日本则分为基层社区、市区町村、都道府县三个级别。第三，国外社区体育中心体育设施建设布局受奥运会等大型赛事的影响，且趋向于大型体育场馆功能复合化的发展趋势，具有运动项目多样性、设施场馆功能的综合性的特征。第四，社区体育设施建设布局依托社区公园等人文景观的共享性、融合社会文化设施的共建性及与学区模式混合使用的特征。第五，国外社区体育中心体育设施建设布局充分体现出非竞技性、亲民性、基层性、建设成本低和易管理等特征。

分析国外发达国家公共体育设施建设布局状况的原因，主要在于：一方面，这与西方国家高度工业化带来的经济与社会高速发展有着非常密切的关系。在以资本家占有生产资料和剥削雇佣劳动为基础的社会制度体制下，劳动力的生存及生活状态直接影响着资本家攫取工人创造的剩余价值。基于这种制度规律，资本主义国家投资建设的公共体育设施为广大工人提供了健身休闲的硬件条件，使得工人的压力得到缓解，从而保证了劳动力的良好精神和身体健康状态。由此，公共体育设施的建设越来越引起西方发达国家的关注与重视，逐渐形成了较为完善的法制化大众体育。另一方面，随着现代奥林匹克运动的诞生与发展，西方发达国家竞技运动的水平日益提高，同时职业化与产业化的程度也日趋完善，从而用于职业联赛的大型体育场馆的建设无疑成为职业体育发展的重中之重。此外，以德国等国为例的西方发达国家竞技体育已经完全进入职业化的发展轨道，使得政府将体育经费集中用于大众体育的发展。在这种有利的背景条件下，公共体育设施的建设无疑就成为了政府主要的投入点与关注点。也就是说，国外发达国家公共体育设施建设的良好状况是由国家管理体育的体制决定的。

3. 国外体育设施建设布局研究文献中的理论问题分析与启示

张颖、王铮、周嵩等在《韦伯型设施区位的可计算模型及其应用》中提到，设施布局问题是城市规划研究中的热点，其核心内容是在相关的已有设施、市场域、用户、资源或目的地已知的情况下，确定一个或多个新设施位置的问题。李山勇在《首都大型体育设施分布及其利用的空间分异研究》中的观点表明：国外关于体育设施布局方面的研究所涉及的理论有中心地理论、区位论、马斯洛需要层次论。其中，中心地理论是经济地理学的经典理论，服务半径和人口门槛是该理论的制约因素，中心地规模越小，服务半径越小，数目就越多，只能提供较低档次的商品和服务。区位的主体不同，区位选择的原则就有差别。区位论指导下的体育设施建设布局就是为了实现体育设施福利最大化原则下所占据的空间或区域的选址。

欧盟国家城市尺度（ICC-city level）中的绿色空间综合评价指标体系（Interdisciplinary criteria catalogue, ICC）将可达性与公众参与都列入其中，目前也已经纳入我国城市绿色空间指标体系研究。① 全玉婷在《社区休闲体育设施可达性与城市居民参与度关系研究——以深圳市居民为例》中认为：运动参与度是居民参与健身活动状况的重要指标，是对居民参与某种运动情况的描述，表示着居民对体育设施的使用状况和认可状况，对于体育设施区位的选择具有指导意义；可达性是在现有交通系统下居民接近某一社区休闲体育设施的方便程度。社区休闲体育设施可达性受到设施服务距离和服务的数量与质量的影响。可以认为，运动参与度与体育设施可达性的良好状态可以间接地反映出体育设施规划布局的科学合理。

罗宾·阿蒙（Robin Ammon，Jr）在《*Who benefits from the presence of professional sports teams? The implications for public funding of stadiums and arenas*》中认为：体育场馆的民营化是未来的潮流之一，但是必须有一个好的法律制度为这一潮流做好长远的铺垫。国外体育场馆市场化建设的理论与实践发展得较为成熟。冷毅在《基于 PPP 模式的大型体育设施建设的合作博弈分析》中表明：21 世纪以来，美国大型场馆建设的融资采取的是公私联合供给的模式（简称 PPP 模式），公共融资所占比例下降至67%，使得在低成本条件下产生更高的效益。伍华荣在《BOT 模式完善高校体育设施研究——以长沙理工大学网球场建设与管理为例》中认为：20 世纪 90 年代以来，国外经济发达国家大型体育场馆建设资金的融资大部分采用了 BOT（建设—运营—移交）模式，使得体育场馆获得了较好的经济效益和社会效益。

黄兆生的《城市社区体育设施规划与设计策略研究——以重庆为例》、史晓楠的《安康市辖县县城文化、体育设施适宜性标准比较研究》、余阳的《不同地域背景县城文化、体育设施适宜性标准比较研究》以及刘熹熹的《北京市中心城社区体育设施现状问题及对策研究》都表明：20 世纪 50 年代出现的居住区规划理论是源于 20 世纪 30 年代美国建筑师佩里的"邻里单位"社区规划理论，是关于居住空间组织方式的理论，是城市社区规划的理论依据，是城市社区体育设施建设布局等级划分的理论依据。该理论以服务规模和服务半径作为社区体育设施建设布局的控制要素，以人口数量作为社区体育设施建设规模的配建标准。

---

① 陈春娣、荣冰凌、邓红兵：《欧盟国家城市绿色空间综合评价体系》，http：//www. landscape. cn/paper/cs/2009/916275. html。

　　黄兆生在《城市社区体育设施规划与设计策略研究——以重庆为例》中认为：环境心理学起源于 20 世纪 60 年代，是研究人的需求与外界环境之间关系的理论。当前，在国外，该理论对规划设计领域产生了重要的影响，体育设施建设布局也在这种影响范围之内。环境心理学理论的核心思想就是在体育设施建设布局过程中要充分地把人的需求作为不可缺少的因素加以考虑，营造科学合理的体育运动环境，使得人的需求在适当物理环境（体育设施）状态下，充分体现在运动健身的行为上。并且人的行为与人的需求之间的作用是双向的，也就是说，在体育设施的载体上，人的行为规范作用可以产生更高的需求。

　　史晓楠在《安康市辖县县城文化、体育设施适宜性标准比较研究》中认为，20 世纪 80 年代，伴随着城市空间紧凑型开发的兴起，出现了"新城市主义"思潮，由此便产生了 TND 与 TOD 开发模式。TND 是以公交车站点为基点的开发模式；TOD 则是传统的城市邻里类型开发模式。两种开发模式具有体育设施活动类型亲民性与交通便捷性等特点。

　　巴艳芳在《城市体育设施空间布局与体育产业发展对策研究——以武汉市为例》中指出：城市意象成为研究感知环境的一个切入点，20 世纪的美国人本主义城市规划理论家凯文·林奇所著的《城市意象》被认为是城市意象研究的标志。城市意象主要研究人们对城市环境的感应。城市感应是在城市意象的基础上对环境的认识过程。城市居民个人或群体对体育设施城市空间的意象与感应影响着体育设施建设布局合理性与科学性。

　　4. 小结

　　体育建筑的研究早于体育设施的研究，体育设施建设布局的研究是以体育建筑研究为基础和依据的。竞技性大型体育场馆是伴随着奥运会及单项职业联赛等比赛而发展的，由单独竞技专用型场馆最终演变为功能复合化的体育场馆。社区体育设施建设布局的研究呈现出以社区体育中心模式为主体，以体育公园模式等为辅助的多元化发展格局。

　　奥运会体育场馆建设布局的内容已发展成为一个体系，表现出规范性、整体性、系统性特征。从交通通达性和发展更新城市两个层面确定奥林匹克公园的选址。可持续发展是未来奥运会体育场馆建设布局的主旨理念。伦敦奥运会节俭办会理念给体育场馆建设布局提出了节俭的新要求，对于体育场馆建设布局实用本位回归起到了积极作用。奥运会研究委员会倡导的体育场馆建设布局新理念为体育场馆建设布局提供了权威性的标准。

社区体育设施与社会体育设施是一种互补合作的关系。西方发达国家公共体育设施的建设布局具有社区属性，其社区体育设施体系是以社区体育中心和体育公园为主构成的，社区居民人口数量是其体育设施建设布局的配置依据。国外社区体育设施建设布局具有政府主体意识、网络化分级布局、与大型体育场馆趋同性、自然与人文空间开放性以及学区模式共享性、接地气等特征，并且存在特征生成的原因。

国外体育设施建设布局涉及的理论包括中心地理论、区位论、马斯洛需要层次论、居住区规划理论、环境心理学理论、可达性理论、新都市主义思潮（TND 与 TOD 模式）、城市意象与城市感应学说等。PPP 与 BOT 模式等是其主要的建设布局的融资模式，并将可达性与参与度作为评价的要素指标。

（二）我国城市体育设施建设布局研究文献分析

基于目前我国体育设施数量不足、布局不合理、利用率不高的现实状况，体育设施建设布局乃至构建公共体育服务体系就成为当前贯彻实施体育设施惠及广大群众，努力提高人民健康水平，同步发展群众体育和竞技体育，由体育大国向体育强国迈进的十八届三中全会精神的必由之路。从文献研究的视角分析我国体育设施建设布局的研究状况，是研究我国体育设施建设布局的前提和基础，是总结和推理我国体育设施建设布局经验和规律的依据与支撑，同时也为体育设施建设布局创新研究提供了平台。在 CNKI 中通过对"体育设施"进行篇名检索发现，期刊论文有 456 篇，文献的时间跨度从 1984 年至今；博硕士论文有 48 篇，时间跨度从 2005 年至今。关于体育设施建设布局研究的文献可分为政策法规、理论与方法、投资与融资、城市规划与发展等类别。通过对体育设施建设布局文献的研究，旨在提炼出文献研究的特征与规律，最终为体育设施建设布局的创新研究提供依据与平台。

1. 城市体育设施建设布局政策法规研究文献的分析

较早的研究文献是非常珍贵的，一方面可以为该研究领域树立具有方向性的标志，另一方面也可以为后续的研究探索提供富有理论价值的基础依据。张剑（1995）的研究表明：我国于 1995 年 8 月 29 日颁布实施的第一部《体育法》中对体育设施建设布局提出了具有法律意义的规定，要求将《城市公共体育运动设施用地定额指标暂行规定》（1986 体计基字559 号）作为体育设施建设布局的国家规范，要求体育设施建设布局与城市建设、土地利用的规范一致，并要求将体育设施建设布局纳入到城市居住小区的建设规划当中去。[1] 随后，各省也制定了相关的地方性法规。这充分表明，城市体育设施建设布局第一次被纳入到国家法制轨道上，国家对体育设施建设布局做出了明确的规划和建设原则的要求。可以说，我国城市体育设施建设布局是有法可依的。

以《城市公共体育运动设施用地定额指标暂行规定》（1986 体计基字559 号）作为调研居住小区体育设施建设布局的标准。韩会君、肖谋文、王菁的《广州市新建居住小区体育设施现状的调查与分析》表明：《城市公共体育运动设施用地定额指标暂行规定》是迄今为止国家沿用的体育设施建设布局国家规范之一。《城市公共体育设施用地定额指标暂行规定》与《中华人民共和国城市居住区规划设计规范》（1994）是目前我国城市体育设施建设布局所依据的主要政府法规文，基中：前者中的指标内容需要完善以适应城市的发展；后者中的有关体育设施建设布局的内容要求需要进一步细化与落实。赵克、郑旭旭、兰自力等在《城建居民小区体育设施配套建设立法研究》中认为：用地定额指标和项目设置的选择是落实城市居住小区体育设施建设立法程序中重要而具体的逻辑步骤。在以《城市公共体育设施用地定额指标暂行规定》为依据确定城市居住小区体育设施用地定额指标的基础上，确定体现地方文化和民族特色的项目来建设布局体育设施。

相关的国家政策法规（《中华人民共和国城市规划法》《中华人民共和国体育法》《公共文化体育设施条例》《城市公共体育运动设施用地定额指标暂行规定》《城市居住区规划设计规范》）和地方政策法规对城市社区体育设施建设发挥着指导与监督的作用。徐卫华、黄雪琳、赵克在《厦门市城市居住区体育设施配套建设相关法规实效性的研究》中指出：目前，这些政策法规在立法与执法环节存在着不足，亟待进一步完善以适应城市社区体育设施建设布局的发展。庄永达、陆亨伯在《城市社区体育设施配套建设立法研究》中表明：有关我国城市社区体育设施配套建

---

[1]　张剑：《中外体育法比较——体育经费、体育设施部分》，《中国体育科技》1995 年第11 期。

设的政策法规存在着内容过时、执行效力缺失、实践操作难度大、管理体系不完善等问题。可见，正如许月云、许红峰、叶健芬等在《福州市新建居住区体育设施规划、建设、需求趋向》中所认为的，健全与完善相关法规是城市居住区体育设施建设的保障条件。褚波、李刚、刘海鹏在《〈城市社区体育设施技术要求〉标准介绍》中表明，目前作为我国城市社区体育设施建设规范的标准有《城市公共体育设施标准用地定额指标暂行规定》《城市居住区规划设计规范》《城市社区体育设施建设用地指标》以及《城市社区体育设施技术要求》。

2002 年，国家体育总局批准成立国家体育总局体育设施建设和标准办公室（简称"体建办"），是我国专门研究和管理体育设施标准问题的行政主管部门。2005 年，国家体建办制定并出台了《体育设施标准》。该标准涉及各类体育设施及器材行业相关标准，对于实践操作具有很强的指导性。这是我国体育设施标准化的开端，意味着体育设施建设走上了规范化道路。体育设施标准对体育设施的建设布局具有非常重要的指导作用。但是，王卫东、彭立业、刘海鹏等在《体育设施标准化体系的研究》中指出：我国体育设施标准化研究存在着指导与应用体育设施标准化研究工作的政策与方法缺失、现有体育设施标准内容不足、体育设施标准体系尚未建立、运动项目配套设施标准不全面等问题。因此，正如刘海鹏在《体育设施标准对运动员安全、环境安全的贡献》中所指出的：体育设施标准化是体育设施建设的基础，是体育设施建设的规范之一，是保证体育设施建设质量的前提，是提高体育设施建设技术水平的动力。

孙成林、王强、王健在《新中国体育设施政策演进研究》中认为：我国体育设施政策法规的演进经历了由国家层面向公民层面，由重竞技向竞技和群体并重，由重建设向重管理转化的发展历程。总的来说，当前，我国有关的政策法规在指导与规范体育设施建设布局方面发挥着重要的作用，但是这些政策法规已经不能适应我国城市体育设施建设布局的需要，主要表现为政策法规内容过时、内容不全面等，这些政策法规尚未全面反映出政府的要求以及公民的需要，对建设布局实践缺乏针对性的指导。由此可见，现有的相关政策法规只有通过接地气式的（主要指反映公民需求、惠及公民之意）修改与完善，同时加大有关政府部门的监管力度，最终才能促进最大化地发挥体育设施的社会效益和经济效益。

2. 城市体育设施建设投资研究文献的分析

我国在计划经济体制下，体育设施由国家和地方政府投资建设，体育行政部门负责体育场馆的运营管理。李晓宇在《对我国群众体育场地设施投资问题的研究》中表明：在体育设施建设主要依靠国家投资的现实背景下，体育彩票收益金和社会投资等其他融资方式的缺位，造成我国体育设施投入不足、建设投资主体单一的局面。这表明，体育设施建设的投资呈现出单一化的模式。因此，章苗英在《关于我国公共体育设施若干问题的研究》中强调：依靠社会力量，加大体育设施建设的投入，走体育设施建设社会化道路是改变投资模式单一化的有效方式。

赵轶龙、杨枭在《政府投资大型体育场（馆）的效益研究》中指出：多元化投资将是我国大型体育场馆建设投资结构的趋势。2008年北京奥运会场馆——鸟巢的建设中政府投资占58%，社会投资占42%。① 市场经济条件和群众日益增长的健身需求使得体育设施建设的多元化投资模式成为重要的选择。民间资本是多元化投资体系中的重要组成部分。公共产品理论和项目区分理论是民间资本投资体育设施建设的理论支撑。民间资本投资体育设施建设能够拓宽投资渠道、减轻政府财政压力、改善投资效益、提高服务效能。因此，刘英在《我国体育场馆设施的民间资本投资探讨》中强调，民间资本投资体育设施建设具有很强的可行性。民间资本投资模式以公私合作为主要特征，存在着多种形式。

BOT模式是公共基础设施建设投资的一种创新模式。20世纪80年代最早在土耳其被运用。王刚在《关于公共体育场馆设施的建设中引入BOT投资方式的探讨》中指出：BOT模式改变了以政府为体育设施项目投资主体的传统模式，该模式的主要特点是：政府与具有投资、建设、运营管理职能的项目公司签订建设合同，体育设施项目建成后由项目公司开展经营以获取投资成本，合同期满后移交给政府。王乔君在《城市居民住宅区体育设施规划的构想》中表明：我国社区体育设施投资主体表现为二元化状况，政府既扮演投资方又扮演经营方是不利于体育场馆的运营的。喻小红、朱翔、朱佩娟在《公共体育场馆产业化发展的对策研究》中认为：随着体育场馆供给重要性的提升，体育场馆的投资应积极引进社

---

① 《成本超出自掏腰包"鸟巢"业主提前售卖赞助权益》，http://epaper.21cbh.com/html/2008-01/07/content_82894.htm.

会资本，实现多种模式共存的体育场馆建设格局。

许月云、许红峰、叶健芬等在《福州市新建居住区体育设施规划、建设、需求趋向》中表明：城市经济发展水平是影响体育设施建设的重要因素。体育设施建设投资状况受城市经济发展水平的影响。随着市场经济的发展，体育场馆作为体育产业的重要组成部分越来越受到社会各投资方的关注。体育场馆由政府投资建设、经营亏损、政府补贴的现状也必将革新。邓波在《公共体育设施推行 PFI 融资模式的 SWOT 分析与对策》中提出，PFI 是公共体育设施建设的新型融资方式。主要由政府按照项目建设规划，选定由出资方、建设方、经营方等组成项目事业主体。项目事业主体在合同期内负责项目的开发、建设、经营。黄瑶、管清佩、周在霞在《高校体育设施建设运用 BOT 模式可行性研究》中认为：BOT 模式也是高校体育设施建设融资的一种可行方式。高校的 BOT 模式是指学校提供土地使用权与以提供资金的私人投资者合作共同建设体育设施，体育设施所有权归学校，体育设施建成后由私人投资者开展经营以获取投资成本，兼顾学校体育教学活动，合同期满后移交给校方。郑志强、陶长琪、冷毅在《大型体育设施供给 PPP 模式的合作博弈分析》中认为：公私合营的融资模式（简称 PPP 模式）是大型体育场馆建设多方合作的创新模式，这种模式有效地吸纳社会资金参与体育设施的建设运营，不仅可以为政府减轻巨大的财政负担，而且使政府回避体育场馆的经营，以此提高场馆运营的效率。余卫平在《社会公共体育设施建设实行 ABS 融资模式的态势分析》中提到：ABS 是资产证券化的融资新模式，是将缺乏流动性的公共体育设施项目资产转变为可以销售和流通的金融证券的过程，政府与金融、投资、建设、经营等相关机构共同完成体育设施项目的建设。

体育设施建设投资文献中，无论是 BOT 投资模式、PFI 投资模式、PPP 投资模式抑或 ABS 投资模式等，都表明体育设施建设投资是多元化主体的模式结构。在体育设施建设投资模式发展的过程中，投资主体发生了变化，由政府唯一投资主体逐步发展为由社会力量组成的多种投资组合体，政府身份由原来的既当裁判员又当运动员转变为完全起着主导作用的项目参与方。由于各投资主体的加入，项目各方必须遵守责任、权利及利益按照投资水平进行分担与分配的规则，在这种背景下，体育设施建设布局"拍脑门"式的主观模式将一去不复返，取而代之的将是寻求能够发挥体育设施最大经济效益和社会效益的建设布局模式。

3. 城市体育设施建设布局城市规划与发展研究文献的分析

原北京体育学院的张尚权先生撰写的论文《提高我国体育设施建设和使用的经济效果》（1985）是国内较早的关于体育设施建设布局的文献资料。该研究认为：构建体育设施体系是规划体育设施建设布局的前提。[①] 体育设施布局是指体育设施在一定范围内的分布与组合，是富有战略意义的问题；体育设施体系由体育设施相关要素组成（如规模、装备、结构、数量、布局）；接近服务对象、交通便利、相对集中、服务竞技体育是体育设施建设布局所遵循的原则；建立由各种类型群众性体育设施和竞技性体育设施组成的"体育设施网"是未来我国体育设施建设布局的趋势。张尚权先生在随后的研究中进一步指出："体育设施网"是各个地区和各个系统的体育设施以一定形式组成的统一体。[②] 经分析发现，该研究结果尚停留在体育设施领域本身的概括性描述上，没有提出构建体育设施网的技术路线和理论方法。但是，在20世纪80年代初，体育设施建设体系的构成要素及其布局的原则要求与"体育设施网"的构想对我国体育设施建设布局的深入研究产生了深刻影响，具有很强的指导意义。与此同时，"体育设施网"构建思想的首次提出不仅标示着体育设施建设布局的研究进入了宏观考量的阶段，而且揭示了体育设施建设布局与城市规划和发展之间的关联性。

城市体育设施建设布局与城市规划和发展之间相互辩证关联。首先，城市体育设施的建设布局促进城市规划和城市发展。胡宝哲、沈振江在《第12届亚运会体育设施建设与广岛市城市发展》中对第12届亚洲运动会体育设施建设与广岛市城市发展进行了研究。研究指出：借助第12届亚运会的举办，广岛市通过"新交通体系"的构建逐步形成了城市四个副中心（城市东部的广岛车站、宇品出岛冲地区、城市西部的西部商工中心以及西部丘陵地区）的格局。孙一民在《广州亚运体育设施建设谈：城市的机遇》中表明：2004年为承办亚运会，广州建设布局的体育场馆完善了广州城市总体规划的"北优、南拓、东进、西联"空间结构发展模式，同时促进了"广佛都市圈"的形成。周治良在《大型综合运动会体育设施的若干问题》中提出：重视大型综合性运动会体育设施建设的

---

① 张尚权：《提高我国体育设施建设和使用的经济效果》，《体育科学》1985年第2期。
② 同上。

总体规划，要与城市规划和发展相适应。大型运动会体育场馆设施要从城市经济、人口分布、区位等级、交通设施、地理环境等方面与城市规划相适应，以发挥推动改造与发展城市的作用。骆秉全在《北京体育设施发展研究》中认为：体育设施建设布局对于改善城市功能具有重要的作用。这些研究成果充分阐释了体育设施的建设布局对城市规划的促进作用，揭示了体育设施的建设布局可以优化城市的整体发展规划。

其次，城市规划与发展制约着城市体育设施建设布局。因为城市体育设施建设布局是城市规划与发展总体框架下的组成部分之一，换言之，城市体育设施建设布局必须要依据城市规划与发展来进行。鲍明晓、林显鹏、刘欣葵在《北京市城市规划与体育设施发展》中指出：体育设施建设与城市发展规划之间存在密切的关系，体育设施建设必须符合城市性质和发展目标，要与城市发展定位保持高度一致。体育设施建设与城市规模和布局的关联性很强，城市人口规模的预测是确定体育设施建设数量的前提，城市空间布局和人口分布是确定体育设施布局与类型的依据。同时，缪建奇、丁健、郑超等在《大型运动会体育设施建设与城市发展研究》中认为：选址是大型运动会体育设施城市布局的关键问题，大型运动会体育设施的选址要依据城市规划进行，与城市发展一致。马英在《社区体育设施发展建设探析》中从城市观念的视角出发，提出以创造空间特点和创造空间交融来实现城市公共空间对大型娱乐体育设施建设的要求。段爱明、徐国武在《长株潭城市群发展中体育设施规划的战略研究》中提出：城市群体育设施建设布局要超越各自城市本身的发展，按照城市群体系的分工要求，从城市群整体发展战略出发，统筹安排各个城市体育设施的建设布局。

通过对体育设施建设布局与城市规划和发展之间关系的研究，我们可以明确得出城市体育设施建设布局必须符合城市规划与发展的结论，换言之，城市规划与发展是城市体育设施建设布局的依据。为了科学合理地对城市各项用地及其建设进行统一安排和控制，通常以规划编制的形式来执行城市规划。徐卫华、黄雪琳、赵克在《厦门市城市居住区体育设施配套建设相关法规实效性的研究》中表明：体育设施专项规划是城市总体规划的组成部分，体育设施专项规划作为一种城市新的规划设计类型，对其进行编制是城市总体规划的必然选择，也是体育设施规划规范化的最终诉求。体育设施的规划编制是将体育设施规划变为现实的关键程序，在体育设施专项规划设计过程中，主要包括编制依据、编制指导思想与任务、编制原则、编制内容等部分。其中编制内容是在城市体育设施建设布局的现状基础上，借鉴国内外城市体育设施建设布局的先进经验和模式，制定城市体育设施建设布局的配置体系和配置标准，并构建城市体育设施建设布局的模式。饶传坤在《城市社区体育设施现状及发展对策研究——以杭州市城西居住区为例》中指出：城市体育设施专项规划编制中的配置体系是由市级、居住区级、居住小区级、居住组团级体育设施组成，由此构建城市体育设施网络体系。蒋蓉、陈果、杨伦在《成都市公共体育设施规划实践及策略研究》中则将城市公共体育设施配置体系分为市级公共体育设施、区级公共体育设施、片区级公共体育设施和社区级公共体育设施四级。马英在《试论娱乐体育设施的建设》中表明：居住区体育设施建设布局分为居住区级、居住小区级和居住组团级三个层次，各层次配置标准依据各级居住区人口数量要求和《城市公共体育设施用地定额指标暂行规定》，制定各级居住区体育设施建设的人均面积和项目内容，并以各级体育设施有效服务半径为标准进行科学选址与定位。缪建奇、丁健、郑超等在《大型运动会体育设施建设与城市发展研究》中指出：大型运动会体育设施的空间分布模式分为集中式、分散式、集中与分散相结合式三种。周治良在《大型综合运动会体育设施的若干问题》中总结：奥运会大型体育场馆设施规划布局呈现出从集中到分散，再到集中螺旋上升的演变规律，大型综合运动会体育设施布局要体现集中与分散相结合的空间特征，通常采用"分散与集中相结合，相对集中为主"的空间布局模式。

在体育设施专项规划编制研究的基础上提到了体育设施用地规划的问题，本书认为，关于体育设施用地规划中体育设施选址或者是体育设施区位选择以及体育设施的建设规模是非常重要的。《公共文化体育设施条例》明确指出："公共文化体育设施的建设选址，应当符合人口集中、交通便利的原则。"[①] 在城市体育设施建设布局过程中，把城市人口数量及其分布状况和环境条件状况等作为体育设施建设规模的考虑因素，将体育设施的选址和交通可达性等作为体育设施建设布局的影响因素。同时，马

---

① 国务院，《公共文化体育设施条例》，http://www.gov.cn/zwgk/2005-05/23/content_157.htm。

英在《试论娱乐体育设施的建设》中，建议选址在城市外延区域建设布局体育设施，以此拉动城市的发展。高毅存在《北京与巴黎——部分奥运会主办和申办城市体育设施规划比较（之一）》中认为：北京奥运场馆的空间布局表现为一个主中心、三个分中心；其区位分布状况则呈现出集中在北四环、西四环和五环沿线，城市南部区体育场馆零覆盖的特征。李沙丽、雷选沛在《北京奥运会大型体育设施建设风险规避对策研究》中指出：体育场馆选址布局时把体育人口数量、地理条件、交通状况、投资规模以及场馆的辐射范围等作为影响因子。该研究不足之处在于影响因子的确定缺乏实证调研。王晓慧、郑旗在《城市公共文化体育设施区位选择的探析》中认为：中心地理论是公共体育设施建设布局区位选择的理论支撑。中心地理论的最佳功能区位理论和服务区位理论能够实现公共体育设施选址的效率性原则、公平性原则以及供求关系原则。韩会庆、邰红娟在《地理信息系统在体育设施中的应用》中指出：地理信息系统（简称 GIS）已经被有效地应用于体育设施建设选址当中。张欣在《基于地理信息技术的城市公共体育设施服务辐射能力分析》中认为：采用配置模型（LA 模式）研究方法，结合体育设施能力服务、体育人口、设施地理位置以及通达能力的影响指标，构建体育设施服务辐射能力模型，再利用 GIS 对空间地理数据及相关数据的可视化表达技术，得出体育设施服务辐射范围的拟合区域，最终完成体育设施区位的选择与确定。可见，GIS 与 LA 模式的结合不仅可以对新建体育设施区位进行选择，科学合理地规划其空间布局，而且可以对已建体育设施进行评估分析，以便更好地优化其空间结构配置。

体育设施建设布局要依据城市规划与城市发展的总体要求，同时城市体育设施建设布局可以完善与优化城市的规划与发展。城市体育设施专项规划的制定与实施就是城市规划与城市发展指导体育设施建设布局的具体体现，也就是说，城市体育设施专项规划编制就是城市规划与城市发展在城市体育设施建设布局过程中的表现形式。中心地理论是体育设施建设布局过程中区位确定的核心理论，GIS 成为实现体育设施区位可视化的有力研究工具。

4. 城市体育设施布局理论与方法研究文献的分析

杨春荣、冯玉蓉、王小虹在《对体育设施现状与发展的几点认识》中指出：体育设施建设布局存在布局不合理、交通通达性差等问题，研究建议重视体育设施建设布局的理论研究。可见，体育设施建设布局理论研究的重要性与必要性。高力翔、王正伦、王志光等在《苏南富裕乡镇体育发展战略的研究与思考（二）——富裕乡镇体育设施现状调查及开展体育活动潜力分析》中提出：乡镇体育设施大部分建设布局在学校，规模较大的体育设施建设布局在经济较为发达的乡镇，大型体育设施建设布局在城市延伸区域。赵克、徐卫华、黄文仁等在《我国大、中城市居民住宅区体育设施配套建设的可行性研究》中表明：城市居民居住区体育设施配套设施存在以奥林匹克运动为主题的住宅区、以健身会所为特色的住宅区、以生态环境为优势的住宅区、以实施全民健身工程为背景的住宅区四种模式，并以大型体育中心、体育公园、学校体育设施以及居民个体健身设施为辅助利用的形式。鲍明晓、林显鹏、刘欣葵在《北京市城市规划与体育设施发展》中提出：从土地属性来划分，体育设施用地分为城市公共设施用地和居住用地，一类是市级、区县级、街道级体育中心；另一类是社区体育设施。该研究进一步指出：北京城市公共体育设施与社区体育设施建设状况存在较大的差异，城市公共体育设施的建设状况要好于社区体育设施的建设状况。

　　上述研究成果集中表现出城市体育设施建设布局空间结构的特征，但是尚未阐释空间结构内在的原理与方法，使得城市体育设施建设布局的研究缺乏理论支撑。因此，该领域的研究仍停留在感性认知的水平上，需要进一步深入研讨。

　　伴随着群众体育社会化与经济化进程的加快，相关理论开始逐渐渗透到体育设施建设布局的研究领域中。周蕊、冯子安在《浅析体育工艺在体育设施建设中的应用》中认为：体育工艺作为一门专业性的新学科，已经广泛地应用到体育设施的建设当中，使得体育设施的建设达到体育项目特征要求，符合体育运动要求。卢耿华在《上海城市生活体育设施功能形态布局研究》中运用生活圈理论，确定生活圈的服务辐射面和可达半径的影响因素，按照日常生活圈、周末生活圈、节假日生活圈三种城市生活模式分别进行了体育设施的建设布局。张琳、丘连峰、林志强在《广西公共体育设施规划发展初探》中还指出：上海城市体育设施建设布局运用了生活圈理论。

　　胡斌、吕尤在《国外体育设施发展评析与启示》中认为：依据系统思想、建筑策划学等理论，功能复合化是体育设施建设布局的趋向，通过先进技术手段的应用与设计模式的研发，整合体育场馆建设过程中的选址、规模、内容，达到集服务竞技比赛与兼顾赛后社区健身于一体的综合性建设目的。随着进一步研究，胡斌、王冰冰、吕元在《趋势与选择——复合型体育设施设计前期问题探讨》中指出：体育场馆集比赛、娱乐、商业于一体的功能复合化是体育设施的发展趋势，是体育设施社会化与经济化发展的必然结果。在城市体育设施建设布局的实践过程中，从周边设施、服务对象、使用负荷、需求变化、复合质量五个方面来把握体育场馆建设的功能复合化。

周伟峰、刘小湘、柏勇的文章《论城市发展与城市体育设施规划问题的关联性》从城市发展的理论视角研究城市体育设施建设。以城市发展的区域理论、经济全球化理论为支撑，提出城市体育设施建设必须统筹发展的战略；以人文生态学理论为基础，分析体育设施建设与自然环境选择和地理环境保护之间相互融合的必要性，阐述体育设施建设个性化特征的重要性。巴艳芳在其硕士学位论文《城市体育设施空间布局与体育产业发展对策研究——以武汉市为例》中指出：社区体育设施建设是人们生理需求得到满足后，逐步产生自我价值及社会认可等方面的更高级需求的表现。空间分异被运用于研究城市社会空间领域，尤其专注于城市公共服务领域体育文化空间的研究。李山勇在《首都大型体育设施分布及其利用的空间分异研究》中表明：区位论是指向体育设施所占据的场所和空间的理论，体育设施区位的选择也就是体育设施的选址通常情况下遵循"福利最大化原则"。① 郑志明在《特大城市公共体育设施布局规划研究——以成都市为例》中指出：交通导向开发模式（简称 TOD 开发模式）被广泛应用于复合功能性的社区建设中，对城市社区体育设施建设布局具有启示和借鉴作用。王智勇、郑志明在《大城市公共体育设施规划布局初探》中树立了关联城市开放空间、结合城市交通系统、融合城市公共服务设施城市体育设施建设布局理念；提出了聚集化、网络化、交通指向化、公共空间邻近化体育设施建设布局要求；确定了"社区级环绕区级＋市级分散"和"社区级环绕区级、市级＋市级顺沿发展轴"两种体育设施建设布局模式。朱宏的文章《基于低碳出行理念的城市社区

---

① 李山勇：《首都大型体育设施分布及其利用的空间分异研究》，硕士学位论文，江西师范大学，2007 年。

公共体育设施规划研究》揭示了以低碳化理论为依据，通过低碳城市空间结构构建低碳城市发展模式，结合可达性等指标形成"炼—住"接近的城市社区公共体育设施建设布局模式。马运超、孙晋海的文章《基于GIS 技术的城市体育设施信息系统的设计与开发》提出：GIS 可以作为体育设施信息空间管理决策的有效工具。GIS 是经济地理学经典的研究方法之一。

当前，建设布局城市体育设施的最终目的不仅是为了获得社会效益，更重要的是为了获得经济效益。这就要求体育设施由事业型向经营型转变，加强体育设施建设布局的合理性，提高城市体育设施的使用率，这就使得引入经济学及其相关学科的理论与方法成为一种时代诉求。马志和、马志强、戴健等在《"中心地理论"与城市体育设施的空间布局研究》中提出：市场原则、交通原则、行政原则是"中心地理论"运用于体育设施建设布局的理论范式。这一文献是较早将经济地理学相关理论运用到体育设施建设布局研究中且具有代表性的研究成果之一。"中心地理论"是经济地理学中关于城市空间布局的重要理论。郑志明的文章《特大城市公共体育设施布局规划研究——以成都市为例》也指出："中心地理论"对于体育设施的等级划分和布局模式具有很强的指导意义。"中心地理论"已经被广泛地应用到国外城市建设，职业体育俱乐部体育场馆的选址、区位设置以及空间结构的规划已经得以验证。

"点—轴"理论是研究区域空间结构的理论，隶属于经济地理学范畴。依据渐进扩散规律，体育竞赛表演业区域布局按照把两个中心点（城市）连接起来形成发展轴的模式，围绕发展轴进一步通过连接两个次中心点（城市）形成二级发展轴，最终构成体育竞赛表演业的"点—轴"发展模式。康志辉、陆亨伯的文章《"点—轴"理论及其在浙江省体育竞赛表演业空间结构中的应用》研究表明：体育设施建设布局是影响体育竞赛表演业的重要方面，体育设施建设布局同样遵循"点—轴"理论。

综上所述，目前关于体育设施建设布局理论与方法的文献主要归纳为城市规划方面、城市发展方面、城市功能一体化方面、城市空间结构布局与城市区位选择方面等。所涉及的学科集中体现为经济学与地理学等。经济学和地理学结合成为经济地理学，经济地理学是研究产业结构与产业布局演变规律的科学。体育设施属于体育产业中重要的组成部分，体育设施建设布局必定归属于经济地理学的研究范围。经济地理学的相关理论注定是体育设施建设布局研究的理论支撑。雷晓琴所撰写的硕士论文《基于点轴网理论的区域城乡旅游互动模式研究》（2009）恰巧给本书带来了研究的启示和思维模式，论文中"点—轴—网"是中心地理论、"点—轴"系统理论和网络开发理论的统称。中心地理论、"点—轴"系统理论和网络开发理论是经济地理学的核心理论，运用"点—轴—网"理论研究体育设施建设布局可能是较为科学与客观的研究方向。今后，体育设施建设布局的研究可能就要结束较为混乱的研究状态，将开启理论化的研究模式。

5. 小结

文献研究获取的信息与启示对于体育设施建设布局的研究是非常有价值的，不但可以为本领域的研究提供可靠的依据，而且研究结果具有较好的原创性。当前，我国城市体育设施建设布局研究呈现出明显的特征倾向：第一，体育设施建设布局有关政策法规需要变革与完善，有法可依与有法不依之间的现实冲撞更需重视与解决。第二，投资主体多元化是城市体育设施建设投资结构模式的发展趋势，改革政府管理体制、精简政府管理职能是今后体育设施建设的必由之路，使社会各个投资主体实现投有所得应成为政府的关注点。第三，体育设施建设布局及区位选择是城市总体规划发展的要求。体育设施专项规划编制是按照城市总体发展规划要求进行体育设施建设布局的具体表现形式。在体育设施专项规划的制定过程中蕴含着经济地理学理论的构思模式。第四，寻求经济与社会理论的支撑是体育设施建设布局实现经济效益与社会效益最大化的刚性需求，经济地理学的"点—轴—网"理论或许是这种需求之下的正确选择。在对城市体育设施建设布局研究文献全面分析的基础上，运用经济地理学的理论与方法进行深入研究将是本书后续的目标与方向。

二 经济地理学研究状况

（一）有关研究对象方面的论述

学术界把生产力配置、生产配置、生产地域综合体作为经济地理学的研究对象。有的研究认为，生产配置是经济地理学研究的对象。生产配置不仅包括生产力配置和生产产品配置，还包括生产地域综合体内在的相互的关系，因此李世俊、王宝铭在《试论经济地理学研究对象的特殊矛盾》中指出：经济地理学是关于生产配置的科学。此外，张维邦在《对经济地理学研究对象和科学特性的新思考》中表明：影响生产配置的因素涉及经济、自然、技术等方面，表现为社会经济现象，经济地理学的学科性质隶属于社会经济科学，具有区域性、综合性以及控制国家总体经济宏观发展的战略性科学特性。

经济地理学研究对象和研究的具体任务存在着相互混淆、模糊的状况，把研究对象等同于研究的具体工作任务。通常表现为：经济地理学研究对象是生产力的布局。学者杨吾扬认为：生产力的布局应该是经济地理学研究的具体工作任务，而不应该是经济地理学研究的对象。20世纪50年代，经济地理学是研究生产力布局规律的科学，定义论断是从苏联相关学科发展演变而来的。

20世纪80年代，随着经济的发展，学术界开始关注区域经济的发展，但是区域经济的发展与地理条件及状况的关联是密不可分的，所以胡兆量、陆大壮在《区域——经济地理学研究的核心》中总结：区域经济地理的研究尤其是理论方面的研究成为解决经济发展问题主要的突破口，进而使得区域经济地理研究成为经济地理学主要的研究对象。换言之，经济地理学研究是带有区域色彩的，是以区域研究为基础的。经济地理学是研究各国各地生产力布局及其发展条件和特点的科学。帕拉马尔恰克（M. M. Palamar Chuck）撰、郭焕成译的文章《苏联现代经济地理学研究的主要发展方向》研究表明：苏联把生产力的地域体系作为经济地理学的研究对象，生产力地域体系是生产力配置和地域组织综合体。

因此，将经济地理学的研究对象确定为生产力的布局是不准确的。张维邦在《对经济地理学研究对象和科学特性的新思考》中认为：经济地理学研究对象应该理解为是区域的生产力布局，是经济的空间分布和区域组织问题。

（二）有关研究现状方面

冯仁国在《我国经济地理学研究存在的问题及其改造途径》中总结：经济地理学研究的状况体现在五个方面：第一，经济地理学与自然地理学研究是各自分离的，呈现出学科的各自为政局面特征，同时经济地理学研究没有很好地把地理学中较为经典的遥感与地理信息系统以及网络技术等研究相互结合起来，在经济地理学研究方法与工具手段方面可以说是一种较大的缺失。第二，经济地理学虽然具有经济学的属性，但在具体的研究过程中不能与宏观经济学和微观经济学相提并论，虽然在国土规划与产业布局的方面取得了一些成果，但与国民经济主体发展的需求还相距甚远。第三，经济地理学自身的理论体系和研究方法与手段不完善，这是影响学科发展的主要因素，经济地理学在解决实践具体问题时，大多数是运用经济学的相关理论，如区位论和中心地理论等，如果说经济地理学具有经济学的科学属性的话，在定量研究的层面上经济地理学研究领域是无法达到的，只能停留在定性的水平上。第四，经济地理学研究成果难以被国家政府部门进行高层决策时所采纳。主要原因在于：理论依据不足、与国家政策要求脱节、研究现状资料信息不真实、研究思路与技术路线客观意识缺失等。第五，可持续发展是我国 21 世纪以来发展的重要战略，经济地理学所研究的区域可持续发展只是可持续发展的一个部分，经济地理学关注环境与资源的有效与合理化利用等区域可持续发展研究的重点。

（三）有关研究内容方面

20 世纪 80 年代，经济地理学研究除了把经济活动作为其主要的内容之外，文化等非经济因素被纳入到经济地理学研究考量的范围之中，文化代表着传统的地域性，文化对区域内经济发展有着重要的影响作用。苗长虹、王兵在《文化转向：经济地理学研究的一个新方向》中指出：经济地理学研究中文化转向的渗透将是未来研究的一个新方向。

经济地理学是地理学的分支学科，具有显著的互渗性和共融性的学科特点。刘卫东、陆大道在《经济地理学研究进展》中指出：这种学科特性使经济地理学最有资格成为人与自然环境关系研究的纽带和各类空间尺度的可持续性发展研究的基础。在经济活动实践过程中，各种自然的、环境的、文化的因素影响着经济的发展，同时，随着人类社会的进步与发展，经济活动逐渐成为改变自然与环境的主要动力之一。经济地理学作为一门学科，把区域的综合发展问题作为研究的对象，在区域发展、国土开发、项目布局、环境可持续发展等领域发挥着重要的作用。经济地理学是一门研究社会经济活动的空间差异与发展过程的学科，在国外通常是以理论思辨的研究为主，在国内一般是以具体的经济目标研究为主。二战后，国外经济地理学研究从 20 世纪 50 年代的计量模型研究发展到 70 年代的政治经济学模型，又发展到 80 年代的新区域主义模型，再到 90 年代的新经济地理学模型。刘卫东、陆大道在《经济地理学研究进展》中指出：国外经济地理学的演变历程表明了国际经济活动变革的发展过程，不同区域间经济活动的空间差异成为经济地理学研究的关注点。以欧美国家经济地理学研究发展为背景，我国经济地理学研究非常重视学科交叉性与综合性特征，把区域与城市可持续性发展作为研究的核心。

韩增林、张耀光、栗维新等在《海洋经济地理学研究进展与展望》中表明：我国海洋经济地理学是经济地理学的一个分支，该研究起源于 20 世纪 80 年代末，伴随着对海岸带和海涂资源的综合调查，海洋资源开发、海洋产业结构布局等研究逐渐受到重视，进而海洋经济地理学作为一门学科得到国家相关部门的认可。海洋经济地理学的研究对象应该是相关海洋产业的合理布局、海洋经济地域系统的形成及结构特点和演变规律等。

引入尺度的概念对于经济地理学的实践研究具有重要的意义。李小建在《经济地理学研究中的尺度问题》中指出：地理学家认为，尺度是地理事件和地理过程表征、体验和组织的等级。尺度的变化使得经济地理学研究从微观研究向宏观垂直等级化研究模式发展，具体特征表现为：以最小、最基本的空间单位作为研究对象，通过微观分析，研究宏观现象，构建宏观模式。中心地理论就是古典区位论微观层面的精细研究的理论成果。

高云虹在《经济地理学研究中的产业集群》中谈到：在经济地理学的研究中，传统区位理论早在 20 世纪初即已开始从企业区位选择的角度来考察产业集聚的形成。可见，产业的形成与发展与区位理论有一定的关联。

艾少伟、苗长虹在《经济地理学研究视角的变迁及进展》中表明：经济地理学主要研究居民点的空间和等级秩序，制造和零售活动的最佳区位，以及贸易和交通通信的地理结构。经济地理学自产生之日起有百余年的历史，20 世纪之前经济地理学的研究基本上处于初级发展阶段，涉及经济地理学相关基础知识的表述与积累等方面内容的研究。20 世纪的百年发展过程经历了以环境、区域、区位、空间、生态等为研究主题的发展阶段，其中代表性的理论有区位论、中心地理论、增长极理论等。研究的尺度从微观向宏观发展，从城市、区域向国际发展。伴随着经济地理学研究的视角与时代的转换，归根结底，经济活动的空间与区位是经济地理学研究永恒不变的主题与核心。20 世纪初期，经济地理学研究以区位论为经典内容，呈现出古典经济地理学发展阶段。20 世纪 70 年代，经济学对经济地理学产生了重要的影响作用，进入了以经济学引领的经济地理学发展阶段。20 世纪 90 年代，在经济学的影响与作用下，新经济地理学形成。在这个发展过程中，经济学与经济地理学两个学科是相互关联的，尤其是经济学对经济地理学的渗透越来越显著。

经济地理学研究的经济活动空间属性是其本质的属性，经济活动一方面受到自然环境的作用与制约，另一方面受到来自经济活动自身的集聚与扩散内在的作用，从而使得经济活动具有显著的空间分布特征。刘卫东、金凤君、张文忠等在《中国经济地理学研究进展与展望》中表明：21 世纪以来，经济地理学研究方向呈现出多向性的特点，除了传统的研究方向之外，如区域发展与区域差异、交通地理、空间结构与空间组织、产业集群与产业集聚、企业区位与产业布局，2006—2010 年间出现了研究的新方向。新的研究领域包括功能区划分、能源与碳排放、全球化与外贸外资、生产性服务、信息技术与互联网。另外，GIS 的广泛运用是经济地理学研究新发展的一个亮点。GIS 是一种有效的技术手段，主要体现在对经济客体的空间分析与可视化表达等方面。2006—2010 年间我国经济地理学主要研究领域的进展表现在八个方面：人地系统与区域可持续发展研究，区域发展新因素与新格局研究，产业集群与产业集聚研究，全球化、跨国公司及外资研究，交通运输地理与空间组织研究，资源型城市及老工业城市转型研究，应对气候变化与低碳经济研究，地域空间规划方法研究。可见，经济地理学研究领域的进展呈现出多领域性的特征。中国经济地理学的发展可以用"以任务带学科"来概括，形成了具有中国特色的实践派经济地理学。"十一五"期间，经济地理学研究对国家社会经济发展起到了重要的推动作用。在国家区域空间开发的总体战略方面，提出主体功能区的定位与发展方向；在国土空间管治方面，出台了东北振兴计划及京津冀都市圈区域规划等国家重大地域规划。在国家经济发展战略方面，提出了东部先行、西部开发、中部崛起、东北振兴等重大战略。在国家重大发展问题方面，提出了应对环境、交通、城镇化等重大问题的重要咨询报告。

樊杰、刘卫东、金凤君等在《中国重大科技计划中人文－经济地理学研究进展》中指出：人文经济地理学是经济地理学的分支。人文经济地理学主要研究人文地理过程。人文地理过程是探讨人和人的社会经济活动的空间发展过程，包括人文事项的空间分布的变化和空间格局的演变。人文地理过程包括人口空间过程、经济活动空间过程、基础设施空间过程、社会文化空间过程，人文地理过程的作用形式表现为城市的变化和土地规划利用。2007 年焦连成在其博士论文《经济地理学研究的传统对比——对我国经济地理学发展的启示》中认为：陆大道院士提出的"点—轴"开发理论和以数学模型为代表的新方法及以 GIS 为代表的新技术是我国经济地理学理论与方法技术的主要表现。

三　城市公共体育设施建设布局与经济地理学的关系

（一）对城市公共体育设施建设布局的理解

《公共文化体育设施条例》指出："公共体育设施建设布局应当根据国民经济和社会发展水平、人口结构、环境条件以及文化体育事业发展的需要，统筹兼顾，优化配置，并符合国家关于城乡公共体育设施用地定额指标的规定。"① 我们从建设布局的内涵考察，可以依据以上阐述来界定公共体育设施建设布局的概念，即公共体育设施建设布局是指根据国民经济和社会发展的优势和条件，以及人口结构、环境条件和文化体育事业发展需要所进行的统筹兼顾、优化配置，并符合国家关于城乡公共体育设施用地定额指标规定的宏观规划设计。

（二）城市公共体育设施建设布局与经济地理学的辩证关系

1. 经济地理学是研究产业结构与产业布局演变规律的科学

杨万钟在《经济地理学导论》中表明：经济地理学研究人类经济活动与地理环境的关系，② 这种关系简称为"人地关系"。在经济地理学研究中，"人地关系"被定义为一定区域范围内产业的布局。同时，一些学者研究提倡拓展经济地理学的研究领域，认为"产业结构"也应是研究领域之一。正如杨万钟先生所描述的那样：产业结构与产业布局是一个事物的两个不同侧面，不能孤立研究；有什么样的结构，就必然有什么样的布局特点。因此，本书赞同杨万钟先生的研究观点，认为经济地理学是研究产业结构和产业布局演变规律的科学。

社会经济活动中包含产业结构和产业布局两个相互联系的方面，其发展与演变存在一定的规律性。经济地理学将分析与揭示规律确定为其主要的研究任务。换言之，经济地理学的主要研究任务就是调整产业结构和优

---

① 国务院，《公共文化体育设施条例》，http://www.gov.cn/zwgk/2005-05/23/content_157.htm。

② 杨万钟：《经济地理学导论》，华东师范大学出版社 1999 年版，第 1 页。

化产业布局。杨万钟在《经济地理学导论》中指出：产业结构主要是指生产要素在各产业部门间的比例构成和它们之间相互依存、相互制约的联系。[1] 产业分类影响着产业结构的研究。在通常运用三次产业分类法的前提条件下，体育产业被归入第三产业。如英国经济学家克拉克（C. G. Clark）研究认为：就业人口在三次产业的演变中具有一定规律性，即就业人口在产业中所占比例，在一、二、三产业中逐渐加大。关于产业布局，有什么样的产业结构，就有相对应的布局特点。产业结构在区域空间的投影就是产业布局。产业在地域空间表现出来的分布形态是各不相同的，产业布局模式的选择应根据地域条件和产业结构类型以及区域经济发展状况等方面的影响因素来确定。通常，产业布局模式包括增长极模式、点轴开发模式以及网络开发模式，简称为"点—轴—网"模式。产业布局模式演变的机制是集聚作用与扩散作用。产业布局模式的研究规律表现为：均质布局—点状布局—点轴布局—网络布局。另外，GIS 作为地理空间规划与决策的计算机信息系统是经济地理学研究中重要的现代技术方法，也是经济地理学研究中重要的专业工具。

2. 城市公共体育设施属于体育产业之一

党的十八大报告中明确提出广泛开展全民健身运动，促进群众体育发展。国家"十二五"规划纲要提出大力发展公共体育事业，加强公共体育设施建设，广泛开展全民健身运动。众所周知，公共体育设施是体育事业发展的重要载体和依托。据"十一五"群众体育研究报告显示，公共体育设施短缺成为制约群众体育事业发展的主要瓶颈之一，表现为公共体育场地数量面积不足、布局不合理。因此，加强体育设施建设与布局已经成为当前我国体育工作中的重要任务。

体育产业是在社会变革中崛起的朝阳产业，对于加强国家硬实力的建设发挥着重要的作用。我国体育产业的兴起和发展与社会经济的变迁和发展有着密切的关联。自从 1992 年全国体育工作会议上明确提出发展体育产业以来，经过 20 多年的发展，体育产业逐渐冲出了体育领域，进入了经济建设的国家层面，体育产业作为国民经济的新增长点，受到政府和社会的关注与重视。我国体育产业主要包括：健身休闲业、职业体育和赛制经济、体育中介服务业、体育用品制造和销售业、体育旅游业、体育传媒

---

[1] 杨万钟：《经济地理学导论》，华东师范大学出版社 1999 年版，第 12 页。

产业等。体育产业在经济社会发展中占有一席之地。根据 2004 年全国经济普查数据得出：2004 年我国体育产业增加值占当年 GDP 的 0.7%。[①]表 1-6 中的数据显示，在 2008—2012 年的 5 年间，北京市体育产业总收入占地区生产总值的比例值均在 3.8% 以上。由此可见，作为新兴第三产业的体育产业在国家经济建设与发展的进程中发挥着日益凸显的作用。

国家体育总局的《改革开放 30 年的中国体育》明确阐述：2005 年和 2007 年国家体育总局连续召开了两次全国体育产业工作会议，提出了全社会共同发展体育产业的"大发展观"，并确立了"依托场馆、紧扣本体、全面发展、服务社会"的工作思路。[②]可见，体育场馆的重要性在体育产业发展的领域范围逐步显现出来。2006 年南京奥体中心创收 2000 多万元；江苏省五台山体育中心年收入 5561 万元，实现利润 852 万元；杭州游泳健身中心年收入超过 1200 万元。[③]表 1-6 中的数据显示，在 2008—2012 年的 5 年间，体育场馆收入占体育产业总收入的比重均超过 3.8%。由此可见，体育设施在体育产业中占有重要的位置。可以说，体育设施在国家经济建设的进程中也发挥着一定的作用，体育设施完全是体育产业的一个重要组成部分，或者说将体育设施行业称为体育设施产业。

表 1-6　　　　　　　　　北京市体育场馆收入状况

年份	体育场馆的收入（亿元）		体育产业总收入（亿元）	体育场馆收入占体育产业总收入的比例（%）	地区生产总值（亿元）	体育产业总收入占地区生产总值的比例（%）
	体育场馆管理活动	体育场馆建筑活动				
2012	18.7	11.2	777.0	3.85	17879.4	4.35
2011	16.1	26.1	680.1	6.20	16251.9	4.18
2010	10.3	32.4	558.4	7.65	14113.6	3.96
2009	10.0	25.6	500.2	7.12	12153.0	4.12
2008	7.6	30.8	427.1	8.99	11115.0	3.84

资料来源：北京统计信息网，《北京市体育场馆收入》，http：//www.bjstats.gov.cn/sjfb/zxzyjjshzb/。

---

① 《中国体育产业发展报告》，http：//www.china.com.cn/culture/txt/2007-03/01/content_7886918.htm。

② 国家体育总局：《改革开放 30 年的中国体育》，人民体育出版社 2008 年版，第 34 页。

③ 《2007 年全国体育产业工作会议报告》，http：//www.shsports.gov.cn/ShSportsWeb/HTML/shsports/cyyt/2007-10-24/Detail_8175.htm。

3. 运用经济地理学的理论与方法来解决我国城市公共体育设施建设布局的问题是非常契合的

经济地理学是研究产业结构与产业布局演变规律的科学。城市公共体育设施属于体育产业的一个部分。从逻辑推理的角度来分析，为了解决城市公共体育设施的建设布局，经济地理学就成为自然的选择，并且也是非常科学的。因而，运用经济地理学的理论与方法来解决我国城市公共体育设施建设布局的问题是非常契合的。在相关的研究文献中，经济地理学的理论与方法对于城市体育设施建设布局的指导与实施的研究表现出学术研究的创新性与交叉性。马志和、马志强、戴健等在《中心地理论与城市体育设施的空间布局研究》中运用经济地理学的经典理论"中心地理论"分析了城市体育设施的建设布局，提出了市场原则、交通原则和行政原则是城市体育设施布局应遵循的原则。钱建容、商知飞在《沈阳城市体育生活"点轴圈"发展战略研究》中运用经济地理学的中心地理论、"点轴圈"模式以及 GIS 分析法对沈阳体育生活圈进行了布局研究。毕红星在《"点—轴系统"理论与城市公共体育设施建设布局研究》中运用"点—轴系统"理论对城市公共体育设施建设布局进行了研究。史兵、王宇红在《关于构建国家体育地理信息系统的初步研究》中基于地理信息系统（GIS）论证构建国家体育地理信息系统（CNS GIS）的可行性与必要性。

4. 以经济地理学的方法与理论来解决体育设施的建设布局问题是极有可能成功的一种选择

经济地理学在其他相关学科的应用较为成熟，并且研究成果在社会经济的实践活动中发挥着一定的指导作用。陆大道将"点—轴系统"理论运用在我国国土开发和区域发展的实践中取得了巨大的成绩。1987 年，陆大道基于"点—轴系统"理论提出的"T"型结构，被收入到《全国国土总体规划》，并在全国范围试行实施，即海岸和沿江地带作为我国国土开发和经济发展的重点区域。在学术研究领域，经济地理学的理论与方法运用在旅游经济范畴研究较为成熟。如雷晓琴在《基于点轴网理论的区域城乡旅游互动模式研究》中依据极点理论、点轴理论及网络开发理论通过确立旅游中心点、确定旅游发展轴，最终形成网络布局模式。康伟在《基于点轴理论的山东半岛蓝色旅游空间结构研究》中借鉴点轴理论，结合引力模型和中心度的计算方法，提出了定量与定性相结合的"点"与"轴"的研究模式。

　　此外，公共体育设施的建设布局研究越来越成为构建国家公共体育服务体系的关键所在，由此也受到国家政府的关注与重视。原玉杰、靳英华在《体育场馆布局的影响因素分析》中表明：公共体育设施建设布局受到多个层面的若干个因素的影响。影响体育场馆布局的因素，主要包括自然、社会、经济及技术等因素。自然因素包括自然条件和自然资源两方面；社会因素主要包括人口和经济区位；经济因素主要包括经济发展水平、市场需求等；技术因素主要包括改变产业结构和对自然资源的利用程度。由此可见，公共体育设施建设布局研究是非常复杂的研究项目，若是按照传统的研究模式，采用单一学科模式的研究思路是难以全面科学地揭示问题的实质的。因此，在创新思维的引领下，多学科交叉研究的模式是必然的选择。以经济地理学的方法与理论来解决体育设施的建设布局问题是极有可能成功的一种选择。

参考文献

　［1］章苗英：《关于我国公共体育设施若干问题的研究》，《浙江体育科学》2001年第4期。

　［2］徐卫华、薛元挺：《厦门市公共体育设施专项规划编制探讨》，《北京体育大学学报》2004年第9期。

　［3］郑美艳、王正伦：《大型公共体育设施国民经济评价研究（Ⅰ）——概念性框架与评价方法》，《南京体育学院学报》（社会科学版）2008年第5期。

　［4］陈融：《体育设施与管理》，高等教育出版社2009年版。

　［5］鲍明晓、林显鹏、刘欣葵：《北京市城市规划与体育设施发展》，《体育科研》2006年第6期。

　［6］蒋蓉、陈果、杨伦：《成都市公共体育设施规划实践及策略研究》，《规划师》2007年第10期。

　［7］林显鹏：《现代奥运会体育场馆建设与赛后利用研究》，《北京体育大学学报》2005年第11期。

　［8］赵克、郑旭旭、兰自力等：《城建居民小区体育设施配套建设立法研究》，《体育科学》2001年第4期。

　［9］徐卫华、黄雪琳、赵克：《厦门市城市居住区体育设施配套建设相关法规实效性的研究》，《天津体育学院学报》2003年第4期。

　［10］许月云、许红峰、叶健芬等：《福州市新建居住区体育设施规划、建设、需求趋向》，《山东体育学院学报》2006年第1期。

　［11］孙成林、王强、王健：《新中国体育设施政策演进研究》，《西安体育学院

学报》2013 年第 4 期。

[12] 赵轶龙、杨枭:《政府投资大型体育场（馆）的效益研究》,《中国体育科技》2005 年第 6 期。

[13] 王乔君:《城市居民住宅区体育设施规划的构想》,《体育科学》2004 年第 2 期。

[14] 张尚权:《提高我国体育设施建设和使用的经济效果》,《体育科学》1985 年第 2 期。

[15] 缪建奇、丁健、郑超等:《大型运动会体育设施建设与城市发展研究》,《体育文化导刊》2009 年第 1 期。

[16] 王晓慧、郑旗:《城市公共文化体育设施区位选择的探析》,《吉林体育学院学报》2008 年第 4 期。

[17] 韩会庆、郜红娟:《地理信息系统在体育设施中的应用》,《枣庄学院学报》2008 年第 5 期。

[18] 高力翔、王正伦、王志光等:《苏南富裕乡镇体育发展战略的研究与思考（二）——富裕乡镇体育设施现状调查及开展体育活动潜力分析》,《南京体育学院学报》2000 年第 1 期。

[19] 赵克、徐卫华、黄文仁等:《我国大、中城市居民住宅区体育设施配套建设的可行性研究》,《体育科学》2004 年第 12 期。

[20] 卢耿华:《上海城市生活体育设施功能形态布局研究》,《体育科学》2004 年第 6 期。

[21] 马运超、孙晋海:《基于 GIS 技术的城市体育设施信息系统的设计与开发》,《北京体育大学学报》2010 年第 4 期。

[22] 马志和、马志强、戴健等:《"中心地理论"与城市体育设施的空间布局研究》,《北京体育大学学报》2004 年第 4 期。

[23] 胡兆量、陆大壮:《区域——经济地理学研究的核心》,《经济地理》1982 年第 3 期。

[24] 苗长虹、王兵:《文化转向:经济地理学研究的一个新方向》,《经济地理》2003 年第 5 期。

[25] 李小建:《经济地理学研究中的尺度问题》,《经济地理》2005 年第 4 期。

[26] 艾少伟、苗长虹:《经济地理学研究视角的变迁及进展》,《人文地理》2009 年第 4 期。

[27] 杨万钟:《经济地理学导论》,华东师范大学出版社 1999 年版。

[28] 国家体育总局:《改革开放 30 年的中国体育》,人民体育出版社 2008 年版。

[29] 钱建容、商知飞:《沈阳城市体育生活圈的"点轴圈"模式发展战略》,《沈阳师范大学学报》（社会科学版）2011 年第 6 期。

［30］史兵、王宇红：《关于构建国家体育地理信息系统的初步研究》，《西安体育学院学报》2007 年第 2 期。

［31］原玉杰、靳英华：《体育场馆布局的影响因素分析》，《北京体育大学学报》2007 年第 11 期。

第二章　我国城市公共体育设施建设布局历史演进

第一节　城市公共体育设施建设布局的发展历程

体育场地设施建设为体育事业发展提供了物质条件，对推动群众体育、竞技体育以及体育产业的发展发挥着重要的作用。体育设施是发展体育事业的重要条件之一，是实现我国由体育大国向体育强国迈进的重要物质保障，是我国构建公共体育服务体系、全面实现小康社会的重要标志。当前，随着社会与经济的发展，人民群众对体育的需求日益增长，这种增长同我国体育资源（尤其是体育场地设施）相对不足的矛盾日趋显现。具体表现在：数量不足、布局不合理、结构不均衡、利用率不高等。我国体育事业"十二五"规划的一项重点工作，就是要"加强城乡基层社区体育设施建设"。党的十八大报告再次强调"加快完善城乡发展一体化体制机制，着力在城乡规划、基础设施、公共服务等方面推进一体化"[①]。可见，关于体育场地设施建设规划的问题已经成为政府的关注点，无疑也就成为体育学研究的重点和热点之一。本书试图对我国体育场地设施建设规划的演进过程进行翔实的分析，旨在提炼其演进的规律与启示，为今后相关研究提供客观、真实的基础性依据。

一　我国体育场地建设规律及启示

（一）五次普查体育场地建设状况分析

1974 年，我国进行了第一次全国性体育场地普查。这是我国历史上首次进行的大规模体育场地普查工作。通过第一次普查，截止到 1974 年 11 月 20

---

① 《十八大报告》，http：//www.xj.xinhuanet.com/2012 – 11/19/c_ 113722546.htm。

日，我国的各类体育场地（馆）总数为25488个。① 1982年第二次全国体育场地普查工作是在"文化大革命"结束后进行的，也是十一届三中全会后确立我国改革开放、以经济建设为中心的前提下组织的一次体育基础设施大检查。由原国家体委、国家统计局、教育部、农业部和全国总工会联合发文，在全国范围内实施，涉及各行各业各部门的体育场地的全面调查工作。普查结果显示，全国共有各种体育场地415011个。② 通过第三次普查，截至1987年底，全国拥有各类体育运动场地523130个。③ 1995年进行的第四次普查结果显示：我国拥有符合普查标准的体育场地615693个。④ 截止到2003年12月31日，我国各系统、各行业、各种所有制形式（不含港、澳、台地区）共有符合第五次全国体育场地普查要求的各类体育场地850080个。⑤

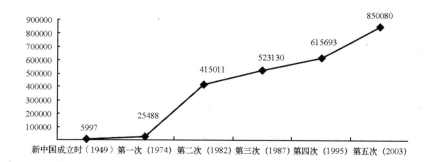

图2-1 五次普查全国体育场地建设状况（单位：个）

资料来源：《第一次全国体育场地普查历史回顾》，http://www.sport.gov.cn/n16/n1167/n2768/n32484/131183.html；《第二次全国体育场地普查》，http://www.sport.gov.cn/n16/n1167/n2768/n32484/131185.html；仝兆静：《新疆少数民族传统体育项目场地现状分析及发展对策》，硕士学位论文，新疆师范大学，2006年，第51页；国家体育总局，《第四次全国体育场地普查有关数据》，《体育文史》1997年第4期；国家体育总局，《第五次全国体育场地普查数据公报》，http://www.sport.gov.cn/n16/n1167/n2768/n32454/134749.html。

---

① 《第一次全国体育场地普查历史回顾》，http://www.sport.gov.cn/n16/n1167/n2768/n32484/131183.html。

② 国家体育总局，《第二次全国体育场地普查》，http://www.sport.gov.cn/n16/n1167/n2768/n32484/131185.html。

③ 仝兆静：《新疆少数民族传统体育项目场地现状分析及发展对策》，硕士学位论文，新疆师范大学，2006年，第51页。

④ 国家体育总局，《第四次全国体育场地普查有关数据》，《体育文史》1997年第4期。

⑤ 国家体育总局，《第五次全国体育场地普查数据公报》，http://www.sport.gov.cn/n16/n1167/n2768/n32454/134749.html。

从图 2-1 可以看出，从 1949 年新中国成立时到第五次普查的 50 多年间，全国拥有各类体育场地的数量是逐年不断增长的。特别是从 1974 年第一次普查开始一直到 2003 年的第五次普查，全国体育场地建设数量都是持续上升的，直到 2003 年第五次普查达到最高峰；2003 年全国体育场地的拥有量是 1974 年的 30 多倍；以 2003 年底全国（不含港、澳、台）总人口 1292270000 人计算，平均每万人拥有体育场地 6.58 个，相比 1982 年底平均每万人拥有体育场地 4.02 个（以全国总人口 1031882511 人计算，且不含港、澳、台），每万人拥有体育场地数增加了 2.56 个，增长 63.68%；人均体育场地面积由第三次普查时的 0.52 平方米增长到第五次普查时的 1.03 平方米，人均体育场地面积增加了 0.51 平方米，增长 98.08%。[1] 因此，新中国成立以来，尤其是改革开放 30 多年来，我国体育场地建设数量、种类、规模取得了巨大的发展，这些发展对于群众体育和竞技体育发展的基础支撑作用是举足轻重的。

（二）五次普查体育场地建设"三段式"发展模式分析

1949 年到 1982 年，全国体育场地年平均增长速度为 13.7%[2]。由此推算出：1949 年新中国成立时的体育场地为 5997 个。这一数据与文献中研究者提到的新中国成立初期旧中国遗留下来体育场地数量 4982 个[3]存在一定的差异。进一步推算可以得出：1949 年到 1974 年，全国体育场地年平均增长速度为 6.21%。1974 年到 1982 年，全国体育场地年平均增长速度为 36.34%。1982 年到 2003 年，全国体育场地年平均增长速度为 3.47%。因此，图 2-1 中的折线可分为三段：持续上升、急剧上升、平稳上升（即"三段式"发展模式）。也就是说，新中国成立时到第一次普查的时间阶段表现为持续上升，第一次普查到第二次普查的时间阶段表现为急剧上升，第二次普查到第五次普查的时间阶段表现为平稳上升。

首先，从新中国成立到 2003 年第五次场地普查的 54 年中，体育场地的建设与社会经济发展是息息相关的。1958—1961 年是我国开始全面进入大规模的社会主义建设时期，社会经济发展经历了曲折过程，在当时极

---

① 国家体育总局，《第五次全国体育场地普查数据公报》，http：//www. sport. gov. cn/n16/n1167/n2768/n32454/134749. html。

② 国家体育总局，《第二次全国体育场地普查》，http：//www. sport. gov. cn/n16/n1167/n2768/n32484/131185. html。

③ 张尚权、杜水芳：《中国体育设施建设的理论研究》，《体育科学》1991 年第 1 期。

度困难的条件下，国家仍然划拨经费修建体育场地。从表 2-1 可以看出，4 年共修建体育场地 21927 个。1958—1959 年新建体育场地由 10001 个下降到 3400 个，1959—1960 年新建体育场地数量略有回升，紧接着 1960—1961 年急剧下降，1958—1961 年新建体育场地数量呈现下降趋势。此阶段体育场地建设数量的下降状况与"大跃进"和"自然灾害"有着必然的联系。1962—1965 年间，我国新建体育场地共计 27973 个，并且在 4 年间呈上升趋势，由 1962 年的 4935 个持续增长到 1965 年的 9633 个。此阶段国家第一次经济调整带来的国民经济复苏是新建体育场地保持持续增长的主要原因。1958—1965 年间，我国体育场地建设的状况深受国民经济发展水平的影响与制约。因此，我国的体育场地建设必须从国情出发，必须按照客观经济规律办事，必须与国家的发展规模相适应。[1]

表 2-1　　　　　　　　1958—1965 年新建体育场地状况　　　　　　单位：个

年份	1958	1959	1960	1961	1962	1963	1964	1965
数量	10001	3400	5573	2953	4935	5466	7939	9633
累计	21927				27973			

资料来源：孙葆丽：《1958—1965 年中国群众体育的演进》，《体育文化导刊》2002 年第 5 期。

其次，1978 年我国新建体育场地数量达到 214123 个，[2] 相比第一次全国体育场地普查，增长了 8.4 倍。1978 年成为我国体育场地建设数量发生重大变化的里程碑。这与 1978 年 12 月 18 日召开党的十一届三中全会有着非常重要的联系。党的十一届三中全会具有拨乱反正与开启我国改革开放的伟大意义。党的十一届三中全会后，体育场地设施的建设逐步纳入各级政府的规划中，我国群众体育事业得到了巨大的发展，国家体育场地建设数量的增长速度是空前的。这一点充分证实了第一次普查到第二次普查时间段出现较高年增长率（36.34%）的特殊现象。同时也说明，国家政治制度重大变革直接影响着体育场地的建设。

最后，1982 年第二次全国体育场地普查结果显示：数量较多的场地

[1]　孙葆丽：《1958—1965 年中国群众体育的演进》，《体育文化导刊》2002 年第 5 期。
[2]　张尚权、杜水芳：《中国体育设施建设的理论研究》，《体育科学》1991 年第 1 期。

为篮球场有 327366 个，占 78.88%；排球场 40342 个，占 9.72%；小运动场 25634 个，占 6.18%。① 而且，从 1949 年到 1982 年，全国体育场地年平均增长速度（13.7%）高于体委系统年平均增长速度（12.1%）。② 可见，20 世纪 50—70 年代国家兴建的体育场地主要用于开展群众性体育运动。然而，在第五次全国体育场地普查数据中，标准体育场地有 547178 个，非标准体育场地有 302902 个。③ 二者占全国体育场地总数的比例分别为 64.4% 和 35.6%。进一步计算，二者之间的比例为 1.81∶1。通常来讲，非标准体育场地多以开展群众性的全民健身活动为主。④ 那么，标准体育场地应该多以开展竞技训练比赛为主。在此不难看出，20 世纪八九十年代我国体育场地建设中用于开展群众性体育活动的场地数量与用于进行竞技训练比赛的场地数量之间的比值关系较 20 世纪 50—70 年代发生了较大的变化，即由 20 世纪 50—70 年代群体性场地比值占多、竞技性场地比值占少转变为八九十年代时的群体性场地比值占少、竞技性场地比值占多的状况。这种状况必有其产生的原因。

20 世纪 70 年代末期，我国的国际奥委会身份得到承认。在参与国际性体育竞技比赛的初期，由于竞技水平低，很难与欧美的体育强国对抗，这使我国的竞技体育发展一度陷入低谷。从文献资料来分析，当时我国提高竞技体育水平，走出低谷与国家制定出台的体育政策以及所处的历史时期有着密切的关联。1979 年 2 月，在北京召开的体育工作会议上，制定了"在本世纪内成为世界上体育最发达的国家之一"的奋斗目标；1984 年，在全国体育发展战略、体育改革会议上，正式提出奥运战略。⑤ 可以说，20 世纪 80 年代至 90 年代，我国体育政策倾向于发展竞技体育，从而形成了我国体育政策的战略选择从在新中国成立初期的注重群众体育发展到普及与提高，再过渡到 20 世纪 80 年代所提出的竞技体育优先发展的特征。因此，体育政策价值取向的变化是导致群体性与竞技性场地建设数

---

① 国家体育总局，《第二次全国体育场地普查》，http：//www. sport. gov. cn/n16/n1167/n2768/n32484/131185. html。

② 同上。

③ 国家体育总局，《第五次全国体育场地普查数据公报》，http：//www. sport. gov. cn/n16/n1167/n2768/n32454/134749. html。

④ 同上。

⑤ 林少峰：《从断裂到协调中国群众体育与竞技体育政策的演进》，《安徽科技学院学报》2006 年第 1 期。

量发生变化的主要原因。

（三）第五次普查之后体育场地建设规律及启示

表2-2的数据与图2-2的折线变化显示，2006—2008年期间，我国全民健身设施数量呈上升趋势，2008年较2006年建设数量增长了3.25倍，3年间的年增长率为80.3%。用于全民健身设施建设的资金投入在3年间增长的幅度是相当大的，2008年较2006年投资金额增长了12.74倍，3年间的年增长率为257.01%。这充分说明，2006—2008年间国家对于全民健身运动场地的建设规模与投入是非常可观的。

表2-2　　　　　全民健身活动设施建设情况　　　　　单位：个

设施类型		2006 年	2007 年	2008 年
室外全民健身公园、广场	健身路径	53331	67178	208454
	小篮板	23840	42494	78598
	乒乓球台	43590	91339	132605
室内全民健身中心	篮、排球房	1170	1935	8683
	羽毛球房	597	1031	2002
	乒乓球房	6068	12198	12218
	棋牌室	10617	11385	14256
	健身房	3067	2926	6863
	游泳池	944	1574	4973
青少年俱乐部		1472	1859	1734
合计		144696	233919	470386

资料来源：国家体育总局：《2006年中国体育事业统计年鉴》，中国体育年鉴出版社2007年版，第84—89页；国家体育总局：《2007年中国体育事业统计年鉴》，中国体育年鉴出版社2008年版，第88—95页；国家体育总局：《2008年中国体育事业统计年鉴》，中国体育年鉴出版社2009年版，第86—93页。

从表2-3可以看出，全国新建体育场地2010年比2009年多310个。2009年新建体育场地中用于全民健身的体育场地有864个，占当年新建体育场地总数的78.12%；用于训练竞赛的体育场地有50个，仅占当年新建体育场地总数的4.52%。2010年新建体育场地中用于全民健身的体育场地有1215个，占当年新建体育场地总数的85.81%；用于训练竞赛的体育场地有52个，仅占当年新建体育场地总数的3.67%。2010年新建体育场地中用于全民健身的体育场地百分比高于 2009 年 7.69 个百分点。到 2011 年底，全国累计投入资金 225.7 亿元，建成农民体育健身工程 23 万个，全国 1/3 的行政村拥有公共体育场地。① 这些数据充分表明，2009 年以来，国家新建体育场地中用于全民健身的远远高于用于训练竞赛的，并且用于全民健身的新建体育场地数量呈现逐年递增趋势。

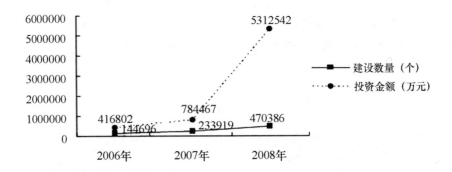

图 2 - 2　2006—2008 年我国全民健身活动设施建设数量与投资金额变化示意图

资料来源：国家体育总局：《2006 年中国体育事业统计年鉴》，中国体育年鉴出版社 2007 年版，第 84—89 页；国家体育总局：《2007 年中国体育事业统计年鉴》，中国体育年鉴出版社 2008 年版，第 88—95 页；国家体育总局：《2008 年中国体育事业统计年鉴》，中国体育年鉴出版社 2009 年版，第 86—93 页。

表 2 - 3　　　　　　　　我国新建体育场地的用途状况　　　　　　　　单位：个

年度	训练竞赛	全民健身	教学	综合	合计
2009	50	864	29	163	1106
2010	52	1215	18	131	1416

资料来源：国家体育总局：《2009 年中国体育事业统计年鉴》，中国体育年鉴出版社 2010 年版，第 88—97 页；国家体育总局　《2010 年中国体育事业统计年鉴》，中国体育年鉴出版社 2011 年版，第 81—89 页。

　　21 世纪初期，国家体育政策从竞技体育优先发展逐渐过渡到群众体育与竞技体育协调发展，这一政策导向的演进是"十五"规划以来我国

---

① 《刘鹏同志在国家体育总局学习宣传贯彻党的十八大精神大会上的讲话（节选）》，http://www.sport.gov.cn/n16/n33193/n33208/n33538/n34388/3600219.html。

群众性体育场地建设数量规模由落后转变为领先的最主要的原因。早在
1995 年，国家先后颁发了《全民健身计划纲要》和《奥运争光计划纲
要》，从而为群众体育与竞技体育协调发展奠定了坚实的基础。2006 年
"十一五"规划制定时，将农民体育健身工程列入规划。2009 年 8 月 19
日颁布的《全民健身条例》第 2 条规定："县级以上地方人民政府应当将
有计划地建设公共体育设施，加大对农村地区和城市社区等基层公共体育
设施建设的投入。"① 2008 年 9 月 29 日胡锦涛在北京奥运会、残奥会总结
表彰大会上提出："加强城乡体育健身场地和设施建设，满足人民群众体
育需求，继续发展群众体育事业，实现竞技体育和群众体育协调发展，进
一步推动我国由体育大国向体育强国迈进。"② 2011 年，"十二五"规划
提出："加强公共体育设施建设，继续实施农民体育健身工程。"③ 当前，
建设和利用好基层公共体育设施，让更多群众享有公共体育服务，努力推
动全民健身公共服务体系建设，是贯彻落实十八大精神的主要任务。

二　我国体育场地规划的演进及其启示

（一）体育场地设施的布局成为带有战略意义的问题

1978 年党的十一届三中全会的召开使我国进入了改革开放和社会主
义现代化建设的新时期。以十一届三中全会作为划分点来分析新中国成立
后体育事业的发展历程是符合中共党史规范的。1978 年前，即十一届三
中全会召开之前，我国体育政策处于倾向注重群体与普及提高的阶段，体
育场地的建设表现出计划经济体制下政府建立一批功能单一、具有代表性
的大型体育场馆，并且主要是为了举办相关体育比赛的时代特征，如
1959 年和 1961 年建成的北京工人体育场与北京工人体育馆等全国闻名的
大型场馆。这充分表明这个历史阶段我国体育场地建设是以增强人民体
质、增进人民健康为基础，以竞技的场馆建设为标志。同时，也说明了这
个历史阶段我国体育场地的建设是由经济社会体制决定，并按照政府的需
求来建设的，体育场地布局规划尚未体现出来。

---

① 《全民健身条例》，http：//www. gov. cn/zwgk/2009 –09/06/content_ 1410533. htm。

② 《胡锦涛在北京奥运会、残奥会总结表彰大会上的讲话》，http：//news. xinhuanet. com/
newscenter/2008 –09/29/content_ 10133226. htm。

③ 《国民经济和社会发展第十二个五年规划纲要》，http：//www. gov. cn/2011lh/content_
1825838. htm。

　　十一届三中全会后，随着我国社会经济条件的变化和体育事业自身的不断发展，体育场地建设数量剧增，根据第五次全国体育场地普查结果，1949—1978 年的 30 年间，全国共建设非标准体育场地 22802 个、标准体育场地 22755 个，[①] 相比新中国成立前体育场地数量（5997 个）增长了 7.6 倍。计划经济体制下体育场地政府包办和纯竞技性的性质与体育场地管理运营之间的矛盾逐渐暴露出来。1984 年 10 月，中共中央《关于进一步发展体育运动的通知》中指出："各地要认真落实国家对体育场地建设的要求和城市规划关于运动场地面积的定额指标。"[②] 根据这一指示精神，城乡建设部、国家体委颁发了《城市公共体育运动设施用地定额指标暂行规定》（简称《暂行规定》）（1986 年 11 月 29 日）。《暂行规定》是国家首次对体育场地数量与面积进行城市规划的管理条例。《暂行规定》中城市按照人口的规模分为七类，不同人口规模的城市所对应的体育设施数量规划指标是不相同的；城市按照行政区划分为市级、区级、居住区级和小区级，不同级别的城市区域体育设施规划标准、观众规模、用地面积、千人指标定额指标的规定是各不相同的。可以说，1986 年后我国体育场地的布局规划初露端倪，主要体现在城市规划关于运动场地面积定额指标的要求。可见，在国家层面，运动场地建设面积开始纳入到城市规划中。

　　1995 年 6 月 20 日国务院正式发布的《全民健身计划纲要》提出："体育场地设施建设要纳入城乡建设规划，落实国家关于城市公共体育设施用地定额和学校体育场地设施的规定。"[③] 1996 年国务院办公厅在《国务院办公厅转发国家体委关于深化改革加快发展县级体育事业意见的通知》中提出："体育场地设施建设要纳入国民经济和社会发展总体规划及城乡建设计划，要按照国家对城镇公用体育设施用地定额指标的有关规定兴建体育场馆及设施。"[④] 从那时起，《暂行规定》成为指导体育设施布局规划的第一个纲领性的文件，体育设施建设归属于城市规划的要求正式付诸实践。布局成为体育设施建设的重要条件，是带有战略

---

　　① 国家体育总局：《改革开放 30 年的中国体育》，人民体育出版社 2008 年版，第 56 页。

　　② 《1984 年中共中央关于进一步发展体育运动的通知》，http://www.olympic.cn/rule_code/code/2004 - 04 - 26/153205.html。

　　③ 《全民健身计划纲要》，http://www.sport.gov.cn/n16/n1092/n16849/312943.html。

　　④ 《国务院办公厅转发国家体委关于深化改革加快发展县级体育事业意见的通知》（国办发〔1996〕50 号），http://vip.chinalawinfo.com/newlaw2002/slc/slc.asp? gid = 16293。

性意义的问题。

（二）大型赛会体育设施场馆多地组团式布局模式的出现表明城市群
体育设施圈布局模式的形成

连续 12 届历经 50 年的全国运动会在社会与经济角度所形成的全运体
制产生的全运效应波及社会与经发展的各个层面，其中对体育设施的建设
具有举足轻重的作用。举办城市以全运会为时机新建、改（扩）建了一
大批体育场馆。如上海以承办第八届全运会为契机，新建、改建了 38 个
体育场馆；广东为筹办九运会共新建、改建、维修 122 个场馆。① 其中，
为举办全运会而诞生的上海虹口体育中心、广州天河体育中心、南京五台
山体育中心为城市的规划增添了亮点，成为了城市代表标志。尤其是北京
奥运会所建成的"鸟巢"、"水立方"及国家体育馆等体育建筑物都已作
为国家标志性的体育建筑。北京奥运场馆的建设是按照北京市的城市规划
进行的。2001 年北京申奥成功后，2005 年国务院颁布了《北京城市总体
规划（2004—2020）》，对奥运会比赛场馆进行了全面系统的规划。② 在规
划奥运场馆时，根据人口分布情况，把体育场馆建到人口密集区域或大学
校园，方便赛后向市民开放或综合使用。例如，在北京西部地区建了五棵
松体育馆，填补了该地区没有大型综合体育设施的空白。③ 从建设上看，
奥运场馆促进北京城市空间扩展，完善北京城市空间布局。"鸟巢"与
"水立方"建设在北京中轴线上，从紫禁城向北延伸，穿越二环、三环、
四环，是城市传统中轴线的延伸，象征中国千年历史文化的延续。奥林匹
克公园的建设改变了北京市的城市规划，原来的以天安门为中心的城市中
心区被北移到市区北部、城市中轴线的北端，即以奥林匹克公园、中关村
科技园区、中央商务区为核心的空间结构。因此，我国大型赛事举办地体
育场馆建设布局是按照城市发展规划来进行的，体育场馆促进城市空间扩
展，完善城市空间布局。同时，体育场馆的建设提升了城市标志性符号的
影响力，促动了城市发展规划的升级。

---

① 郭敏、刘聪、刘买如等：《我国体育场地建设的发展历程及其启示》，《北京体育大学学
报》2009 年第 2 期。

② 《北京市城市总体规划（2004—2020）》，http：//baike. baidu. com/view/3771407. htm？fr
= aladdin。

③ 《北京奥运场馆开发已破解世界性难题》，http：//sports. qianlong. com/4713/2012/06/27/
4582@ 8069025. htm。

第十一届全运会山东省新建、改建了 129 个体育场馆（新建 44 个，改造 85 个），比赛场馆分布在全省的 17 个市，形成了"举省体制"办全运的模式。① 山东省省长姜大明说："在新建和改建比赛场馆的同时，我们高度重视场馆的赛后利用，尽可能地把场馆建在居民区和学校区，并为方便群众制定了相应的政策。"② 这恰当地诠释了第十一届全运会"全民全运"的办会理念。第十二届全运会于 2013 年 8 月 31 日在辽宁省举行，所设的 31 个大项分别安排在辽宁省的 14 个城市进行。按照省政府对各市"一场三馆一中心"的建设要求，采取"改建为主，新建为辅，长远规划，服务大众"的原则，新建 34 个，改（扩）建 53 个。形成了全省共办全运会，推动辽宁共同发展的格局。③ "一个中心，三个区域"是北京奥运场馆建设上的分布格局。一个中心是一个奥林匹克中心区。三个分区，第一个是西部社区，以五棵松文化体育中心、老山体育基地设施为主；第二个是大学区；第三个是北部的风景旅游区。④ 北京奥运场馆设施布局模式，充分考虑到城市功能，兼顾了社区发展的需要，同时又将大学的教学、健身以及后续的开发利用加以考量。可以看出，大型赛会体育设施场馆多地组团式的布局模式实际上是城市群体育设施圈布局规划的模式，⑤ 这种模式就是要科学规划城市群体育设施规模和布局，增强中小城市和小城镇体育设施发展、公共服务、吸纳就业、人口集聚的功能。着力在城乡体育设施规划、基础体育设施、公共体育服务等方面推进一体化，实现加快完善城乡体育设施发展一体化体制机制，最终促进区域体育设施协调发展⑥。

（三）国家规范行政区划制约着体育设施配置体系及其布局模式

体育设施配置体系应当既能与国家规范相适应，便于制定各级公共体

① 《第十一届全运会场馆建设基本完工，共新建 44 个场馆》，http：//sports. sina. com. cn/ o/2009 - 06 - 05/20404418180. shtml。

② 《全运体育场馆扫描：竞赛场馆与健身设施比翼齐飞》，http：//news. xinhuanet. com/ sports/2009 - 10/07/content_ 12190204. htm。

③ 《辽宁县区将实现"一场一馆" 明年全运场馆竣工》，http：//news. nen. com. cn/guo neiguoji/493/3725993. shtml。

④ 《奥运场馆绝不能出现豆腐渣工程——专访北京奥组委执行副主席蒋效愚》，http：// www. ccnf. com/news/20060518/news_ 200605181017_ 0. shtml。

⑤ 邹师：《辽宁中部城市群体育圈发展战略研究》，《体育文化导刊》2005 年第 11 期。

⑥ 新华网，《十八大报告》 （全文），http：//www. xj. xinhuanet. com/2012 - 11/19/c_ 113722546. htm。

育设施的建设标准，又与行政区划相一致，便于实施管理。① 目前，我国体育设施专项规划的配置体系是与国家的行政区划相互匹配的。对应于国家行政区划省市、区县、乡镇街道、社区村的分类，我国体育设施配置体系可分为三级、四级、五级。三级配置是市—区—街道；四级配置是市—片区—区—街道；五级配置是市—片区—区—街道—社区。以《大连市体育设施专项规划（2009—2020）》为例，② 市级公共体育设施朱棋路体育中心、大连曲棍球训练基地等布局模式归属于"集中式"的布局模式，这种模式的特征是呈聚集状，较为集中，有利于大型赛事的举办和竞技训练的开展。十一届全运会建设的山东省体育中心和济南市奥体中心也属于此种布局模式。大连市全域城市化发展战略下形成的普湾新区、旅顺口区、金州新区城市片区体育设施布局采取的是"集中—分散式"的布局模式。依托大学城形成了普湾新区体育中心；围绕旅顺新建政府行政区建设了旅顺口区体育中心；顺延黄渤海两条海岸线，分别结合 F1 赛艇中心和西海新区建设两处片区级体育中心。北京奥运会的"一个中心四个区，再加京外五个区"也是采取了相对集中、适当分散方法形成的。这样的布局模式充分体现出"以点带面"的"集中—分散式"布局模式优势。大连市的社区级体育设施的布局模式则采用"分散式"，同时以 800 米、1500 米的体育设施服务半径将小区和街道级居住区域有效地覆盖，使居民身边健身硬件设施得以保证。此外，济南市以居住区级的体育设施为主，以居住小区级体育设施为辅，形成"均衡式"的布局模式。体育设施四种布局模式表现出不同规模的体育设施在城市空间结构中布控方式的差异，同时又呈现出体育设施在城市不同行政级别区域规划发展的区位空间含义。

（四）"都市体育圈"学说影响着城市公共体育设施的规划布局

2011 年 7 月 7 日，江苏省政府对外公布了《江苏省全民健身实施计划》，率先提出打造城市社区"10 分钟体育健身圈"，③ 汕头市、沈阳苏

---

① 毕红星：《我国城市公共体育设施规划布局研究》，《成都体育学院学报》2012 年第 4 期。

② 《大连市体育设施专项规划（2009—2020）》，2010 年，大连市城市规划设计研究院档案馆藏。

③ 江苏省人民政府办公厅，《江苏省全民健身实施计划（2011—2015 年）》（苏政发〔2011〕79 号），http://xh.xhby.net/mp2/html/2011-07/08/content_388089.htm。

家屯区、镇江市等先后出台城市社区 "10 分钟体育圈" 建设实施方案。"都市体育圈" 是 2004 年由苏州大学任平教授主持的国家社科基金重点项目 "都市体育圈的理论与实践" 正式提出的。之后，我国学者申亮在公开发表的论文中关于 "都市体育圈" 的论述也非常具有学术价值。"都市体育圈" 是关于城市体育资源的优化配置的学说，"都市体育圈" 解决的是区域体育共同发展的问题，是隶属于区域经济学范畴的。"都市体育圈" 是指由体育场所、设施、条件等组成的圈层结构，及其体育功能扩散和影响所及的区域范围。① "都市体育圈" 是关于城市体育发展的地域形式，城市体育在城市化的演进中形成 "都市体育圈"。城市发展规律对 "都市体育圈" 发展及其空间布局具有一定的影响。研究者认为：城市发展的集聚效应和扩散效应不仅可以作为城市体系空间发展的原则，也可为 "城市体育圈" 空间布局提供一定的理论依据。② 按照这种规律，体育设施等体育资源随着地理位置由城市中心区向城市非中心区外移的过程，其规模与标准应当逐渐降低。但是当前大型体育场馆设施的规划布局却在城市中心区，如上海虹口体育中心坐落在城市的中心区。这种理论与实践的不吻合也暴露出建构城市体育设施建设布局理论体系的客观需求性。"都市体育圈" 的空间布局模式的研究是在盖恩都市旅游环状模式理论的基础上结合城市体育发展及其资源配置的特点设计而成的。③ "都市体育圈" 的环状模式圈层结构由城市中心区、一般城区、城市近郊区、城市远郊区组成。"都市体育圈" 学说的提出和运用充分表明，城市体育设施的建设布局已经涉及区域经济学的相关理论，同时也彰显出对经济地理学相关理论的研究诉求。

（五）健全与完善体育场地设施建设布局所依据的国家规范迫在眉睫

当前，人民群众日益增长的体育需求同社会体育资源相对不足的矛盾日益突出，体育设施服务已经不能满足人民群众日益增长的体育健身需求。具体表现为数量不足、布局不合理、结构不合理、利用率低等。为了改善体育设施的现状，2012 年 7 月 19 日国家发展和改革委与国家体育总

① 任平、王家宏、陶玉流等：《都市体育圈：概念、类型和特征》，《武汉体育学院学报》2006 年第 4 期。
② 申亮、岳利民、肖焕禹：《城市体育的新范式：都市体育圈——都市体育圈的发展规划及其空间布局模式的探讨》，《天津体育学院学报》2005 年第 2 期。
③ 同上。

局联合公布了《"十二五"公共体育设施建设规划》(简称《规划》)
(2012—2015)。[①]《规划》是在 2003 年 6 月 26 日国务院发布的《公共文
化体育设施条例》[中华人民共和国国务院令〔第 382 号〕] 背景下提出
的。在《"十二五"公共体育设施建设指导手册》中对公共体育设施建设
选址进行了全面的规定与要求,与《公共文化体育设施条例》中的人口
集中性、交通便利性建设选址原则以及体育设施居民住宅区建设的"三
同"(即同时设计、同时施工、同时投入使用)相比,《规划》主要体现
了公共体育设施建设的全域性、发展性、项目性、便民性、自然性、文教
性、安全性、市政性的特征。"十二五"期间我国许多城市都出台了城市
体育设施专项规划,规划的依据与原则均是参照上述的国家规范。例如,
《大连市体育设施专项规划 (2009—2020)》《温州市公共体育设施布局专
项规划 (2008—2020)》 《宁波市竞技性体育设施建设的定位与布局
(2008)》等。这说明,《公共文化体育设施条例》《规划》以及前述的
《暂行规定》已经成为当前我国体育设施建设布局的国家规范,在宏观层
面发挥着重要的指导作用,但是对于体育设施布局的指导多数停留在套用
合理布局词汇表述的层面,缺乏更为科学和具有说服力的相关理论和方
法。这正是今后学术领域研究的方向与热点。

三　小结

我国体育设施建设发展迅速,体育设施建设为体育事业发展提供了物
质条件。我国体育场地普查显示,我国体育设施建设发展呈现"三段式"
演进模式。同时总结出:体育设施建设必须符合国家的发展状况;国家政
治制度重大变革直接影响着体育设施的建设;国家体育政策价值取向决定
群体性与竞技性设施的建设数量。"十一五"以来,国家对于全民健身设
施的建设投入是非常可观的。这为构建全民健身公共服务体系建设,贯彻
落实"十八大"精神奠定了坚实的基础。十一届三中全会后,《暂行规
定》的出台标志着体育设施的布局问题进入了带有战略意义的时代。体
育设施的建设布局不断拓展城市空间的发展,并逐渐完善城市的规划,成
为提升城市发展规划的标志性符号。大型赛事体育设施多地组团式布局模

---

① 经济司,《关于印发"十二五"公共体育设施建设规划的通知》,http://
www. sport. gov. cn/n16/n33193/n33208/n33448/n33793/3425606. html。

式的出现表明城市群体育设施圈模式的形成。不同的体育设施配置类别分别对应四种体育设施布局模式。都市体育圈学说的提出和运用不仅说明体育设施布局需要区域经济学相关理论的支撑，而且需要经济地理学的空间布局、区位发展的理论来完善，建议进一步完善用来指导体育设施布局的国家规范。

第二节　城市公共体育设施建设布局的现状调查

一　城市公共体育设施建设布局现状调查对象的筛选与确定

2011 年 6 月 13 日，国家统计局依据《中共中央、国务院关于促进中部地区崛起的若干意见》《国务院发布关于西部大开发若干政策措施的实施意见》及党的十六大报告的精神，将我国的经济区域划分为东部、中部、西部和东北四个区域。① 《国民经济和社会发展第十一个五年规划纲要》提出："坚持实施推进西部大开发，振兴东北地区等老工业基地，促进中部地区崛起，鼓励东部地区率先发展的区域发展总体战略，健全区域协调互动机制，形成合理的区域发展格局。"②

东部包括：北京、天津、河北、上海、江苏、浙江、福建、山东、广东和海南。中部包括：山西、安徽、江西、河南、湖北和湖南。西部包括：内蒙古、广西、重庆、四川、贵州、云南、西藏、陕西、甘肃、青海、宁夏和新疆。东北包括：辽宁、吉林和黑龙江。③

根据表 2 - 4 至表 2 - 11 的统计结果，经过计算得出四大区域人均体育场地面积，降序排列前三位省区市是东部：天津、上海、江苏；中部：湖北、安徽、河南；西部：内蒙古、宁夏、陕西；东北：辽宁、吉林、黑龙江。这些省区市对应的省会城市或直辖市分别为东部：天津、上海、南京；中部：武汉、合肥、郑州；西部：呼和浩特、银川、西安；东北：沈阳、长春、哈尔滨。

---

①　新华社，《国民经济和社会发展第十一个五年规划纲要》，http：//news. xinhuanet. com/theory/2006 - 05/22/content_ 4583148_ 1. htm。

②　百度百科，《中国四大经济区域》，http：//baike. baidu. com/link？ url = gaa XW 0 VXGBV 76 P Wai MMZwNhtC_ Lrk V0arLO_ SYF Aijii CEnh SU9 nybbu HO Srp Tx Yd HGo90D1g6 Y477Qg OIvhja。

③　西北网事的空间，《我国计划以 8 大经济区域取代东中西部划分方法》，http：//hi. baidu. com/shimiss/item/4f15e6ce7d71073545941640。

通过整理《体育事业统计年鉴》的数据并加以运算得出的人均体育场地面积指标居于四大区域的前三位的省区市（共计 12 个省区市），可以得出这 12 个省区市的人均体育场地面积位居全国前列或是这 12 个省区市体育场地现状较好的结论。根据通常状况分析，一个省的体育场地现状如果较好的话，那么这个省的省会城市体育场地现状也会处于较好的状态。基于这样的逻辑推理，为了满足本书研究对象的条件要求（即城市公共体育设施的研究），所以按照经过计算得出结果的数据原始性与真实性，选取 12 个省会城市或直辖市，即天津、上海、南京，武汉、合肥、郑州，呼和浩特、银川、西安，沈阳、长春、哈尔滨作为本书的研究对象。需要说明的是，数据演算的结果表明北京不在东部区域的前三位，但由于北京是国家首都，具有政治与文化的特殊性，因此本书把北京也作为研究对象城市之一。

表 2-4　　　　　全国省区市政府命名的群众体育场地情况　　　单位：平方米

序号	省区市	年度				合计
		2009	2010	2011	2012	
1	北京	1058000	41837	41000	86151	1226988
2	天津	236030	2392180	3346890	56433	6031533
3	河北	595602	6675519	992985	299798	8563904
4	山西	159979	345959	340909	46637	893484
5	内蒙古	2784910	2242863	2418382	606001	8052156
6	辽宁	2641953	2266053	2123286	476344	7507636
7	吉林	393528	962051	458274	883980	2697833
8	黑龙江	654905	534230	266100	81000	1536235
9	上海	4062642	60232	93984	—	4216858
10	江苏	6540644	2056592	3273765	96818	11967819
11	浙江	663151	564058	285794	408557	1921560
12	安徽	676394	499076	735400	342069	2252939
13	福建	85813	503916	375117	41149	1005995
14	江西	310138	284160	379759	72660	1046717
15	山东	3526783	2989619	5122604	638268	12277274
16	河南	808178	928767	686810	21050	2444805

续表

序号	省区市	年度				合计
		2009	2010	2011	2012	
17	湖北	900182	634632	529920	193850	2258584
18	湖南	380588	209383	249003	194050	1033024
19	广东	1464250	1566778	8470670	849538	12351236
20	广西	254635	1956811	244905	265318	2721669
21	海南	192714	22161	22161	26640	263676
22	重庆	79989	298430	1030088	214500	1623007
23	四川	1221449	1925492	394831	804557	4346329
24	贵州	292176	480242	314230	91340	1177988
25	云南	175600	661972	48570	30988	917130
26	西藏	8300	4600	7694	—	20594
27	陕西	560455	218050	1548234	372819	2699558
28	甘肃	413700	354402	259708	133725	1161535
29	青海	6050	310066	40610	67620	424346
30	宁夏	215200	235950	247950	—	699100
31	新疆	1249376	210505	135570	—	1595451

资料来源：国家体育总局：《2009 年中国体育事业统计年鉴》，中国体育年鉴出版社 2010 年版，第 86—90 页；国家体育总局：《2010 年中国体育事业统计年鉴》，中国体育年鉴出版社 2011 年版，第 84—91 页；国家体育总局：《2011 年中国体育事业统计年鉴》，中国体育年鉴出版社 2012 年版，第 84—90 页；国家体育总局：《2012 年中国体育事业统计年鉴》，中国体育年鉴出版社 2013 年版，第 87—93 页。

表 2-5　　　　　全国省区市政府命名的全民健身中心情况　　　单位：平方米

序号	省区市	年度				合计
		2009	2010	2011	2012	
1	北京	—	—	41000	18000	59000
2	天津	—	2156000	48320	11640	2215960
3	河北	133390	51412	253896	139798	578496
4	山西	23960	188340	76688	40437	329425
5	内蒙古	610640	325764	624846	74728	1635978
6	辽宁	329049	245299	574981	460344	1609673

续表

序号	省区市	年度				合计
		2009	2010	2011	2012	
7	吉林	177918	362465	278300	240152	1058835
8	黑龙江	376280	258830	67000	1400	703510
9	上海	53000	—		—	53000
10	江苏	317405	690452	584647	88898	1681402
11	浙江	108120	99400	71602	32800	311922
12	安徽	158176	307276	55600	11000	532052
13	福建	58249	70999	27400	28149	184797
14	江西	233248	204708	77000	17130	532086
15	山东	1246437	1305767	703700	212600	3468504
16	河南	522790	177383	26900	4500	731573
17	湖北	598012	302612	252760	43000	1196384
18	湖南	312270	126548	36000	40812	515630
19	广东	338670	468606	6884723	36600	7728599
20	广西	114420	1705500	3000	165878	1988798
21	海南	186914	17561	—	—	204475
22	重庆	17200	54900	81149	6000	159249
23	四川	709773	1318280	44200	51774	2124027
24	贵州	70300	85520	33700	2500	192020
25	云南	47580	160610	5000	14488	227678
26	西藏	4600	4600	3200	—	12400
27	陕西	31287	40690	860510	189439	1121926
28	甘肃	122584	138991	40572	9935	312082
29	青海	5900	5400	5000	17000	33300
30	宁夏	55200	70950	80000	—	206150
31	新疆	86290	50390	35180	—	171860

资料来源：国家体育总局：《2009年中国体育事业统计年鉴》，中国体育年鉴出版社2010年版，第86—90页；国家体育总局：《2010年中国体育事业统计年鉴》，中国体育年鉴出版社2011年版，第84—91页；国家体育总局：《2011年中国体育事业统计年鉴》，中国体育年鉴出版社2012年版，第84—90页；国家体育总局：《2012年中国体育事业统计年鉴》，中国体育年鉴出版社2013年版，第87—93页。

表 2-6　　　　　　　全国省区市政府命名的体育公园情况　　　单位：平方米

序号	省区市	年度				合计
		2009	2010	2011	2012	
1	北京	38000	41837	41000	8171	129008
2	天津	34980	34980	48320	—	118280
3	河北	142752	865470	253896	130800	1392918
4	山西	78200	28800	76688	—	183688
5	内蒙古	812467	833034	624846	58175	2328522
6	辽宁	1216300	750720	574981	16000	2558001
7	吉林	158260	538886	278300	190928	1166374
8	黑龙江	174900	182000	67000	—	423900
9	上海	10000	—	—	—	10000
10	江苏	5807249	1004070	584647	6020	7401986
11	浙江	276640	263908	71602	13159	625309
12	安徽	16210	55550	55600	69179	196539
13	福建	—	3400	27400	—	30800
14	江西	63860	59100	77000	—	199960
15	山东	1815167	996127	703700	217800	3732794
16	河南	82000	111253	26900	—	220153
17	湖北	233000	180000	252760	13000	678760
18	湖南	24780	47300	36000	54240	162320
19	广东	540478	287780	6884723	195000	7907981
20	广西	15000	—	3000	—	18000
21	海南	—				
22	重庆	6800	73340	81149	—	161289
23	四川	307672	295320	44200	18360	665552
24	贵州	19000	160178	33700	—	212878
25	云南	18000	257930	5000	—	280930
26	西藏	2500	—	3200	—	5700
27	陕西	126414	119610	860510	33000	1139534
28	甘肃	121136	81272	40572	6500	249480
29	青海	—	—	5000	—	5000
30	宁夏	80000	85000	80000	—	245000

续表

序号	省区市	年 度				合计
		2009	2010	2011	2012	
31	新疆	105200	7350	35180	—	147730

资料来源：国家体育总局：《2009 年中国体育事业统计年鉴》，中国体育年鉴出版社 2010 年版，第 86—90 页；国家体育总局：《2010 年中国体育事业统计年鉴》，中国体育年鉴出版社 2011 年版，第 84—91 页；国家体育总局：《2011 年中国体育事业统计年鉴》，中国体育年鉴出版社 2012 年版，第 84—90 页；国家体育总局：《2012 年中国体育事业统计年鉴》，中国体育年鉴出版社 2013 年版，第 87—93 页。

表 2-7　　　　全国省区市政府命名的全民健身基地情况　　　单位：平方米

序号	省区市	年 度				合计
		2009	2010	2011	2012	
1	北京	1020000	—	—	—	1020000
2	天津	200000	201200	209008	—	610208
3	河北	121560	5666737	570537	—	6358834
4	山西	55319	70319	126740	—	252378
5	内蒙古	175089	388567	500973	—	1064629
6	辽宁	1061910	1223340	1175962	—	3461212
7	吉林	51350	40700	9500	—	101550
8	黑龙江	80600	88900	75400	—	244900
9	上海	3026034	6642	43980	—	3076656
10	江苏	357890	299900	1607950	—	2265740
11	浙江	92221	141760	81242	—	315223
12	安徽	129880	115900	106100	—	351880
13	福建	10500	84100	82600	—	177200
14	江西	6380	20352	136800	—	163532
15	山东	414750	241520	522650	—	1178920
16	河南	192788	123431	65760	—	381979
17	湖北	69170	121300	99660	—	290130
18	湖南	3980	11960	30875	—	46815
19	广东	359770	365599	542215	—	1267584
20	广西	52865	29565	19880	—	102310

续表

序号	省区市	年　度				合计
		2009	2010	2011	2012	
21	海南	4600	4600	4600	—	13800
22	重庆	—	65840	54839	—	120679
23	四川	144576	270202	141160	—	555938
24	贵州	35160	35180	42900	—	113240
25	云南	23382	187014	—	—	210396
26	西藏	1200	—	—	—	1200
27	陕西	361870	19400	212600	—	593870
28	甘肃	55800	45164	58004	—	158968
29	青海	150	—	1450	—	1600
30	宁夏	80000	80000	80000	—	240000
31	新疆	1014140	31500	6900	—	1052540

注：2012年《体育事业统计年鉴》中"省区市政府命名的全民健身基地情况"的数据无法获取。

资料来源：国家体育总局：《2009年中国体育事业统计年鉴》，中国体育年鉴出版社2010年版，第86—90页；国家体育总局：《2010年中国体育事业统计年鉴》，中国体育年鉴出版社2011年版，第84—91页；国家体育总局：《2011年中国体育事业统计年鉴》，中国体育年鉴出版社2012年版，第84—90页；国家体育总局：《2012年中国体育事业统计年鉴》，中国体育年鉴出版社2013年版，第87—93页。

表2-8　　　　**全国省区市政府命名的其他群众体育场地情况**　　单位：平方米

序号	省区市	年　度				合计
		2009	2010	2011	2012	
1	北京	—	—	—	35050	35050
2	天津	1050				1050
3	河北	197900	91900	99296	—	389096
4	山西	2500	58500	56500	—	117500
5	内蒙古	1186714	695498	971551	89600	2943363
6	辽宁	34694	46694	44694	—	126082
7	吉林	6000	20000	20000	6000	52000
8	黑龙江	23125	4500	—	—	27625

续表

序号	省区市	年度				合计
		2009	2010	2011	2012	
9	上海	973608	53590	42804	—	1070002
10	江苏	58100	62170	256845	—	377115
11	浙江	186170	58990	74400	1538	321098
12	安徽	372128	20350	30600	8790	431868
13	福建	17064	345417	211617	—	574098
14	江西	6650	—	37001	5950	49601
15	山东	50429	446205	2465500	152000	3114134
16	河南	10600	516700	500000	12600	1039900
17	湖北	—	30720	39500	—	70220
18	湖南	39558	23575	1700	2000	66833
19	广东	225332	444793	382307	3458	1055890
20	广西	72350	221746	38095	2100	334291
21	海南	1200	—	—	—	1200
22	重庆	55989	104350	—	8500	168839
23	四川	59428	41690	96891	334300	532309
24	贵州	167716	199364	123426	2000	492506
25	云南	86638	56418	—	1500	144556
26	西藏	—	—	—	—	—
27	陕西	40884	38350	79320	23800	182354
28	甘肃	114180	88975	15005	—	218160
29	青海	—	304666	25100	3000	332766
30	宁夏	—	—	—	—	—
31	新疆	43746	121265			165011

资料来源：国家体育总局：《2009 年中国体育事业统计年鉴》，中国体育年鉴出版社 2010 年版，第 86—90 页；国家体育总局：《2010 年中国体育事业统计年鉴》，中国体育年鉴出版社 2011 年版，第 84—91 页；国家体育总局：《2011 年中国体育事业统计年鉴》，中国体育年鉴出版社 2012 年版，第 84—90 页；国家体育总局：《2012 年中国体育事业统计年鉴》，中国体育年鉴出版社 2013 年版，第 87—93 页。

表 2 - 9　　　　　　　全国省区市政府命名的体育场地情况　　　　　单位：平方米

序号	省区市	2009—2012 年期间体育场地面积					合计
		群众体育场地	全民健身中心	体育公园	全民健身基地	其他群众体育场地	
1	北京	1226988	59000	129008	1020000	35050	2470046
2	天津	6031533	2215960	118280	610208	1050	8977031
3	河北	8563904	578496	1392918	6358834	389096	17283248
4	山西	893484	329425	183688	252378	117500	1776475
5	内蒙古	8052156	1635978	2328522	1064629	2943363	16024648
6	辽宁	7507636	1609673	2558001	3461212	126082	15262604
7	吉林	2697833	1058835	1166374	101550	52000	5076592
8	黑龙江	1536235	703510	423900	244900	27625	2936170
9	上海	4216858	53000	10000	3076656	1070002	8426516
10	江苏	11967819	1681402	7401986	2265740	377115	23694062
11	浙江	1921560	311922	625309	315223	321098	3495112
12	安徽	2252939	532052	196539	351880	431868	3765278
13	福建	1005995	184797	30800	177200	574098	1972890
14	江西	1046717	532086	199960	163532	49601	1991896
15	山东	12277274	3468504	3732794	1178920	3114134	23771626
16	河南	2444805	731573	220153	381979	1039900	4818410
17	湖北	2258584	1196384	678760	290130	70220	4494078
18	湖南	1033024	515630	162320	46815	66833	1824622
19	广东	12351236	7728599	7907981	1267584	1055890	30311290
20	广西	2721669	1988798	18000	102310	334291	5165068
21	海南	263676	204475	—	13800	1200	483151
22	重庆	1623007	159249	161289	120679	168839	2233063
23	四川	4346329	2124027	665552	555938	532309	8224155
24	贵州	1177988	192020	212878	113240	492506	2188632
25	云南	917130	227678	280930	210396	144556	1780690
26	西藏	20594	12400	5700	1200	—	39894
27	陕西	2699558	1121926	1139534	593870	182354	5737242
28	甘肃	1161535	312082	249480	158968	218160	2100225
29	青海	424346	33300	5000	1600	332766	797012

续表

序号	省区市	2009—2012 年期间体育场地面积					合计
		群众体育场地	全民健身中心	体育公园	全民健身基地	其他群众体育场地	
30	宁夏	699100	206150	245000	240000	—	1390250
31	新疆	1595451	171860	147730	1052540	165011	3132592

资料来源：国家体育总局：《2009 年中国体育事业统计年鉴》，中国体育年鉴出版社 2010 年版，第 86—90 页；国家体育总局：《2010 年中国体育事业统计年鉴》，中国体育年鉴出版社 2011 年版，第 84—91 页；国家体育总局：《2011 年中国体育事业统计年鉴》，中国体育年鉴出版社 2012 年版，第 84—90 页；国家体育总局：《2012 年中国体育事业统计年鉴》，中国体育年鉴出版社 2013 年版，第 87—93 页。

表 2-10　　　　2009—2012 年我国人均体育场地地面积统计表

序号	省区市	4 年场地面积总和（平方米）	人口数（人）	人均场地面积（平方米/人）
1	北京	2470046	19612368	0.1259
2	天津	8977031	12938224	0.6938
3	河北	17283248	71854202	0.2405
4	山西	1776475	35712111	0.0497
5	内蒙古	16024648	24706321	0.6486
6	辽宁	15262604	43746323	0.3489
7	吉林	5076592	27462297	0.1849
8	黑龙江	2936170	38312224	0.0766
9	上海	8426516	23019148	0.3661
10	江苏	23694062	78659903	0.3012
11	浙江	3495112	54426891	0.0642
12	安徽	3765278	59500510	0.0633
13	福建	1972890	36894216	0.0535
14	江西	1991896	44567475	0.0447
15	山东	23771626	95793065	0.2482
16	河南	4818410	94023567	0.0512
17	湖北	4494078	57237740	0.0785
18	湖南	1824622	65683722	0.0278

续表

序号	省区市	4 年场地面积总和 （平方米）	人口数（人）	人均场地面积 （平方米/人）
19	广东	30311290	104303132	0.2906
20	广西	5165068	46026629	0.1122
21	海南	483151	8671518	0.0557
22	重庆	2233063	28846170	0.0774
23	四川	8224155	80418200	0.1023
24	贵州	2188632	34746468	0.0630
25	云南	1780690	45966239	0.0387
26	西藏	39894	3002166	0.0133
27	陕西	5737242	37327378	0.1537
28	甘肃	2100225	25575254	0.0821
29	青海	797012	5626722	0.1416
30	宁夏	1390250	6301350	0.2206
31	新疆	3132592	21813334	0.1436

注：表中人口数据来自于 2010 年《第六次全国人口普查统计公报》①，根据表 2 - 4 至表 2 - 9）计算得出。

表 2 - 11   2009—2012 年各区域人均体育场地地面积排序统计表

序号	省区市	4 年场地面积总和 （平方米）	人口数（人）	人均场地面积 （平方米/人）	排序 前三名
		东 部			
1	北京	2470046	19612368	0.1259	
2	天津	8977031	12938224	0.6938	1
3	河北	17283248	71854202	0.2405	
4	上海	8426516	23019148	0.3661	2
5	江苏	23694062	78659903	0.3012	3
6	浙江	3495112	54426891	0.0642	
7	福建	1972890	36894216	0.0535	

① 百度百科，《第六次全国人口普查》，http：//baike. baidu. com/picview/2426392/2426392/0/f7246b600c338744dc1a09cd510fd9f9d62aa0a7. html#albumindex = 0&picindex = 13。

续表

序号	省区市	4年场地面积总和 （平方米）	人口数（人）	人均场地面积 （m²/人）	排序 前三名
东　部					
8	山东	23771626	95793065	0.2482	
9	广东	30311290	104303132	0.2906	
10	海南	483151	8671518	0.0557	
中　部					
1	山西	1776475	35712111	0.0497	
2	安徽	3765278	59500510	0.0633	2
3	江西	1991896	44567475	0.0447	
4	河南	4818410	94023567	0.0512	3
5	湖北	4494078	57237740	0.0785	1
6	湖南	1824622	65683722	0.0278	
西　部					
1	内蒙古	16024648	24706321	0.6486	1
2	广西	5165068	46026629	0.1122	
3	重庆	2233063	28846170	0.0774	
4	四川	8224155	80418200	0.1023	
5	贵州	2188632	34746468	0.0630	
6	云南	1780690	45966239	0.0387	
7	西藏	39894	3002166	0.0133	
8	陕西	5737242	37327378	0.1537	3
9	甘肃	2100225	25575254	0.0821	
10	青海	797012	5626722	0.1416	
11	宁夏	1390250	6301350	0.2206	2
12	新疆	3132592	21813334	0.1436	
东　北					
1	辽宁	15262604	43746323	0.3489	1
2	吉林	5076592	27462297	0.1849	2
3	黑龙江	2936170	38312224	0.0766	3

注：根据表 2-10 整理得出。

二 城市公共体育设施建设布局的现状调查

公共体育设施建设布局现状的研究是本书的基础和前提条件。本书在调查研究的过程中掌握了 2006—2012 年的《体育事业统计年鉴》和《第五次全国体育场地普查数据汇编》。两套数据的学术价值非常高，均对本书具有重要的意义。《体育事业统计年鉴》是以省区市为统计单位的 2006—2012 年期间每年的体育场地的现实状况，统计数据在时效方面是该方面统计的最新资料，对本书具有非常宝贵的参考价值。《第五次全国体育场地普查数据汇编》记载着继 1995 年第四次全国体育场地普查后的又一次全国范围内的体育场地普查。普查的基准试点为 2003 年 12 月 31 日。普查内容分为标准、非标准体育场地数据，包括场地规模、投资金额、建成年份、隶属关系、分布情况、经济成分、使用管理情况等，客观反映了我国体育场地的发展现状，并且各类数据呈现出以省会城市为统计单位。根据本书的需要，重点是调查了解 13 个省会城市及直辖市的体育场地建设布局现状，然而，《第五次全国体育场地普查数据汇编》的统计数据可以满足本书 13 个城市的研究条件。虽然 2006—2012 年的《体育事业统计年鉴》数据最新，但是不满足 13 个城市的研究条件。因此，从这一点上看，本书决定以《第五次全国体育场地普查数据汇编》的数据为主，虽然在时间维度上稍有滞后，但是目前来看，这是我国最新的、最全面的、最权威的体育场地状况资料。我国改革开放 30 多年以来，体育哲学社会科学随着经济社会的发展获得了长足的进步，体育哲学社会科学是以我国经济社会发展为背景的。我国体育学领域具有权威意义的学术研究《中国体育哲学社会科学研究》（1978—2010）认为：我国群众体育时间阶段的划分是以经济社会发展的重要节点为依据的，即 1978 年十一届三中全会确立改革开放，1992 年十四大提出社会主义市场经济体制，2002 年十六大提出全面建设小康社会。[①] 也就是说，改革开放 30 多年来我国群众体育发展分为三个阶段：1978—1992 年、1992—2002 年、2002 年至今。基于此，本书确定所采用的研究数据资料即《第五次全国体育场地普查数据汇编》（2006 年 4 月出版）是有一定科学依据的，据此得出的分

---

① 国家体育总局政策法规司：《中国体育哲学社会科学研究（1978—2010）》，人民体育出版社 2013 年版，第 95 页。

析结果也就具有一定的参考价值。

（一）我国体育设施建设布局的现状

截止到 2003 年 12 月 31 日，我国拥有体育场地 850080 个，占地面积 22.5 亿平方米，建筑面积 0.7 亿平方米，场地面积 13.3 亿平方米，历年投入建设资金 1914.5 亿元。以 2003 年 12 月 31 日的全国人口数为准，每万人有 6.58 个体育场地，人均体育场地面积为 1.03 平方米，人均投入资金为 148.15 元。[1]

第五次全国体育场地普查的类别分为标准体育场地和非标准体育场地两大类。体育场地是指专门用于体育训练、比赛和健身活动的，有一定投资的、公益性或经营性体育建筑设施。非标准体育场地是指未达到标准体育场地要求，但又可以长期开展体育健身活动，较为固定的室内外体育场地。[2] 在了解体育场地与非标准体育场地的概念之后，本书研究认为：标准体育场地是指达到运动项目比赛规则要求，用于体育比赛、训练和健身活动的，具有公益性和经营性的室内外体育建筑设施。非标准体育场地主要用于开展群众性全民健身活动。

第五次全国体育场地普查结果显示，标准体育场地 547178 个，标准体育场地占地面积为 15.3 亿平方米，标准体育场地面积为 11.1 亿平方米，历年标准体育场地建设投入资金 1642.8 亿元；非标准体育场地 302902 个，非标准体育场地占地面积 7.3 亿平方米，非标准体育场地面积 2.1 亿平方米，历年非标准体育场地建设投入资金 271.7 亿元。[3]

经过比较分析得出，第五次全国体育场地普查的相关数据中，体育场地数：标准与非标准之比为 1.8065∶1，占地面积 2.0959∶1，场地面积 5.2857∶1，场地建设投入 6.0464∶1。另外，标准体育场地面积占全国体育场地总面积的 85.2%，而非标准体育场地面积仅占全国体育场地总面积的 14.8%。由此可见，无论是从场地数量、占地面积，还是场地面积与场地建设投入指标数据来看，标准体育场地所占比例远远超过非标准体育场地，标准体育场地是各级政府建设布局体育场地的重点发展方

---

① 《第五次全国体育场地普查数据汇编》，2006 年，国家体育总局档案馆藏。

② 同上。

③ 同上。

向。在我国 64 种标准体育场地中，室内标准体育场地 61358 个，占标准体育场地总数的 11.2%；室外标准体育场地 485818 个，占标准体育场地总数的 88.8%。数据进一步表明，室外标准体育场地中的篮球场、排球场以及小运动场的数量占标准体育场地总数的 79.7%。而且分布在校园内的体育场地设施的场地面积占 64.96%，分布在公园和广场的场地面积分别仅占 0.94% 和 0.82%（详见图 2-3）。这说明，在我国标准体育场地中，室外体育场地数量占有相当大的比例，且以群众喜闻乐见的篮球场、排球场及小运动场为主；在体育场地类别中，室内的标准体育场地数量所占比例较少；分布在公园和广场等公共场所的标准体育场地面积严重不足。这就是造成体育场地难以满足当前较高体育锻炼需求的根本原因之一。

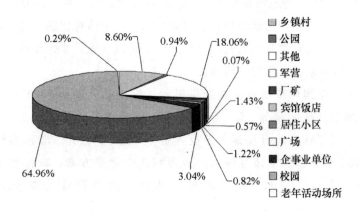

图 2-3   全国标准体育场地分布情况

资料来源：《第五次全国体育场地普查数据汇编》，2006 年，国家体育总局档案馆藏。

如图 2-4 所示，我国体育场地在各个系统中的分布状况较为悬殊，首先是教育系统，其次是其他系统，第三是体育系统，排在第四至第七位的依次是铁路系统、武警系统、解放军系统、新疆建设兵团。分布在教育系统的体育场地数量是分布在体育系统的 30.20 倍。可见，我国有六成以上的体育场地是分布在教育系统的。如图 2-5 所示，我国体育场地具体所处的地理位置状况是十分复杂的。首先地理位置处于校园的所占比例最大，其次是企事业单位，第三是乡镇村。排在第四至第十位的依次是居住区、厂矿、其他、老年活动场所、宾馆饭店、公园、广场。

地理位置处于校园的占全国体育场地的六成以上，这与图 2 - 4 中体育场地六成比例分布在教育系统的状况是一致的。地理位置处于校园数量是地理位置处于公园与广场的 51.68 倍。如图 2 - 6 所示，分布在校园的投资金额高达 6267309 万元，占总投资金额的 32.87%，而公园的投资金额仅为 535256 万元，占总投资金额的 2.81%，二者相差是相当悬殊的。由此可见，分布在群众身边的位置处于公园与广场的体育场地数量是非常缺乏的。

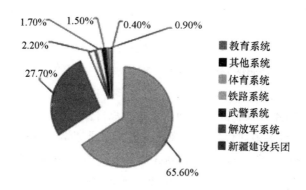

图 2 - 4　体育场地在全国各个系统分布状况

资料来源：《第五次全国体育场地普查数据汇编》，2006 年，国家体育总局档案馆藏。

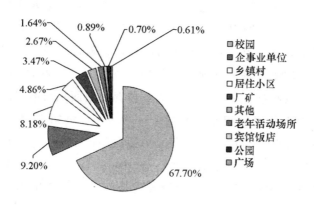

图 2 - 5　体育场地分布状况

资料来源：《第五次全国体育场地普查数据汇编》，2006 年，国家体育总局档案馆藏。

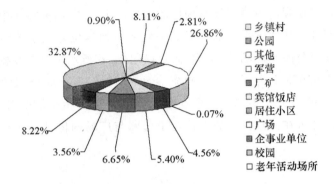

图 2 - 6 体育场地投资分布图

资料来源:《第五次全国体育场地普查数据汇编》, 2006 年, 国家体育总局档案馆藏。

(二) 我国体育设施建设布局的现状特点

1. 我国体育场地建设数量与规模发展呈现迅速增长态势

第五次全国体育场地普查 (2003 年底)[1] 体育场地数量与第四次全国体育场地普查 (1995 年底)[2] 相比, 增加 234387 个, 增幅 38.07%; 第五次全国体育场地普查 (2003 年底) 体育场地面积与第四次全国体育场地普查 (1995 年底) 相比, 增加 5.5 亿平方米, 增幅 70.51%; 第五次全国体育场地普查 (2003 年底) 体育场地占地面积与第四次全国体育场地普查 (1995 年底) 相比, 增加 11.8 亿平方米, 增幅 110.28%; 第五次全国体育场地普查 (2003 年底) 体育场地建设累计资金与第四次全国体育场地普查 (1995 年底) 相比, 增加 1542.5 亿元, 增幅 414.65%; 第五次全国体育场地普查 (2003 年底) 人均体育场地面积与第四次全国体育场地普查 (1995 年底) 相比, 增加 0.38 平方米, 增幅 58.46%; 第五次全国体育场地普查 (2003 年底) 每万人拥有场地数量与第四次全国体育场地普查 (1995 年底) 相比, 增加 1.58 个, 增幅 31.60%; 第五次全国体育场地普查 (2003 年底) 人均投入资金与第四次全国体育场地普查 (1995 年底) 相比, 增加 117.11 元, 增幅 377.28%。可见, 体育场地建设的快速发展为我国体育事业的发展提供了有利的保障。

① 《第五次全国体育场地普查数据汇编》, 2006 年, 国家体育总局档案馆藏。
② 《第四次全国体育场地普查有关数据》,《体育文史》1997 年第 4 期。

2. 标准体育场地是体育场地建设中的重中之重

第五次全国体育场地普查结果已经证明：标准化体育场地与非标准化体育场地建设的数量与规模均存在较大的差异，体育设施建设的标准化趋势已经成为政府工作的关注重点。体育场地的标准化发展趋势有利于群众健身活动的规范化与专业化，满足群众健身活动高水平认知的需求，而且还为不同层次、不同规模的体育竞赛活动提供了较为完善的硬件条件。

3. 室外体育场地以及篮球场等场地仍是标准体育场地结构系统中的主要部分

标准体育场地结构系统中，绝大部分是室外标准体育场地，并且篮球场、排球场以及小运动场是主要的组成部分。虽然篮球场、排球场、门球场、小运动场所占的比例由第四次全国体育场地普查时的 92.6% 下降到第五次全国体育场地普查时的 53.4% ,[①] 但是我国人口基数大、经济基础较为薄弱的现实状况决定着体育场地建设的"经济与实用"思路与模式。

4. 我国体育场地建设分布的行业系统归属与分布的地理位置划分具有明显的行政与时代特征

由于我国体育事业管理主要是按照国家行政区划管理模式来进行的，再加上我国计划经济体制时代形成的体育场地计划模式的重复建设状况，在一定程度上造成体育资源的浪费。例如，我国现存的体育场地六成以上归属于教育系统，地理位置位于校园之内。校园体育场地的使用对象是较为固定的群体（主要是学生及教职员工），对公众开放的难度是非常大的，从而使得校园体育设施闲置和浪费。

5. 我国体育场地建设投资主体呈现多元化的发展态势

第五次全国体育场地普查中体育场地投资金额 1906.6578 万元，其中财政拨款 6613050 万元，占总投资的 34.68%；单位自筹 10312037 万元，占总投资的 54.08%；社会捐赠 455693 万元，占总投资的 2.39%；体育彩票公益金 248444 万元，占总投资的 1.30%；其他经费 1437355 万元，占总投资的 7.54%。[②] 由此可见，以政府投资为主的局面发生了变化，由教育领域和体育领域自筹方式的经费投入占五成以上，民间资本和外资逐

---

① 马艳红、邹本旭、曹亚东等：《我国体育系统体育场地建设存在的问题与对策探析》，《沈阳体育学院学报》2006 年第 6 期。

② 《第五次全国体育场地普查数据汇编》，2006 年，国家体育总局档案馆藏。

步进入了体育场地的投融资范畴。

三　我国四大区域部分城市体育设施建设布局的现状

(一)分析现状

以上述分析结果所确定的四大区域 13 个城市作为本书的研究对象,即东部:天津、上海、江苏;中部:湖北、安徽、河南;西部:内蒙古、宁夏、陕西;东北:辽宁、吉林、黑龙江。这些省区市对应的省会城市和直辖市分别为东部:天津、上海、南京;中部:武汉、合肥、郑州;西部:呼和浩特、银川、西安;东北:沈阳、长春、哈尔滨。调研分析内容分为标准、非标准体育场地数据。

通过调查发现(见表 2-12),我国四大区域的 13 个城市中,标准和非标准体育场地总数量排在前三位的是:上海、北京和天津。其中,标准体育场地和非标准体育场地排在前三位的均是:上海、北京和天津;呼和浩特标准和非标准体育场地总数量为 1719 个,位列最后。在对我国四大区域的 12 个城市体育场地建设状况的分析中发现(见图 2-7),体育场地总和、标准体育场地以及非标准体育场地三项指标的数量比较由高到低的排列顺序基本为:东部、东北、中部、西部。但是,在非标准体育场地建设数量的指标上表现为中部高于东北。由此可见,我国四大区域体育场地建设布局存在着较大的差异,体育场地类别总体上呈现出东部领先明显,东北排第二,且以较小的优势超出中部,西部排最后;在所选的样本城市中,排序在前三位的均属于东部。显而易见,出现这样的调查分析结果与我国四大区域的经济发展存在的差异性有着直接的关系。

表 2-12　　　　　**我国 13 个城市标准、非标准体育场地状况**　　　　单位:个

区域	样本城市	总　计	标准体育场地	非标准体育场地
首都	北京	12106	6100	6006
东部	天津	8948	5516	3432
	上海	14425	6451	7974
	南京	4951	3288	1663
中部	武汉	5470	2573	2897
	合肥	2034	1513	521
	郑州	4034	2633	1401

续表

区域	样本城市	总　计	标准体育场地	非标准体育场地
西部	呼和浩特	1719	1178	541
	银川	1936	1212	724
	西安	4870	2434	2436
东北	沈阳	3562	2374	1188
	长春	4633	3244	1389
	哈尔滨	4381	2374	2007

资料来源：《第五次全国体育场地普查数据汇编》，2006 年，国家体育总局档案馆藏。

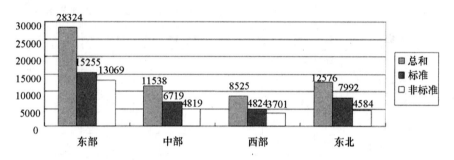

图 2-7　我国四大区域部分城市体育场地建设状况比较　单位：个

注：根据表 2-12 整理得出。

以表 2-13 为依据，经过统计分析形成图 2-8。从图 2-8 中我们可以看出，在本书所选择的 13 个城市中，建设的标准体育场地所归属的运动项目是不同的。按照建设不同运动项目体育场地数量的前 20 名降序排列依次为：篮球场、小运动场、排球场、健身房（馆）、室外网球场（馆）、台球房（馆）、门球场、乒乓球房（馆）、田径场、棋牌房（馆）、室内游泳池、足球场、篮球房（馆）、综合房（馆）、体育场、保龄球房（馆）、其他训练房（馆）、室外游泳池、体育馆、羽毛球房。其中，篮球场所占比例为 45%，小运动场所占比例为 15%，二者所占比例达到六成。另外，在所建设的体育场地中，开展普及程度不高的运动项目的体育场地数量较少，例如，室内（外）射箭场、摩托车赛车场、汽车赛车场等；受气候条件影响较大运动项目的场地设施所占的比例也是非常低的，如冰上项目、水上项目以及带有少数民族特色的项目（赛马场）等。

选取建设数量前三位的体育场地（篮球场、小运动场、排球场）作为研究四大区域（以 13 个城市为代表）之间差异的对象。通过相关数据整理得出图 2-9。在图 2-9 中我们可以看出，三项指标在四大区域的建设数量按照降序排列为：东部、东北、中部、西部。可以看出，这与不同区域经济发展的状况有着直接关联。同时也可以得出，体育场地的建设与所在区域的经济发达程度成正相关。

表 2-13　　　　　　　我国 13 个城市标准体育场地规模状况　　　　　单位：个

场地种类	首都	东部			中部			西部			东北		
	北京	天津	上海	南京	武汉	合肥	郑州	呼和浩特	银川	西安	沈阳	长春	哈尔滨
体育场	93	46	60	46	64	16	24	9	10	25	30	20	29
体育馆	36	26	30	27	22	7	8	6	5	9	25	22	16
游泳馆	3	16	24	1	15	3	2	—	2	3	8	16	58
跳水馆	—	1	—	—	—	—	—	—	—	1	—	—	—
室内游泳池	368	73	76	25	2	5	10	9	6	25	34	7	—
室外游泳池	72	28	37	34	30	10	7	11	10	30	3	6	2
室内跳水池	3	1	—	1	—	—	—	—	—	—	—	—	—
室外跳水池	—	—	—	—	1	—	—	—	—	—	—	1	—
有固定看台的灯光球场	9	12	8	6	17	1	10	6	10	17	1	2	11
综合房（馆）	99	44	115	46	53	11	15	—	3	17	11	39	21
田径房（馆）	4	1	3	—	1	—	—	1	—	—	2	2	2
篮球房（馆）	62	58	153	49	20	7	8	10	1	8	29	39	32
排球房（馆）	4	14	20	11	6	1	1	—	—	2	7	10	2
手球房（馆）	1	1	5	1	—	—	—	—	—	—	—	—	1
体操房（馆）	11	1	22	—	1	1	3	—	—	6	3	4	4
羽毛球房（馆）	46	45	59	16	4	2	1	7	5	6	13	3	3
乒乓球房（馆）	120	170	231	74	49	20	26	10	19	28	49	41	62
武术房（馆）	17	10	11	4	9	10	16	1	1	7	3	7	2
摔跤柔道房（馆）	33	18	14	12	9	5	2	6	1	4	12	6	7
举重房（馆）	17	11	—	3	1	—	—	2	2	3	6	3	6
击剑房（馆）	1	4	10	1	—	—	—	—	1	—	1	—	—
健身房（馆）	405	248	655	166	107	76	43	63	43	55	32	66	40

续表

场地种类	首都	东部			中部			西部			东北		
	北京	天津	上海	南京	武汉	合肥	郑州	呼和浩特	银川	西安	沈阳	长春	哈尔滨
棋牌房（馆）	183	324	37	78	22	21	31	18	24	12	24	10	17
其他训练房（馆）	88	40	105	20	16	10	5	6	3	3	5	5	4
划桨训练房（馆）	—	—	2	—	2	—	—	—	—	—	—	—	—
保龄球房（馆）	227	39	76	12	18	11	5	6	3	8	10	5	8
台球房（馆）	411	223	394	24	17	29	14	19	18	22	109	58	120
田径场	146	126	106	51	50	37	64	64	24	77	43	75	25
小运动场	878	669	731	376	380	206	353	107	117	315	653	852	256
手球场	9	1	12	—	—	1	—	—	—	—	1	1	1
足球场	93	101	76	22	45	13	8	3	15	49	83	45	43
室内网球场（馆）	80	12	26	6	3	—	1	10	—	9	22	7	3
室外网球场（馆）	195	278	448	165	172	68	85	70	19	63	30	57	41
棒垒球场	10	3	6	3	—	—	1	—	—	—	—	—	—
室内曲棍球场	—	—	—	—	—	—	—	—	—	—	—	1	—
室外曲棍球场	1	1	1	—	—	—	—	—	—	—	—	—	—
室内射击场	9	4	32	6	6	2	4	6	2	8	5	3	2
室外射击场	2	4	5	2	1	—	—	—	—	1	2	1	3
室内射箭场	1	—	—	—	—	—	—	—	—	—	—	1	—
室外射箭场	3	—	—	—	—	1	—	—	—	1	—	—	—
摩托车赛车场	3	—	—	—	—	—	—	—	1	—	—	—	—
汽车赛车场	3	—	—	2	—	—	1	—	—	—	—	—	—
卡丁车场	13	3	12	2	—	1	1	—	2	1	—	—	—
自行车赛车场	1	1	—	—	—	1	—	—	—	—	—	—	1
赛马场	9	2	3	1	1	—	1	1	—	—	1	—	—
水上运动场	1	3	4	—	—	—	—	—	1	—	—	—	—
天然游泳场	2	—	3	—	4	—	—	—	—	1	—	1	—
航空运动机场	1	1	2	—	—	—	1	1	—	—	—	—	—
室内人工冰球场	1	—	—	—	—	—	—	—	—	—	—	—	4
室外人工冰球场	—	—	—	—	—	—	—	—	—	—	—	—	2
室内人工速滑场	2	—	1	—	—	—	—	—	—	—	—	4	1

续表

场地种类	首都	东部			中部			西部			东北		
	北京	天津	上海	南京	武汉	合肥	郑州	呼和浩特	银川	西安	沈阳	长春	哈尔滨
室外人工速滑场	—	—	—	—	—	—	—	—	—	—	—	1	6
滑雪场	12	1	1	—	—	—	—	—	—	—	3	4	19
室内人工冰壶场	—	—	—	—	—	—	—	—	—	—	—	—	—
室内轮滑场	4	2	17	4	10	3	3	—	3	3	2	2	2
室外轮滑场	8	3	9	3	2	—	3	—	1	3	2	9	3
高尔夫球场	13	2	11	2	1	1	—	1	1	2	—	—	
攀岩场	12	2	5	1	4	—	1	—	—	—	—	2	3
攀岩馆	5	1	2	1	—	—	—	—	—	1	—	—	1
壁球馆	55	7	37	2	2	1	—	2	2	—	—	—	—
地掷球场	3	2	—	—	1	—	—	—	2	5	—	—	—
篮球场	1905	2418	2223	1551	1098	771	1537	552	696	1324	919	1494	1217
排球场	230	325	381	401	184	145	167	125	126	206	157	282	234
门球场	77	87	141	29	116	17	166	46	33	79	29	30	61

资料来源:《第五次全国体育场地普查数据汇编》,2006 年,国家体育总局档案馆藏。

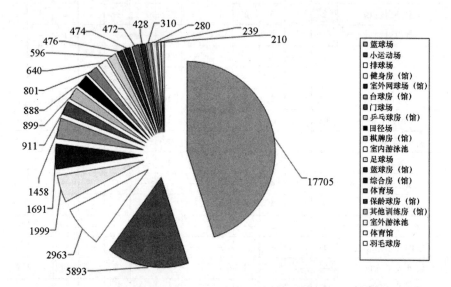

图 2-8　我国四大区域 13 个城市体育场地建设的项目状况　单位:个

注:根据表 2-13 整理得出。

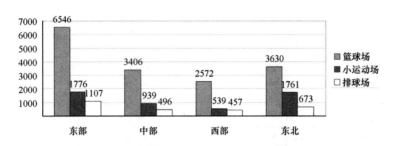

图 2 - 9　我国四大区域不同项目体育场地建设状况的比较　单位：个

资料来源：《第五次全国体育场地普查数据汇编》，2006 年，国家体育总局档案馆藏。

依据表 2 - 14 经过统计整理得出图 2 - 10。通过图 2 - 10 我们可以看出，13 个城市教育系统标准体育场地建设的运动项目数量状况前 20 位降序排列为：篮球场、小运动场、排球场、田径场、室外网球场（馆）、乒乓球房（馆）、篮球房（馆）、健身房（馆）、足球场、体育场、门球场、综合房（馆）、其他训练房（馆）、体育馆、室外游泳池、室内游泳池、棋牌房（馆）、羽毛球房（馆）、排球房（馆）、台球房（馆）。其中，篮球场占 52%，小运动场占 22%，排球场占 10%，三者共占 84%。此外，用于跳水项目的场馆以及汽车赛车场、赛马场在教育系统的分布几乎为零，这也说明这些项目在教育系统开展普及的程度非常低。

选取在教育系统中建设数量前三位的标准体育场地（篮球场、小运动场、排球场）作为研究四大区域（以 12 个城市为代表）之间差异的对象。通过相关数据整理得出图 2 - 11。在图 2 - 11 中，我们可以看出，三项指标中除了小运动场东北稍高于东部之外，其余两项指标在四大区域的建设数量按照降序排列为：东部、东北、中部、西部。可以看出，这与不同区域经济发展的状况有着直接关联，同时也可以得出，教育系统体育场地的建设与所在区域的经济发达程度基本成正相关。

表 2 - 14　　　　我国 13 个城市教育系统标准体育场地规模状况　　　单位：个

场地种类	首都	东部			中部			西部			东北		
	北京	天津	上海	南京	武汉	合肥	郑州	呼和浩特	银川	西安	沈阳	长春	哈尔滨
体育场	66	15	42	35	56	14	16	7	5	18	19	19	15
体育馆	22	3	14	20	17	4	1	4	2	6	15	13	12

场地种类	首都	东部			中部			西部			东北		
	北京	天津	上海	南京	武汉	合肥	郑州	呼和浩特	银川	西安	沈阳	长春	哈尔滨
游泳馆	1	3	6	—	6	1	—	—	—	1	1	7	11
跳水馆	—	—	—	—	—	—	—	—	—	—	—	—	—
室内游泳池	54	6	7	2	—	—	1	1	—	2	6	3	—
室外游泳池	15	3	20	13	12	5	3	3	1	19	—	2	2
室内跳水池	1	—	—	—	—	—	—	—	—	—	—	—	—
室外跳水池	—	—	—	—	—	—	—	—	—	—	—	—	—
有固定看台的灯光球场	—	—	—	—	11	—	1	—	—	4	—	—	3
综合房（馆）	34	5	59	18	26	5	5	—	—	4	8	16	11
田径房（馆）	—	1	2	—	2	—	—	—	—	—	1	1	1
篮球房（馆）	42	45	133	44	17	4	5	7	1	6	24	32	23
排球房（馆）	1	10	17	11	5	1	1	—	—	1	6	9	1
手球房（馆）	—	1	4	1	—	—	—	—	—	—	—	—	—
体操房（馆）	1	—	18	—	1	1	3	—	—	2	3	2	3
羽毛球房（馆）	12	7	26	7	3	—	—	1	1	3	11	3	—
乒乓球房（馆）	31	49	158	43	26	10	8	3	3	12	23	21	28
武术房（馆）	4	5	2	3	4	7	1	—	—	5	1	3	2
摔跤柔道房（馆）	2	6	4	7	—	1	1	—	1	—	2	1	1
举重房（馆）	1	3	2	1	1	—	—	—	—	2	1	1	1
击剑房（馆）	—	—	3	—	—	—	—	—	—	—	—	—	—
健身房（馆）	53	52	131	34	26	16	12	5	6	15	8	18	2
棋牌房（馆）	12	23	14	1	5	2	3	1	1	3	7	3	—
其他训练房（馆）	15	12	81	13	4	6	6	4	1	2	4	3	1
划桨训练房（馆）	—	—	—	—	1	—	—	—	—	—	—	—	—
保龄球房（馆）	16	1	3	1	2	—	—	—	—	—	—	—	—
台球房（馆）	26	5	3	1	2	—	1	—	1	4	6	6	7
田径场	132	111	95	48	47	32	63	58	22	70	39	63	21
小运动场	866	636	712	372	379	202	352	106	116	314	646	845	247
手球场	3	1	12	—	—	1	—	—	—	—	1	1	1
足球场	37	46	31	9	20	6	7	1	12	37	71	38	39

续表

场地种类	首都	东部			中部			西部			东北		
	北京	天津	上海	南京	武汉	合肥	郑州	呼和浩特	银川	西安	沈阳	长春	哈尔滨
室内网球场（馆）	10	2	2	1	—	—	—	1	—	6	12	3	—
室外网球场（馆）	49	107	99	50	95	28	37	29	5	46	17	35	25
棒垒球场	2	2	1	3	—	—	—	—	—	—	—	—	—
室内射击场	1	1	13	3	2	—	—	—	—	—	—	1	—
室外射击场	—	—	1	1	1	—	—	—	—	—	—	—	1
汽车赛车场	1	—	—	—	—	—	—	—	—	—	—	—	—
赛马场	1	—	—	—	—	—	—	—	—	—	—	—	—
室外人工冰球场	—	—	—	—	—	—	—	—	—	—	—	—	2
室外人工速滑场	—	—	—	—	—	—	—	—	—	—	—	1	4
滑雪场	—	—	—	—	—	—	—	—	—	—	1	1	2
室内轮滑场	1	—	—	—	1	—	—	—	—	—	1	2	—
室外轮滑场	—	—	—	—	—	—	—	—	—	—	—	6	1
攀岩场	4	—	1	—	1	—	—	—	—	—	—	1	—
攀岩馆	—	—	1	—	—	—	—	—	—	—	—	1	—
壁球馆	5	—	—	1	—	—	—	—	—	—	—	—	—
地掷球场	—	—	—	—	1	—	—	—	—	3	—	—	—
篮球场	1295	1649	1851	1310	959	693	1217	462	496	1092	713	1287	885
排球场	210	288	372	393	184	143	161	117	108	189	141	270	216
门球场	16	7	15	12	15	6	61	13	9	23	6	6	6

资料来源：《第五次全国体育场地普查数据汇编》，2006 年，国家体育总局档案馆藏。

图 2-12 显示，13 个城市体育系统标准体育场地建设的运动项目数量状况前 20 位降序排列为：篮球场、室外网球场（馆）、体育场、足球场、综合房（馆）、门球场、摔跤柔道房（馆）、健身房（馆）、乒乓球房（馆）、室内游泳池、田径场、举重房（馆）、其他训练房（馆）、篮球房（馆）、排球场、室内网球场（馆）、台球房（馆）、游泳馆、有固定看台的灯光球场、武术房（馆）。同时发现，我国体育系统体育场地建设的项目类别所占比例分布较为均匀，前三位分别为 16%、15%、7%，前三位的场地共计 38%。这与教育系统的场地建设比例（前三位为

84%）状况有较大的差异。排列教育系统第二位的"小运动场"在体育系统的排序中没有进入前 20 位，这说明在体育系统的体育场地要求具备很强的专业特点，这些体育系统前 20 位的体育场地与我国竞技体育的发展有着密切的关联，例如，排位第 12 位的举重场馆就可以说明体育系统场馆的建设在很大程度上倾向于我国传统、优势项目的发展与提高。

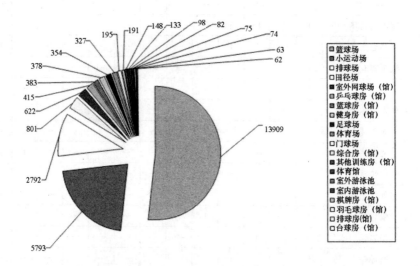

图 2 - 10　我国 13 个城市教育系统体育场地建设的运动项目属性状况　单位：个

注：根据表 2 - 14 整理得出。

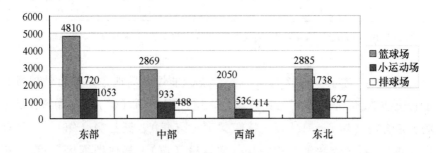

图 2 - 11　我国四大区域教育系统不同项目体育场地建设状况　单位：个

资料来源：《第五次全国体育场地普查数据汇编》，2006 年，国家体育总局档案馆藏。

选取在体育系统中建设数量前三位的标准体育场地〔篮球场、室外网球场（馆）、体育场］作为研究四大区域（以 12 个城市为代表）之间差异的对象。通过相关数据整理得出图 2－13，我们可以从图中看出，在我国四大区域中，篮球场建设状况的降序排列是：东部、西部、中部、东北；室外网球场（馆）建设状况的降序排列是：东部、中部、西部、东北；体育场建设状况的降序排列是：东部、东北、中部、西部。上述的排序仅有体育场的建设状况与四大区域的经济发展状况相符，篮球场和室外网球场（馆）的建设状况都与所在区域的经济发展状况不相符，东北篮球场和室外网球场（馆）的建设状况均排在四大区域的末位。由此可见，东北区用于竞技体育的体育场地相对较少。

表 2－15　　我国 13 个城市体育系统标准体育场地规模状况　　单位：个

场地种类	首都	东部			中部			西部			东北		
	北京	天津	上海	南京	武汉	合肥	郑州	呼和浩特	银川	西安	沈阳	长春	哈尔滨
体育场	21	9	15	10	7	2	7	2	4	6	9	1	10
体育馆	12	10	15	5	4	3	5	1	3	2	9	5	2
游泳馆	1	2	13	—	2	2	1	—	—	—	5	1	2
跳水馆	—	1	—	—	1	—	—	—	—	1	—	—	—
室内游泳池	17	8	14	6	2	1	1	—	—	—	6	—	—
室外游泳池	10	7	6	3	8	2	2	4	—	3	2	1	—
室内跳水池	2	—	—	—	—	—	—	—	—	—	—	—	—
室外跳水池	—	—	—	—	—	1	—	—	—	—	—	—	—
有固定看台的灯光球场	3	5	2	1	2	1	1	5	1	4	—	1	4
综合房（馆）	19	2	9	18	9	5	8	—	1	4	1	7	3
田径房（馆）	4	—	1	1	1	1	1	—	—	—	1	1	1
篮球房（馆）	7	4	2	4	2	3	1	2	—	1	2	1	6
排球房（馆）	3	4	—	—	1	—	—	—	—	1	1	—	1
手球房（馆）	1	—	1	—	—	—	—	—	—	—	—	—	1
体操房（馆）	5	—	2	—	2	—	—	—	—	2	—	2	—
羽毛球房（馆）	3	2	9	4	—	—	—	1	—	—	2	—	—
乒乓球房（馆）	10	6	10	1	5	2	1	—	—	2	10	3	6
武术房（馆）	5	3	6	—	3	—	—	—	—	2	2	4	—
摔跤柔道房（馆）	20	11	7	4	4	4	1	6	—	2	10	4	6
举重房（馆）	15	8	3	2	—	—	—	2	1	2	5	2	5

续表

场地种类	首都	东部			中部			西部			东北		
	北京	天津	上海	南京	武汉	合肥	郑州	呼和浩特	银川	西安	沈阳	长春	哈尔滨
击剑房（馆）	1	4	6	1	—	—	—	1	—	—	1	—	—
健身房（馆）	16	6	15	8	3	3	—	4	1	1	4	7	2
棋牌房（馆）	3	1	7	1	1	1	1	1	1	—	2	—	—
其他训练房（馆）	11	11	5	3	5	2	1	2	—	1	—	1	2
划桨训练房（馆）	—	—	2	—	1	—	—	—	—	—	—	—	—
保龄球房（馆）	8	—	3	—	—	—	—	—	—	—	1	—	—
台球房（馆）	10	7	11	1	—	1	—	—	—	1	—	3	—
田径场	9	6	5	3	2	5	1	6	2	3	4	6	3
小运动场	1	2	1	1	—	—	—	—	1	—	2	2	2
手球场	4	—	—	—	—	—	—	—	—	—	—	—	—
足球场	22	8	17	10	13	6	1	2	—	6	9	2	1
室内网球场（馆）	7	3	5	3	3	—	1	—	—	2	9	2	2
室外网球场（馆）	13	43	43	26	15	14	22	18	5	9	2	9	6
棒垒球场	6	1	5	—	—	—	1	—	—	—	1	—	—
室内曲棍球场	—	—	—	—	—	—	—	—	—	—	—	1	—
室外曲棍球场	1	1	—	—	—	—	—	—	—	—	—	—	—
室内射击场	6	3	13	1	4	2	4	6	2	8	4	2	2
室外射击场	2	4	3	—	—	—	1	—	—	1	2	—	2
室内射箭场	1	—	—	—	—	—	—	—	—	—	1	—	—
室外射箭场	3	—	1	1	—	—	—	—	—	—	1	—	—
摩托车赛车场	—	—	—	—	—	—	—	—	—	—	—	—	—
汽车赛车场	—	—	2	—	—	—	—	—	—	—	—	—	—
卡丁车场	—	—	—	—	—	—	—	—	—	—	—	—	—
自行车赛车场	—	1	1	1	—	—	—	—	—	—	—	—	1
赛马场	—	—	—	—	—	—	—	1	—	—	—	—	—
水上运动场	—	—	4	—	—	—	—	—	—	—	—	—	—
天然游泳场	—	—	—	—	—	—	—	—	—	—	—	—	—
航空运动机场	—	1	1	—	—	—	1	1	—	—	—	—	—
室内人工冰球场	1	—	—	—	—	—	—	—	—	—	—	—	4
室外人工冰球场	—	—	—	—	—	—	—	—	—	—	—	—	—
室内人工速滑场	1	—	—	—	—	—	—	—	—	—	—	3	1
室外人工速滑场	—	—	—	—	—	—	—	—	—	—	—	—	2

续表

场地种类	首都	东部			中部			西部			东北		
	北京	天津	上海	南京	武汉	合肥	郑州	呼和浩特	银川	西安	沈阳	长春	哈尔滨
滑雪场	1	—	—	—	—	—	—	—	—	—	—	3	3
室内人工冰壶场	—	—	—	—	—	—	—	—	—	—	—	—	—
室内轮滑场	—	1	2	—	—	2	—	—	1	—	—	—	—
室外轮滑场	4	—	1	—	—	—	—	—	—	—	—	—	1
高尔夫球场	3	—	—	—	—	—	—	—	—	1	—	—	—
攀岩场	—	—	1	—	1	—	—	—	—	—	—	—	—
壁球馆	1	1	3	—	—	—	—	—	—	—	—	—	—
地掷球场	1	—	—	—	—	—	—	—	—	—	—	—	—
篮球场	55	31	27	12	8	8	22	21	6	12	8	13	12
排球场	8	3	7	1	1	1	2	1	2	6	2	4	1
门球场	9	9	10	5	9	3	9	8	4	2	4	—	13

资料来源：《第五次全国体育场地普查数据汇编》，2006 年，国家体育总局档案馆藏。

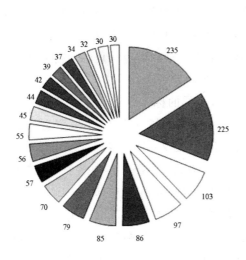

图 2 - 12 我国 13 个城市体育系统标准体育场地建设的项目属性状况　单位：个

资料来源：《第五次全国体育场地普查数据汇编》，2006 年，国家体育总局档案馆藏。

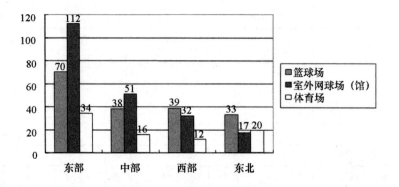

图2-13　我国四大区域教育系统不同项目标准体育场地建设状况　单位：个

资料来源：《第五次全国体育场地普查数据汇编》，2006年，国家体育总局档案馆藏。

图2-14显示，13个城市其他系统标准体育场地建设的数量状况前20位降序排列为：篮球场、健身房（馆）、台球房（馆）、室外网球场（馆）、门球场、保龄球房（馆）、室内游泳池、乒乓球房（馆）、棋牌房（馆）、室内网球场（馆）、综合房（馆）、其他训练房（馆）、排球场、室外游泳池、羽毛球房（馆）、足球场、壁球馆、游泳馆、有固定看台的灯光球场、小运动场。排在前三位的分别是篮球场、健身房（馆）、台球房（馆），所占比例分别为32%、15%、10%；三者共占比例为57%。从前20位标准体育场地的项目属性来看，这些体育场地趋向健身休闲的特征，是社会体育开展的主要硬件载体。

选取在其他系统中建设数量前三位的标准体育场地［篮球场、健身房（馆）、台球房（馆）］作为研究四大区域（以12个城市为代表）之间差异的对象。通过相关数据整理得出图2-15，我们可以从图2-15中看出，在我国四大区域中，篮球场建设状况的降序排列是东部、东北、中部、西部；健身房（馆）建设状况的降序排列是东部、中部、西部、东北；台球房（馆）建设状况的降序排列是东部、东北、中部、西部。上述排序中，篮球场和台球房（馆）的建设状况都与所在区域的经济发展状况相符，仅有健身房（馆）的建设状况与四大区域的经济发展状况不相符，健身房（馆）的建设状况均排在四大区域的末位。可见，东北健身房（馆）的建设状况相对薄弱。

表 2-16　　　　　**我国 13 个城市其他系统标准体育场地规模状况**　　　　单位：个

场地种类	首都	东部			中部			西部			东北		
	北京	天津	上海	南京	武汉	合肥	郑州	呼和浩特	银川	西安	沈阳	长春	哈尔滨
体育场	6	4	3	1	1	—	1	—	1	1	2	—	4
体育馆	2	5	1	2	1	—	2	1	—	1	1	4	2
游泳馆	1	8	5	—	7	—	1	—	2	—	2	8	45
跳水馆	—	—	—	—	—	—	—	—	—	—	—	—	—
室内游泳池	297	51	55	17	—	4	8	8	6	22	22	4	—
室外游泳池	47	14	11	18	10	3	2	4	9	8	1	3	—
室内跳水池	—	—	—	—	—	—	—	—	—	—	—	—	—
室外跳水池	—	—	—	—	—	—	—	—	—	—	—	—	—
有固定看台的灯光球场	6	7	6	5	4	—	8	1	9	9	1	1	4
综合房（馆）	46	29	47	10	18	1	2	—	2	9	2	16	7
田径房（馆）	—	—	—	—	—	—	—	—	—	—	—	—	—
篮球房（馆）	13	9	11	—	1	—	2	1	—	1	3	6	3
排球房（馆）	—	—	—	—	—	—	—	—	—	—	—	1	—
手球房（馆）	—	—	—	—	—	—	—	—	—	—	—	—	—
体操房（馆）	5	—	2	—	—	—	—	—	—	2	—	—	1
羽毛球房（馆）	31	36	24	5	2	2	1	5	4	3	—	—	3
乒乓球房（馆）	79	115	63	30	18	8	17	6	16	14	16	17	28
武术房（馆）	8	2	3	1	2	—	14	—	1	—	—	—	—
摔跤柔道房（馆）	11	1	3	1	5	—	—	—	—	—	—	1	—
举重房（馆）	1	—	—	—	—	—	—	—	—	—	—	—	—
击剑房（馆）	—	—	1	—	1	—	—	—	—	—	—	—	—
健身房（馆）	336	299	509	124	78	57	31	52	36	39	20	41	35
棋牌房（馆）	168	15	16	76	16	18	27	16	22	9	15	7	17
其他训练房（馆）	62	38	19	4	7	2	2	—	2	—	1	1	1
划桨训练房（馆）	—	—	—	—	—	—	—	—	—	—	—	—	—
保龄球房（馆）	203	209	70	10	16	11	5	6	3	8	9	5	8
台球房（馆）	375	1	380	22	15	28	13	19	17	17	103	49	113
田径场	5	—	6	—	1	—	—	—	—	4	—	6	1
小运动场	11	—	18	3	1	4	1	1	—	1	5	5	7

续表

场地种类	首都	东部			中部			西部			东北		
	北京	天津	上海	南京	武汉	合肥	郑州	呼和浩特	银川	西安	沈阳	长春	哈尔滨
手球场	2	44	—	—	—	—	—	—	—	—	—	—	—
足球场	34	7	28	2	13	1	—	—	3	6	3	5	3
室内网球场（馆）	63	190	19	2	—	—	—	9	—	1	1	2	1
室外网球场（馆）	133	12	306	88	63	26	26	23	9	8	11	13	10
棒垒球场	2	—	—	—	—	—	—	—	—	—	—	—	—
室内曲棍球场	—	—	—	—	—	—	—	—	—	—	—	—	—
室外曲棍球场	—	—	—	—	—	—	—	—	—	—	—	—	—
室内射击场	2	—	6	2	—	—	—	—	—	—	1	—	—
室外射击场	—	—	1	—	—	—	—	—	—	—	—	1	—
室内射箭场	—	—	—	—	—	—	—	—	—	—	—	—	—
室外射箭场	—	—	—	—	—	—	—	—	—	—	—	—	—
摩托车赛车场	3	—	—	—	—	—	—	—	1	—	—	—	—
汽车赛车场	2	—	—	—	—	—	1	—	—	—	—	—	—
卡丁车场	13	3	12	2	—	1	1	—	2	1	—	—	—
自行车赛车场	1	—	—	—	—	—	—	—	—	—	—	—	—
赛马场	8	2	3	1	1	—	1	—	—	—	—	—	—
水上运动场	1	3	—	—	—	—	—	—	1	—	—	—	—
天然游泳场	2	—	3	—	4	—	—	—	—	1	—	—	—
航空运动机场	1	—	1	—	—	—	—	—	—	—	—	—	—
室内人工冰球场	—	—	—	—	—	—	—	—	—	—	—	—	—
室外人工冰球场	—	—	—	—	—	—	—	—	—	—	—	—	—
室内人工速滑场	1	—	—	—	—	—	—	—	—	—	—	—	—
室外人工速滑场	—	—	—	—	—	—	—	—	—	—	—	—	—
滑雪场	11	1	1	—	—	—	—	—	—	—	—	—	—
室内人工冰壶场	—	—	—	—	—	—	—	—	—	—	—	—	—
室内轮滑场	3	1	15	4	9	1	3	—	2	3	4	—	—
室外轮滑场	3	2	6	3	1	—	3	—	1	2	2	3	1
高尔夫球场	10	5	11	2	—	—	—	—	1	—	2	—	—
攀岩场	8	2	3	1	2	—	1	—	—	—	—	1	3

续表

场地 种类	首都	东部			中部			西部			东北		
	北京	天津	上海	南京	武汉	合肥	郑州	呼和浩特	银川	西安	沈阳	长春	哈尔滨
攀岩馆	5	1	1	1	—	—	—	—	1	—	—	—	—
壁球馆	49	6	34	1	2	1	—	2	2	—	—	—	—
地掷球场	2	2	—	—	—	—	—	—	2	2	—	—	—
篮球场	555	738	345	229	131	70	298	69	194	220	198	194	320
排球场	12	34	2	—	6	1	4	7	16	11	14	8	17
门球场	52	71	116	12	92	8	96	25	20	54	19	24	42

资料来源：《第五次全国体育场地普查数据汇编》，2006 年，国家体育总局档案馆藏。

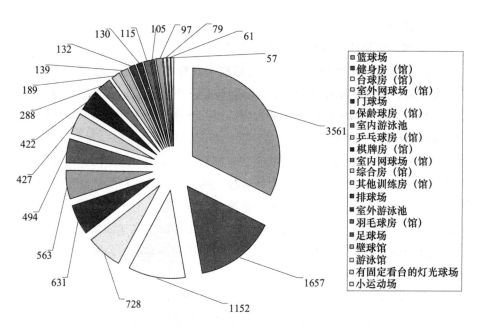

图 2－14　我国 13 个城市其他系统标准体育场地建设的项目属性状况　单位：个

资料来源：《第五次全国体育场地普查数据汇编》，2006 年，国家体育总局档案馆藏。

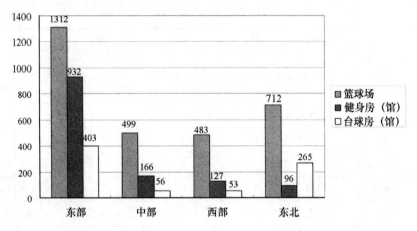

图 2 - 15　我国四大区域其他系统不同项目标准体育场地建设状况　单位：个

资料来源：《第五次全国体育场地普查数据汇编》，2006 年，国家体育总局档案馆藏。

（二）小结

1. 四大区域体育场地建设状况分析

　　我国四大区域的 13 个城市中，标准和非标准体育场地总数量、标准体育场地、非标准体育场地排在前三位的是：上海、北京和天津。我国四大区域中，体育场地总和、标准体育场地以及非标准体育场地三项指标的数量比较由高到低的排列顺序基本为：东部、东北、中部、西部，但是，在非标准体育场地建设数量的指标上表现为中部高于东北。由此可见，我国四大区域体育场地建设布局存在着较大的差异，不同种类体育场地数量总体上呈现出东部领先明显，东北排第二，且以较小的优势超出中部，西部排最后；在所选的样本城市中排序在前三位均属于东部。显而易见，出现这样的调查分析结果与我国四大区域的经济发展存在的差异性有着直接的关系。

2. 四大区域三类标准体育场地建设状况分析

　　在 13 个城市中，体育场地类别按数量降序排列前三位为篮球场、小运动场、排球场。其中，篮球场所占比例为 45％，小运动场所占比例为15％，[①] 二者的所占比例达到六成。篮球场、小运动场、排球场三项指标在四大区域的建设数量按照降序排列为：东部、东北、中部、西部。

---

① 《第五次全国体育场地普查数据汇编》，2006 年，国家体育总局档案馆藏。

可以看出，体育场地建设状况与不同区域经济发展的状况有着直接关联，同时可以得出，体育场地的建设与所在区域的经济发达程度成正相关。

3. 在教育系统中四大区域三类标准体育场地建设状况分析

13 个城市教育系统标准体育场地建设的运动项目数量前三位降序排列为：篮球场、小运动场、排球场。前三项指标中除了小运动场东北稍高于东部之外，其余两项指标在四大区域的建设数量按照降序排列为：东部、东北、中部、西部。可以看出，这与不同区域经济发展的状况有着直接关联，同时也可以得出，教育系统体育场地的建设与所在区域的经济发达程度基本成正相关。

4. 在体育系统中四大区域三类标准体育场地建设状况分析

13 个城市体育系统标准体育场地建设的运动项目数量前三位降序排列为：篮球场、室外网球场（馆）、体育场。体育系统三项指标在东部建设数量均处于首位。篮球场、室外网球场（馆）两项指标在东北建设数量均处于末位。由此可以看出，我国体育系统体育场地建设的项目类别所占比例明显低于教育系统。体育系统中体育场地建设要求具备很强的专业特点，体育系统场馆的建设在很大程度上倾向于我国传统、优势项目的发展与提高。东北用于竞技体育的体育场地相对较少。

5. 在其他系统中四大区域三类标准体育场地建设状况分析

13 个城市其他系统标准体育场地建设的数量状况前三位降序排列为：篮球场、健身房（馆）、台球房（馆）。其他系统中三项指标在东部建设数量均处于首位。其他系统中篮球场和台球房（馆）两项指标在西部建设数量均处于末位。可见，东北健身房（馆）的建设状况相对薄弱。

四　分析东部地区体育场地建设布局的现状

（一）我国东部 3 个城市体育场地规模及投资状况

通过处于领先位置的东部可以了解全国的发展趋势，通过东部处于前列的发达城市可以了解东部的发展领先状况。同样，这种逻辑推理可以用于体育场地建设的研究。本书选取东部的北京、天津、上海来分析不同类别体育场地的建设、投资状况。图 2 - 16 和图 2 - 17 是通过表 2 - 17 得出的。

通过图 2 - 16 可以看出，3 个城市除了天津之外，其余两个城市

（北京、上海）区县级体育场地的建设状况明显强于市级、省级和国家级；市级体育场地除了上海的状况差一些，北京和天津的建设状况明显好于省级和国家级；省级体育场地建设状况除了北京之外，天津和上海省级体育场地的状况要好于国家级的；国家级体育场地的建设状况，北京首屈一指，其次是天津，最后是上海；尽管北京国家级体育场地建设状况明显领先，可是建设数量要低于市级和区县级的。由此可以得出，东部3个城市标准体育场地建设状况比较侧重于区县级和市级的，省级和国家级的相对较少；北京和上海对于省级和国家级体育设施建设也是相对比较重视的。

表 2-17   我国东部3个城市标准体育场地规模及投资状况

城市	国家级		省级		市级		区县级	
	场地数量（个）	投资金额（万元）	场地数量（个）	投资金额（万元）	场地数量（个）	投资金额（万元）	场地数量（个）	投资金额（万元）
北京	899	289825	507	122750	1555	504944	3139	361530
天津	148	17946	217	37164	4232	270296	919	11495
上海	71	8179	1233	288367	52	5037	5095	938966

资料来源：《第五次全国体育场地普查数据汇编》，2006年，国家体育总局档案馆藏。

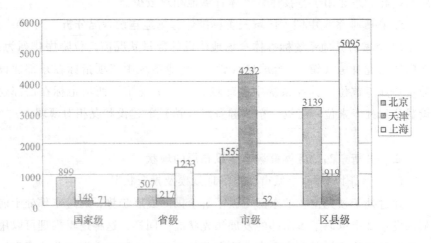

图 2-16   我国东部3个城市不同类别标准体育场地建设状况   单位：个

资料来源：《第五次全国体育场地普查数据汇编》，2006年，国家体育总局档案馆藏。

从表 2-18 可以看出，我国东部 3 个城市（北京、天津、上海）非标准体育场地中隶属于体育系统的，北京占 4.28%、天津占 1.17%、上海占 0.66%；隶属于教育系统的，北京占 21.79%、天津占 36.04%、上海占 17.87%；隶属于其他系统的，北京占 74.54%、天津占 62.79%、上海占 81.46%。由此可见，东部 3 个城市非标准体育场地属于体育系统的很少，绝大部分隶属于教育系统和其他系统，其中六成以上是属于其他系统的。然而，教育系统和其他系统的体育场地一般情况下是以健身与休闲娱乐为主的，由统计数据可以推断出，非标准体育场地的建设是以大众体育为归宿的。

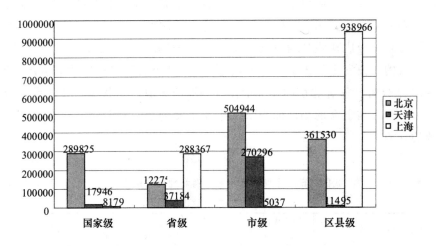

图 2 - 17　我国东部 3 个城市不同类别标准体育场地投资状况　单位：万元
资料来源：《第五次全国体育场地普查数据汇编》，2006 年，国家体育总局档案馆藏。

表 2 - 18　　　　　**我国东部 3 个城市非标准体育场地归属状况**　　　　单位：个

城市	体育系统	教育系统	其他系统	合计
北京	257	1272	4477	6006
天津	40	1237	2155	3432
上海	53	1425	6496	7974

资料来源：《第五次全国体育场地普查数据汇编》，2006 年，国家体育总局档案馆藏。

　　通过表 2 - 19 进一步发现，3 个城市非标准体育场地分布在 11 个不同的地点，且在不同的地点上体育场地的建设规模和投资状况也是不同

的。在表 2 - 19 中选取场地面积指标来说明 3 个城市非标准体育场地在
11 个地点的场地面积状况。从图 2 - 18 可以看出，非标准体育场地面积
在 3 个城市中分布数量最多的 3 个地点为校园、居住小区、乡村；北京和
天津的降序排列为校园、乡村、居住小区，上海的降序排列为校园、居住
小区、乡村。非标准体育场地面积在 3 个城市中分布数量最少的地点均为
军营。

在非标准体育场地建设投入方面，图 2 - 19 显示，降序排列前三位
的分别是，北京：校园、乡村、居住小区；天津：校园、居住小区、乡
村；上海：校园、居住小区、宾馆饭店。显而易见，非标准体育场地建
设投入最多的是校园，居住小区和乡村也是建设资金投入的重点。仅有
上海在宾馆饭店建设体育场地的资金投入表现出来一定的规模。此外，
在军营的建设资金投入最少这一点上，3 个城市表现出一致性。结合图 2
- 18 来分析，仅有北京的非标准体育场地的场地面积状况与其建设资金
一致，天津与上海的场地面积状况与其建设资金的相互关系存在着不一
致的现象。

表 2 - 19   我国东部 3 个城市非标准体育场地分布地点及其
规模、投资状况

城市	分布地点	场地数量 （个）	占地面积 （平方米）	建筑面积 （平方米）	场地面积 （平方米）	投资金额 （万元）
北京	宾馆饭店	196	270570	34348	215943	18615
	厂矿	65	34616	4401	32505	760
	公园	190	361896	16362	236877	8293
	广场	86	146005	2893	86987	3808
	企事业单位	399	154347	35181	118746	7344
	居住小区	2275	1011821	106634	848956	24733
	军营	21	10270	1100	7724	136
	老年活动场所	129	117684	10587	89100	1454
	其他	177	191823	37615	182233	10340
	乡村	1270	1538375	105678	1003948	27445
	校园	1198	2399630	146061	2086747	33499

续表

城市	分布地点	场地数量 （个）	占地面积 （平方米）	建筑面积 （平方米）	场地面积 （平方米）	投资金额 （万元）
天津	宾馆饭店	51	14713	6813	9130	2568
	厂矿	210	71734	11061	55482	944
	公园	54	128228	2163	96617	2970
	广场	19	70546	—	70396	1231
	企事业单位	506	110996	26747	88177	2720
	居住小区	659	312709	9467	294931	6663
	军营	3	366	—	366	8
	老年活动场所	63	28282	2954	25862	634
	其他	98	112078	9384	104194	2401
	乡村	550	543813	17735	478885	4124
	校园	1219	2476495	18342	1980588	12980
上海	宾馆饭店	170	93454	30225	65193	21601
	厂矿	317	192751	12557	156522	3305
	公园	49	95174	856	46908	1176
	广场	23	71137	—	30747	1696
	企事业单位	365	72218	26298	53057	4382
	居住小区	3933	1727669	45248	1001445	38615
	军营	2	390	—	350	8
上海	老年活动场所	182	58632	4756	34869	1527
	其他	254	598109	33435	353894	16771
	乡村	1290	683037	18235	431113	11347
	校园	1389	1992672	98933	1604909	54396

资料来源：《第五次全国体育场地普查数据汇编》，2006 年，国家体育总局档案馆藏。

　　通过对表 2-20 至表 2-23 的数据整理得出表 2-24。在表 2-24 中选取场地面积指标来分析群众体育场地、全民健身中心、体育公园、全民健身基地以及其他群众体育场地在北京、天津以及上海的建设状况，以图 2-20 来说明。通过图 2-20 我们可以看出，政府命名的五种体育场地（群众体育场地、全民健身中心、体育公园、全民健身基地以及其他群众体育场地）的场地面积降序排列前两位是群众体育场地和全民健身基地的城市为北京和上海，天津降序排列前两位的则是群众体育场地和全民健身中心；此外，体育公园在北京的排序为第三位。由此可以看出，政府命名的体育场地就是代表着国家对体育场地的建设布局，国家所建设的体育场地首先放在群众体育场地的建设，其次是全民健身基地和全民健身中心。这一点从图 2-21 体育场地投入状况也可以看出，在 3 个城市中投入到群众体育场地的建设资金最多。

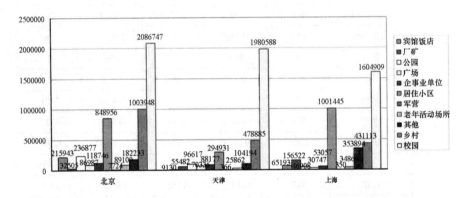

图 2-18　非标准体育场地在东部 3 个城市分布的场地面积状况　单位：平方米

资料来源：《第五次全国体育场地普查数据汇编》，2006 年，国家体育总局档案馆藏。

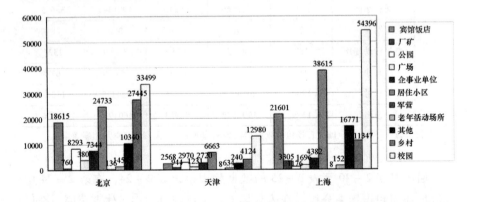

图 2-19　非标准体育场地在东部 3 个城市建设投入状况　单位：万元

资料来源：《第五次全国体育场地普查数据汇编》，2006 年，国家体育总局档案馆藏。

表 2 - 20 　　　2009 年我国东部地区 3 个城市政府命名体育场地
规模投入状况

城市	政府命名场地类别	规模			投入（万元）					
		数量（个）	占地面积（平方米）	场地面积（平方米）	中央	省级	地级	县级	其他	合计
北京	群众体育场地	1552	3376480	1058000	—	500	19210	335	—	20045
	全民健身中心	—	—	—	—	—	—	—	—	—
	体育公园	1	1868480	38000	—	500	7500	—	—	8000
	全民健身基地	1551	1508000	1020000	—	—	11710	335	—	12045
	其他群众体育场地	—	—	—	—	—	—	—	—	—
天津	群众体育场地	200	451180	236030	120	90	2010	2500	—	4720
	全民健身中心	—	—	—	—	—	—	—	—	—
	体育公园	4	79980	34980	—	10	1010	—	—	1020
	全民健身基地	185	370000	200000	120	80	1000	2500	—	3700
	其他群众体育场地	11	1200	1050	—	—	—	—	—	—
上海	群众体育场地	6355	8984663	4062642	750	31144	32945	199	—	65038
	全民健身中心	8	348640	53000	250	205	4000	45	—	4500
	体育公园	2	380000	10000	—	70	10	—	—	80
	全民健身基地	4889	4533260	3026034	500	19309	12696	144	—	32649
	其他群众体育场地	1456	3722763	973608	—	11560	16239	10	—	27809

资料来源：国家体育总局：《2009 年中国体育事业统计年鉴》，中国体育年鉴出版社 2010 年版，第 89—91 页。

表 2 - 21 　　　2010 年我国东部地区 3 个城市政府命名体育场地
规模投入状况

城市	政府命名场地类别	规模			投入（万元）					
		数量（个）	占地面积（平方米）	场地面积（平方米）	中央	省级	地级	县级	其他	合计
北京	群众体育场地	2	1872980	41837	—	500	7895	—	—	8395
	全民健身中心	—	—	—	—	—	—	—	—	—
	体育公园	2	1872980	41837	—	500	7895	—	—	8395
	全民健身基地	—	—	—	—	—	—	—	—	—
	其他群众体育场地	—	—	—	—	—	—	—	—	—

续表

城市	政府命名场地类别	规模			投入（万元）					
		数量（个）	占地面积（平方米）	场地面积（平方米）	中央	省级	地级	县级	其他	合计
天津	群众体育场地	388	160460	2392180	240	192	3500	5036	—	8968
	全民健身中心	193	43240	2156000	120	96	1490	2518	—	4224
	体育公园	4	79980	34980	—	10	1010	—	—	1020
	全民健身基地	191	37240	201200	120	86	1000	2518	—	3724
	其他群众体育场地	—	—	—	—	—	—	—	—	—
上海	群众体育场地	88	172470	60232		349	972			1321
	全民健身中心	—	—	—		—	—			—
	体育公园	—	—	—		—	—			—
	全民健身基地	4	7500	6642		174	87			261
	其他群众体育场地	84	164970	53590		175	885			1060

资料来源：国家体育总局：《2010年中国体育事业统计年鉴》，中国体育年鉴出版社2011年版，第84—89页。

表2-22　　　　2011年我国东部地区3个城市政府命名体育场地规模投入状况

城市	政府命名场地类别	规模			投入（万元）					
		数量（个）	占地面积（平方米）	场地面积（平方米）	中央	省级	地级	县级	其他	合计
北京	群众体育场地	2	1872480	41000	—	500	7900	—	—	8400
	全民健身中心	2	1872480	41000	—	500	7900	—	—	8400
	体育公园	2	1872480	41000	—	500	7900	—	—	8400
	全民健身基地	—	—	—	—	—	—	—	—	—
	其他群众体育场地	—	—	—	—	—	—	—	—	—
天津	群众体育场地	398	258834	3346890	340	5075	10957	27728	—	44100
	全民健身中心	8	93620	48320	—	73	560	30	—	663
	体育公园	8	93620	48320	—	73	560	30	—	663
	全民健身基地	192	45340	209008	120	106	1000	2518	—	3744
	其他群众体育场地	—	—	—	—	—	—	—	—	—

城市	政府命名场地类别	规模			投入（万元）					
		数量（个）	占地面积（平方米）	场地面积（平方米）	中央	省级	地级	县级	其他	合计
上海	群众体育场地	90	131589	93984	—	81641	81994	1000	—	164635
	全民健身中心	1	24000	—	—	—	—	—	—	—
	体育公园	1	24000	—	—	—	—	—	—	—
	全民健身基地	46	49740	43980	—	—	300	—	—	300
	其他群众体育场地	36	49209	42804	—	81641	81641	1000	—	164285

资料来源：国家体育总局：《2011年中国体育事业统计年鉴》，中国体育年鉴出版社2012年版，第88—91页。

表2-23　　2012年我国东部地区3个城市政府命名体育场地规模投入状况

城市	政府命名场地类别	规模			投入（万元）					
		数量（个）	占地面积（平方米）	场地面积（平方米）	中央	省级	地级	县级	其他	合计
北京	群众体育场地	106	104473	86151	50	347	2578	25	6696	9696
	全民健身中心	4	25100	18000	50	—	910	—	5829	6789
	体育公园	2	9000	8171	—	100	500	—	—	600
	全民健身基地	—	—	—	—	—	—	—	—	—
	其他群众体育场地	91	45063	35050	—	247	1008	25	518	1798
天津	群众体育场地	9	136383	56433	—	119	9480	—	—	9599
	全民健身中心	2	24400	11640	—	—	7000	—	—	7000
	体育公园	—	—	—	—	—	—	—	—	—
	全民健身基地	—	—	—	—	—	—	—	—	—
	其他群众体育场地	—	—	—	—	—	—	—	—	—
上海	群众体育场地	—	—	—	—	—	—	—	—	—
	全民健身中心	—	—	—	—	—	—	—	—	—
	体育公园	—	—	—	—	—	—	—	—	—
	全民健身基地	—	—	—	—	—	—	—	—	—
	其他群众体育场地	—	—	—	—	—	—	—	—	—

资料来源：国家体育总局：《2012年中国体育事业统计年鉴》，中国体育年鉴出版社2013年版，第87—91页。

表 2 - 24　　2009—2012 年我国东部地区 3 个城市政府命名体育场地
规模投入状况

城市	政府命名场地类别	规模			投入（万元）					
		数量（个）	占地面积（平方米）	场地面积（平方米）	中央	省级	地级	县级	其他	合计
北京	群众体育场地	1662	7226413	1226988	50	1847	37583	360	6696	46536
	全民健身中心	6	1897580	59000	50	500	8810	—	5829	15189
	体育公园	7	5622940	129008	—	1600	23795	—	—	25395
	全民健身基地	1551	1508000	1020000	—	—	11710	335	—	12045
	其他群众体育场地	91	45063	35050	—	247	1008	25	518	1798
天津	群众体育场地	995	1006857	6031533	700	5476	25947	35264	—	67387
	全民健身中心	203	161260	2215960	120	169	9050	2548	—	11887
	体育公园	16	253580	118280	—	93	2580	30	—	2703
	全民健身基地	568	452580	610208	360	272	3000	7536	—	11168
	其他群众体育场地	11	1200	1050	—	—	—	—	—	—
上海	群众体育场地	6533	9288722	4216858	750	113134	115911	1199	—	230994
	全民健身中心	9	372640	53000	250	205	4000	45	—	4500
	体育公园	3	404000	10000	—	70	10	—	—	80
	全民健身基地	4939	4590500	3076656	500	19483	13083	144	—	33210
	其他群众体育场地	1576	3936942	1070002	—	93376	98765	1010	—	193154

资料来源：国家体育总局：《2009 年中国体育事业统计年鉴》，中国体育年鉴出版社 2010 年版，第 89—91 页；国家体育总局：《2010 年中国体育事业统计年鉴》，中国体育年鉴出版社 2011 年版，第 84—89 页；国家体育总局：《2011 年中国体育事业统计年鉴》，中国体育年鉴出版社 2012 年版，第 88—91 页；国家体育总局：《2012 年中国体育事业统计年鉴》，中国体育年鉴出版社 2013 年版，第 87—91 页。

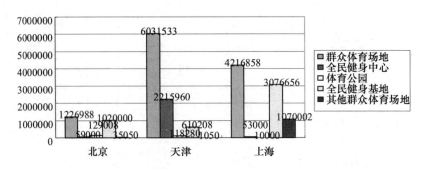

图 2 - 20　我国东部地区 3 个城市政府命名体育场地的场地面积
建设规模状况　单位：平方米

注：根据表 2 - 24 整理得出。

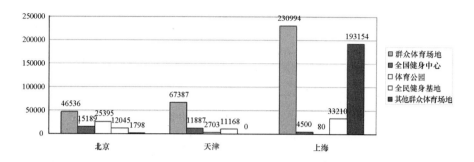

图 2 – 21　我国东部地区 3 个城市政府命名体育场地投入状况　单位：万元

注：根据表 2 – 24 整理得出。

通过对表 2 – 25 至表 2 – 28 的计算与整理得出表 2 – 29，表 2 – 29 可以反映出 2009—2012 年我国东部地区 3 个城市政府援建体育场地的建设规模和投入状况。从图 2 – 22 可以看出，在北京、天津、上海 3 个城市，政府援建体育场地的场地面积降序排列前两位是地级和省级，天津的县级体育场地也占有较小的比例（占 6.65%）。再从图 2 – 23 中显示的信息来看，政府援建体育场地的投入建设资金降序排列前两位依然是地级和省级，仅是上海省级体育场地建设资金投入的比例稍低一些（占 1.13%）。这说明政府援建体育场地的场地面积与其建设资金投入是一致的；另外，政府援建体育场地的重点在于地级和省级。

表 2 – 25　　　　2009 年我国东部地区 3 个城市政府援建体育场地
规模投入状况

城市	援建场地类别	规模			投入（万元）
		数量（个）	占地面积（平方米）	场地面积（平方米）	
北京	国家级	—	—	—	—
	省级	1014	121280	115280	1117
	地级	1100	808603	387998	4155
	县级	—	—	—	—

续表

城市	援建场地类别	规模			投入（万元）
		数量（个）	占地面积（平方米）	场地面积（平方米）	
天津	国家级	—	—	—	—
	省级	—	—	—	—
	地级	194	96000	69300	419
	县级	97	24000	24000	90
上海	国家级	—	—	—	—
	省级	—	—	—	—
	地级	550	218880	71568	1772
	县级	—	—	—	—

资料来源：国家体育总局：《2009 年中国体育事业统计年鉴》，中国体育年鉴出版社 2010 年版，第 89—91 页。

表 2 - 26   **2010 年我国东部地区 3 个城市政府援建体育场地规模投入状况**

城市	援建场地类别	规模			投入（万元）
		数量（个）	占地面积（平方米）	场地面积（平方米）	
北京	国家级	—	—	—	—
	省级	374	228960	163160	1317
	地级	1022	465267	248942	3818
	县级	—	—	—	—
天津	国家级	—	—	—	—
	省级	10	1700	1450	8
	地级	2638	250344	480654	2407
	县级	—	—	—	—
上海	国家级	—	—	—	—
	省级	—	—	—	—
	地级	696	183640	130677	3261
	县级	—	—	—	—

资料来源：国家体育总局：《2010 年中国体育事业统计年鉴》，中国体育年鉴出版社 2011 年版，第 84—89 页。

表 2 - 27　　　　2011 年我国东部地区 3 个城市政府援建体育场地
规模投入状况

城市	援建场地类别	规模			投入（万元）
		数量（个）	占地面积（平方米）	场地面积（平方米）	
北京	国家级	—	—	—	—
	省级	310	129500	110075	860
	地级	1040	462462	249741	2050
	县级	—	—	—	—
天津	国家级	—	—	—	—
	省级	—	—	—	—
	地级	1787	484800	462520	3576
	县级	16	—	—	16
上海	国家级	—	—	—	—
	省级	6	1900	1580	139
	地级	609	114600	385844	3888
	县级	—	—	—	—

资料来源：国家体育总局：《2011 年中国体育事业统计年鉴》，中国体育年鉴出版社 2012 年版，第 88—91 页。

表 2 - 28　　　　2012 年我国东部地区 3 个城市政府援建体育场地
规模投入状况

城市	援建场地类别	规模			投入（万元）
		数量（个）	占地面积（平方米）	场地面积（平方米）	
北京	国家级	—	—	—	—
	省级	—	—	—	—
	地级	260	98800	86242	1420
	县级	—	—	—	—
天津	国家级	—	—	—	—
	省级	1621	—	1040420	9917
	地级	69	41150	49140	7084
	县级	127	140000	125950	1176

续表

城市	援建场地 类别	规模			投入（万元）
		数量（个）	占地面积 （平方米）	场地面积 （平方米）	
上海	国家级	—	—	—	—
	省级	—	—	—	—
	地级	696	186430	131287	3252
	县级	—	—	—	—

资料来源：国家体育总局：《2012 年中国体育事业统计年鉴》，中国体育年鉴出版社 2013 年版，第 87—91 页。

表 2 – 29   2009—2012 年我国东部地区 3 个城市政府援建体育场地
规模投入状况

城市	援建场地 类别	规模			投入（万元）
		数量（个）	占地面积 （平方米）	场地面积 （平方米）	
北京	国家级	—	—	—	—
	省级	1698	479740	388515	3294
	地级	3422	1835132	972923	11443
	县级	—	—	—	—
天津	国家级	—	—	—	—
	省级	1631	1700	1041870	9925
	地级	4688	872294	1061614	13486
	县级	240	164000	149950	1282
上海	国家级	—	—	—	—
	省级	6	1900	1580	139
	地级	2551	703550	719376	12173
	县级	—	—	—	—

资料来源：国家体育总局：《2009 年中国体育事业统计年鉴》，中国体育年鉴出版社 2010 年版，第 89—91 页；国家体育总局：《2010 年中国体育事业统计年鉴》，中国体育年鉴出版社 2011 年版，第 84—89 页；国家体育总局：《2011 年中国体育事业统计年鉴》，中国体育年鉴出版社 2012 年版，第 88—91 页；国家体育总局：《2012 年中国体育事业统计年鉴》，中国体育年鉴出版社 2013 年版，第 87—91 页。

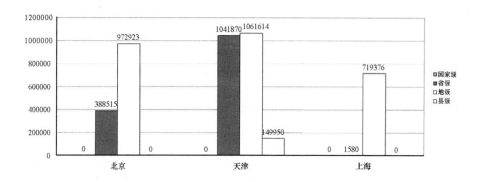

图 2-22 我国东部地区 3 个城市政府援建体育场地面积状况 单位：平方米

注：根据表 2-29 整理得出。

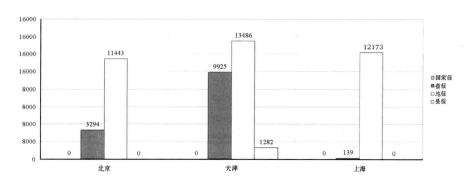

图 2-23 我国东部地区 3 个城市政府援建体育场地投入状况 单位：万元

注：根据表 2-29 整理得出。

（二）小结

第一，从标准体育场地规模及投资状况来看，东部 3 个城市标准体育场地建设状况比较侧重于区县级和市级的，省级和国家级的相对较少；北京和上海对于省级和国家级体育设施建设也是相对比较重视的。

第二，东部 3 个城市非标准体育场地属于体育系统的很少，绝大部分隶属于教育系统和其他系统，其中六成以上是属于其他系统的。然而，教育系统和其他系统的体育场地一般情况下是以健身与休闲娱乐为主的，由统计数据可以推断出，非标准体育场地的建设是以大众体育为归宿的。

第三，以"场地面积"指标来观测，东部 3 个城市非标准体育场地分布数量最多的 3 个地点为校园、居住小区、乡村，分布数量最少的地点均为军营。从"建设投资"指标观测，东部 3 个城市非标准体育场地分布数量最多的是校园、居住小区、乡村、宾馆饭店，在军营的建设资金投入最少。

第四，通过政府命名的五种体育场地（群众体育场地、全民健身中心、体育公园、全民健身基地以及其他群众体育场地）在东部 3 个城市的建设来看，国家所建设的体育场地首先放在群众体育场地的建设，其次是全民健身基地和全民健身中心。同时，投入到群众体育场地的建设资金也是最多的。

第五，在东部 3 个城市中政府援建体育场地的建设规模和投入状况反映出，政府援建体育场地的重点是地级和省级体育场地。

第三节　基于《体育事业统计年鉴》的我国体育场地状况分析

一　我国体育场地经营收支结余的分析

从经济学角度看，我国的体育场地可以称为"国有资产"，资产本身具有经营的经济属性。因此，经营性是我国体育场地的经济属性。[①]体育场地的经营性收支结余是其经营收入与经营支出之差。体育场地经营收支结余常常作为衡量体育场地经营状况的重要指标。经营性收支结余可以按照国家有关规定弥补以前年度经营亏损，其余部分并入事业单位结余。

从表 2 - 30 可以看出，除去 2008 年我国举办奥运会，体育场地经营的收入与支出存在一定特殊性外，2006—2010 年期间，体育场地经营收支结余处于逐年上升的态势，由 2006 年的 - 5268 万元负增长升高到 2010 年的 6481.3 万元正增长。由此可见，近五年我国体育场地的经营状况是逐年盈利的，尤其是 2009 年和 2010 年，我国地方体育场地经营状况稍好一些（详见表 2 - 31）。

---

① 刘利、闵健：《国有体育场馆公益性与经营性关系分析》，《成都体育学院学报》2005 年第 3 期。

表 2 - 30　　　　　　　　**我国体育场地经营收支结余状况**　　　　单位：万元

年份	体育场地经营收入	体育场地经营支出	体育场地经营收支结余
2006	8815	14083	- 5268
2007	14724	13489	1235
2008	16026	22818	- 6792
2009	26767.8	22605.3	4162.5
2010	37735.3	31254.0	6481.3

　　资料来源：国家体育总局：《2006年中国体育事业统计年鉴》，中国体育年鉴出版社2007年版，第89—91页；国家体育总局：《2007年中国体育事业统计年鉴》，中国体育年鉴出版社2008年版，第84—89页；国家体育总局：《2008年中国体育事业统计年鉴》，中国体育年鉴出版社2009年版，第88—91页；国家体育总局：《2009年中国体育事业统计年鉴》，中国体育年鉴出版社2010年版，第87—91页；国家体育总局：《2010年中国体育事业统计年鉴》，中国体育年鉴出版社2011年版，第8—91页。

表 2 - 31　　　**我国国家直属与地方体育场地经营收支结余状况**　　　单位：万元

类别	体育场地经营收入		体育场地经营支出		体育场地经营收支结余	
	2009 年	2010 年	2009 年	2010 年	2009 年	2010 年
国家直属	6129.1	10706.9	5200.0	8715.0	929.1	1991.9
地方	20638.7	27028.4	17405.3	22539.0	3233.4	4489.4

　　资料来源：国家体育总局：《2006年中国体育事业统计年鉴》，中国体育年鉴出版社2007年版，第89—91页；国家体育总局：《2007年中国体育事业统计年鉴》，中国体育年鉴出版社2008年版，第84—89页；国家体育总局：《2008年中国体育事业统计年鉴》，中国体育年鉴出版社2009年版，第88—91页；国家体育总局：《2009年中国体育事业统计年鉴》，中国体育年鉴出版社2010年版，第87—91页；国家体育总局：《2010年中国体育事业统计年鉴》，中国体育年鉴出版社2011年版，第88—91页。

表 2 - 32　　　　　　**我国省区市体育场地经营收支结余情况**　　　　单位：万元

序号	省区市	2009 年	2010 年	2009 年与 2010 年平均值	排名
1	北京	- 67.9	- 60.5	- 64.2	23
2	天津	1.0	—	0.5	19
3	河北	- 10.9	16.4	2.75	15
4	山西	—	1.6	0.8	18
5	内蒙古	- 421.0	- 415.7	- 418.35	25
6	辽宁	—	—	—	—

续表

序号	省区市	2009 年	2010 年	2009 年与 2010 年平均值	排名
7	吉林	62.0	—	31.0	10
8	黑龙江	—	172.0	86	7
9	上海	−1436.4	−1849.0	−1642.7	26
10	江苏	157.6	87.0	122.3	6
11	浙江	—	2.0	1.0	16
12	安徽	2.0	249.0	125.5	5
13	福建	−96.0	740.3	322.15	3
14	江西	−13.0	−2.0	−7.5	22
15	山东	−1.0	—	−0.5	20
16	河南	−435.9	−378.2	−407.05	24
17	湖北	195.5	265.0	230.25	4
18	湖南	16.7	3.2	9.95	14
19	广东	4454.6	2044.6	3249.6	1
20	广西	39.7	61.1	50.4	9
21	海南	—	—	—	—
22	重庆	49.3	7.4	28.35	11
23	四川	93.5	67.2	80.35	8
24	贵州	0.8	40.3	20.55	12
25	云南	—	−11.7	−5.85	21
26	西藏	—	—	—	—
27	陕西	17.0	1017.0	517	2
28	甘肃	—	—	—	—
29	青海	—	—	—	—
30	宁夏	2.0	—	1.0	16
31	新疆	—	34.0	17.0	13

资料来源：国家体育总局：《2006 年中国体育事业统计年鉴》，中国体育年鉴出版社 2007 年版，第 89—91 页；国家体育总局：《2007 年中国体育事业统计年鉴》，中国体育年鉴出版社 2008 年版，第 84—89 页；国家体育总局：《2008 年中国体育事业统计年鉴》，中国体育年鉴出版社 2009 年版，第 88—91 页；国家体育总局：《2009 年中国体育事业统计年鉴》，中国体育年鉴出版社 2010 年版，第 87—91 页；国家体育总局：《2010 年中国体育事业统计年鉴》，中国体育年鉴出版社 2011 年版，第 88—91 页。

通过表 2 - 32 对我国省区市体育场地经营收支结余情况统计得出，2009 年和 2010 年平均值排序前 10 名的省区市是：广东、陕西、福建、湖北、安徽、江苏、黑龙江、四川、广西、吉林，尤其是广东省以经营收支结余 3249.6 万元高居榜首。2009 年和 2010 年平均值排序倒数前 5 名的省区市是：上海、内蒙古、河南、北京、江西。广东与上海迥然不同的状况令人深思。

二　我国体育场地开放率的分析

体育事业是社会主义公益事业，是文化建设的重要组成部分，公共体育设施既是构建公共体育服务体系，也是构建公共文化服务体系的重要组成部分，是提供公共体育服务、满足人民体育需求的重要公共产品，其根本属性是公益性。[①] 在《现代汉语词典》中，"公益"被解释为"公共的利益（多指卫生、文化、救济等群众福利事业）"。在不同社会制度下，公益对于社会个体彰显出具有普适意义的人文关怀，不受管理模式的约束，使社会个体具有享受均等、公平待遇或服务的权利。公共体育设施的公益性就是体育设施对于公民健身利益（需求）的体现，公民对于自身健康的诉求理所应当通过公共利益载体之一———公共体育设施来得以实现，在社会体系的理想状态下，这种供需关系的存在应该是自然的、合乎逻辑的。开放性也是体育场地的一个属性，体育场地要实现公共服务功能的前提条件是体育场地必须对公众开放，所以，可以理解为体育场地体现其公益性的必要条件是体育场地的开放性。

从表 2 - 33 可以看出，2009—2010 年我国体育场地的开放率较 2008 年奥运会前三年（2008 年 53.68%、2007 年 67.97%、2006 年 53.72%）[②] 的平均水平（58.46%）是非常高的，均值已经达到 90% 以上，这体现了我国目前体育场地的开放率是很高的，这在一定程度体现了体育场地广泛的公益性。但是，2010 年的开放率比 2009 年略低，这一点从表 2 - 34 的

---

① 《大型体育场地运营要始终坚持公益性》，《中国体育报》2011 年 11 月 1 日第 4 版。

② 国家体育总局：《2006 年中国体育事业统计年鉴》，中国体育年鉴出版社 2007 年版，第 89—91 页；国家体育总局：《2007 年中国体育事业统计年鉴》，中国体育年鉴出版社 2008 年版，第 84—89 页；国家体育总局：《2008 年中国体育事业统计年鉴》，中国体育年鉴出版社 2009 年版，第 88—91 页；国家体育总局：《2009 年中国体育事业统计年鉴》，中国体育年鉴出版社 2010 年版，第 87—91 页；国家体育总局：《2010 年中国体育事业统计年鉴》，中国体育年鉴出版社 2011 年版，第 88—91 页。

统计结果可以验证,因为体育俱乐部办培训班与组织活动是需要体育场地作为硬件支撑的,开放率的降低必然导致办班或活动次数的减少,它们之间是相互制约的。此外,从表 2 - 35 可以看出,用于全民健身的新建体育场地所占的比例是较高的,这一百分比值由 2009 年的 78.12% 上升为2010 年的 85.81%,可见,我国新建体育场地用途的全民健身倾向性集中地反映出体育场地为民健身服务的公益性。从中可以推断出,表 2 - 33 中开放率处于较高水平的新建或改(扩)建体育场地主要是指为全民健身服务的新建体育场地。

表 2 - 33   我国新建、改(扩)建体育场地开放率状况

年份	部分开放(个)	全天开放(个)	不开放(个)	合计(个)	开放率(%)
2009	41	1040	99	1180	91.61
2010	34	1315	145	1494	90.29

资料来源:国家体育总局:《2006 年中国体育事业统计年鉴》,中国体育年鉴出版社 2007 年版,第 89—91 页;国家体育总局:《2007 年中国体育事业统计年鉴》,中国体育年鉴出版社 2008 年版,第 84—89 页;国家体育总局:《2008 年中国体育事业统计年鉴》,中国体育年鉴出版社 2009 年版,第 88—91 页;国家体育总局:《2009 年中国体育事业统计年鉴》,中国体育年鉴出版社 2010 年版,第 87—91 页;国家体育总局:《2010 年中国体育事业统计年鉴》,中国体育年鉴出版社 2011 年版,第 88—91 页。

表 2 - 34   我国体育俱乐部办培训班与组织活动的次数统计状况

年份	青少年体育俱乐部办培训班与组织活动次数	社区健康俱乐部办培训班与组织活动次数	其他体育俱乐部办培训班与组织活动次数	合计
2009	35214	66826	55174	314428
2010	36425	68756	30392	271146

资料来源:国家体育总局:《2006 年中国体育事业统计年鉴》,中国体育年鉴出版社 2007 年版,第 89—91 页;国家体育总局:《2007 年中国体育事业统计年鉴》,中国体育年鉴出版社 2008 年版,第 84—89 页;国家体育总局:《2008 年中国体育事业统计年鉴》,中国体育年鉴出版社 2009 年版,第 88—91 页;国家体育总局:《2009 年中国体育事业统计年鉴》,中国体育年鉴出版社 2010 年版,第 87—91 页;国家体育总局:《2010 年中国体育事业统计年鉴》,中国体育年鉴出版社 2011 年版,第 88—91 页。

表 2 - 35　　　　　　　　我国新建体育场地用途状况　　　　（单位：个）

年份	训练竞赛	全民健身	教学	综合	合计	全民健身所占比例（%）
2009	50	864	29	163	1106	78.12
2010	52	1215	18	131	1416	85.81

资料来源：国家体育总局：《2006 年中国体育事业统计年鉴》，中国体育年鉴出版社 2007 年版，第 89—91 页；国家体育总局：《2007 年中国体育事业统计年鉴》，中国体育年鉴出版社 2008 年版，第 84—89 页；国家体育总局：《2008 年中国体育事业统计年鉴》，中国体育年鉴出版社 2009 年版，第 88—91 页；国家体育总局：《2009 年中国体育事业统计年鉴》，中国体育年鉴出版社 2010 年版，第 87—91 页；国家体育总局：《2010 年中国体育事业统计年鉴》，中国体育年鉴出版社 2011 年版，第 88—91 页。

三　我国体育场地晨晚练状况的分析

构建覆盖城乡的公共体育服务体系已经成为"十二五"期间我国群众体育发展的重要战略目标。构建完善的公共体育服务体系就是实现全民健身"三边"（即身边的场地、身边的组织、身边的活动）工程的要求。围绕构建全民健身公共服务体系的目标，坚持政府主导，加强基层体育基础设施建设，完善全民健身组织网络，深入开展群众性体育活动，让更多群众享有基本公共体育服务。[1]

从表 2 - 36 的数据可以看到，2009 年到 2010 年发展的乡镇和街道晨晚练站（点）和站（点）每天活动的人数都有大幅提高，涨幅分别为17.25% 和 430.90%，尤其是站（点）每天活动的人数涨幅最为突出。2010 年乡镇晨练站（点）每天活动的人数所占的比例达到 87.63%。这与 2010 年我国新建体育场地分布在乡镇的比例偏低（仅为 1.2%）有着直接的关联。据文献研究，晨晚练站（点）的锻炼群体主要是离退休人员，所占比例为 71.79%，这一群体的老年人从事早锻炼的居多。[2] 在乡镇体育场地数量不足的状况下，这部分人群的锻炼场所就会转向锻炼条件稍差的晨晚练站（点）。这一现状暴露出乡镇体育场地短缺的问题。同时，各站（点）配置的社会体育指导员总人数 2010 年涨幅达到 127.28%。这主要

---

① 《刘鹏局长在全国体育局长会议上的讲话》，http：//www.sport.gov.cn/n16/n1077/n1392/n2590312/n2590332/2635182.html。

② 钟天朗、陈立方、王小敏：《上海公共体育场（馆）提供公益性体育服务的现状及对策研究》，《中国体育科技》2010 年第 1 期。

与公益性社会指导员培训工作开展的到位是密不可分的，2010 年培训人数达 246159 人，涨幅达 8.52%（详见表 2 - 37）。另外通过表 2 - 38 的统计结果发现，2010 年相比 2009 年我国体育俱乐部组织活动的次数有所上升，但是，所参与的人数却有所下降，这主要是由于参与社区健康俱乐部组织活动人数下降引起的，其降幅达 37.51%。此外，2010 年参加社区健康俱乐部组织活动人数下降与当年晨晚练站（点）每天活动人数的增加，尤其是乡镇晨晚练站（点）每天活动人数增加的状况（详见表 2 - 36）形成了锻炼人群由社区俱乐部向晨晚练站（点）转移的现象，这种现象说明社区健康俱乐部所举办的活动不太适合居民健身的意愿，社区居民更愿意去身边的晨晚练站（点）进行健身活动。因此，加强社区中小型体育设施合理科学的建设布局迫在眉睫。

表 2 - 36　　　　　我国晨晚练基本情况

年份	本年度发展的站（点）数			站（点）每天相对稳定的活动人数			各站（点）配置的社会体育指导员总人数
	街道	乡镇	合计	街道	乡镇	合计	
2009	19791	26265	46056	7716530	5894864	13611394	370886
2010	31499	22501	54000	8940372	63322825	72263197	842954

资料来源：国家体育总局：《2006 年中国体育事业统计年鉴》，中国体育年鉴出版社 2007 年版，第 89—91 页；国家体育总局：《2007 年中国体育事业统计年鉴》，中国体育年鉴出版社 2008 年版，第 84—89 页；国家体育总局：《2008 年中国体育事业统计年鉴》，中国体育年鉴出版社 2009 年版，第 88—91 页；国家体育总局：《2009 年中国体育事业统计年鉴》，中国体育年鉴出版社 2010 年版，第 87—91 页；国家体育总局：《2010 年中国体育事业统计年鉴》，中国体育年鉴出版社 2011 年版，第 88—91 页。

表 2 - 37　　　　　我国公益性社会指导员基本情况

年份	公益性社会指导员本年度认证人数	公益性社会指导员本年度培训人数
2009	1635	226843
2010	5168	246159

资料来源：国家体育总局：《2009 年中国体育事业统计年鉴》，中国体育年鉴出版社 2010 年版，第 87—91 页；国家体育总局：《2010 年中国体育事业统计年鉴》，中国体育年鉴出版社 2011 年版，第 88—91 页。

表 2 - 38　　　　我国体育俱乐部组织活动的次数与参与人数统计状况

年份	青少年体育俱乐部组织活动		社区健康俱乐部组织活动		其他体育俱乐部组织活动		合计	
	次数	人数	次数	人数	次数	人数	次数	人数
2009	23109	21529713	54196	11982867	17335	1976302	94640	35488882
2010	22130	16053526	55786	7488087	20281	4007539	98197	27549152

　　资料来源：国家体育总局：《2009 年中国体育事业统计年鉴》，中国体育年鉴出版社 2010 年版，第 87—91 页；国家体育总局：《2010 年中国体育事业统计年鉴》，中国体育年鉴出版社 2011 年版，第 88—91 页。

四　我国体育场地投资状况分析

　　体彩公益金是我国体育事业年收入的重要渠道之一。据统计，2009 年和 2010 年体彩公益金占年体育事业收入总额的比例分别为 56.91% 和 53.20%。[①] 体彩公益金主要用于体育场、群众体育以及竞技体育三个方面。其中，用于体育场方面包括修建训练场地和添置训练竞赛器材；用于群众体育方面包括全民健身路径工程、农民体育健身工程、雪炭工程、全民健身中心、全民健身基地、社区俱乐部建设、青少年俱乐部建设、学校场馆向社会开放补贴、社会体育指导员培训管理；用于竞技体育方面包括国际大型运动会、国内大型运动会、研制购进辅助设施、改善训练生活条件等。

表 2 - 39　　　　　　我国改（扩）建体育场地投资金额状况　　　　　单位：万元

项目	2009 年		2010 年	
	原有	改（扩）建	原有	改（扩）建
财政拨款	11736	1268933	11478	12430
体彩公益金	666523	5257	2425	2406
社会捐助	90	10	720	3
其他	1066	433	3441	1040

　　资料来源：国家体育总局：《2009 年中国体育事业统计年鉴》，中国体育年鉴出版社 2010 年版，第 87—91 页；国家体育总局：《2010 年中国体育事业统计年鉴》，中国体育年鉴出版社 2011 年版，第 88—91 页。

---

　　① 国家体育总局：《2009 年中国体育事业统计年鉴》，中国体育年鉴出版社 2010 年版，第 87—91 页；国家体育总局：《2010 年中国体育事业统计年鉴》，中国体育年鉴出版社 2011 年版，第 88—91 页。

从表 2-39 发现，2009 年与 2010 年相比，改（扩）建体育场地在财政拨款和体彩公益金两项投资来源上，2009 年的变化起伏比较明显，即：财政拨款由原来的 11736 万元大幅度提高到改（扩）建的 1268933 万元；体彩公益金却由原来的 666523 万元急剧下降到改（扩）建的 5257 万元。[①] 这种变化直接表明，2009 年用于改（扩）建体育场地的经费主要来自于财政拨款（占投资总额的 99.55%），体彩公益金的划拨力度则显不足（仅占投资总额的 0.41%）。[②] 两项投资成分的比例严重失衡，在一定程度上反映出改（扩）建体育场地的自身造血能力不足，自身的经营能力欠缺，这类体育场地在改（扩）建过程中需要政府部门的扶持，因为 2009 年用于新建体育场地两项投资成分的比例（财政拨款所占比例为 11.62%，体彩公益金所占比例为 6.07%）[③] 验证了这一点；同时，体彩公益金使用环节所表现出来的准财政性特征，偏离了体彩公益金"取之于民，用之于民"的本质。值得一提的是，2010 年体彩公益金用于新建与改（扩）建体育场地投资的状况有所转变，新建的比例为 2.29%，改（扩）建的比例为 15.15%。[④]

五　小结

经营性是我国体育场地的经济属性。体育场地经营收支结余是衡量体育场地经营状况的重要指标，可以反映出体育场地的经营水平。2006—2010 年期间，我国体育场地的经营状况是逐年盈利的。尤其是 2009 年和 2010 年我国地方体育场地经营状况稍好一些。2009—2010 年期间，广东省该项指标处于较高的水平。

公益性是体育场地的根本属性，目前，我国体育场地的较高开放率在一定程度上是体育场地公益性的具体表现。2009—2010 年，我国体育场地的开放率较之 2008 年奥运会前三年的平均水平（58.46%）[⑤] 是非常高的，均值已经达到 90% 以上，这体现了我国目前体育场地的开放率是很

---

① 国家体育总局：《2009 年中国体育事业统计年鉴》，中国体育年鉴出版社 2010 年版，第 87—91 页；国家体育总局：《2010 年中国体育事业统计年鉴》，中国体育年鉴出版社 2011 年版，第 88—91 页。
② 同上。
③ 同上。
④ 同上。
⑤ 同上。

高的，在一定程度体现了体育场地广泛的公益性。

构建覆盖城乡的公共体育服务体系就是实现全民健身"三边"（即身边的场地、身边的组织、身边的活动）工程的要求。2009—2010 年期间，我国乡镇和街道晨晚练站（点）和站（点）每天活动的人数都有大幅提高，尤其是站（点）每天活动的人数涨幅最为突出。这说明，锻炼人群发生由社区俱乐部向晨晚练站（点）转移的现象。因此，增加乡镇体育场地数量、加强社区中小型体育设施合理科学的建设布局迫在眉睫。

体彩公益金是我国体育事业年收入的重要渠道之一。2009 年我国改（扩）建体育场地资金来源上，体彩公益金却由原来预算的 666523 万元急剧下降到改（扩）建的 5257 万元。① 当下，体彩公益金在体育场地建设中所表现出来的准财政性特征有悖于"取之于民，用之于民"的本质诉求。

第四节　城市公共体育设施建设布局存在的问题

一　我国体育场地建设数量与规模的人均指标数值偏低

第五次全国体育场地普查数据结果中，体育场地建设数量与规模的各项指标数值总体上具有一定的说服力，相关数据进一步表明：我国体育场地建设的数量与规模逐步提高，特别是改革开放 30 多年以来，群众体育设施明显改善。但是具体落实到人均指标上，各项指标的含义则使得我国体育场地建设的现状处于劣势。例如，每万人拥有体育场地的数量仅为 6.58 个，而国外一些发达国家则可以达到 200 个以上；人均体育场面积为 1.03 平方米，而美国则可以达到 14 平方米的水平（20 世纪 90 年代中期）。② 这充分说明，当前体育设施建设的数量较少，质量不高。这种体育设施供给不足的现状与广大人民群众不断增长的对体育健身活动设施的需求形成了影响群众体育事业发展的较为突出的矛盾。

---

① 国家体育总局：《2009 年中国体育事业统计年鉴》，中国体育年鉴出版社 2010 年版，第 87—91 页；国家体育总局：《2010 年中国体育事业统计年鉴》，中国体育年鉴出版社 2011 年版，第 88—91 页。

② 马艳红、邹本旭、曹亚东等：《我国体育系统体育场地建设存在的问题与对策探析》，《沈阳体育学院学报》2006 年第 6 期。

二　我国体育场地结构不完善、体育场地建设的质量不高

第五次全国体育场地普查结果显示：建成的体育场、体育馆、游泳馆、跳水馆等大型体育场馆数量达到 5680 个，但是，仅占标准体育场地总数的 1.0%。[①] 第五次全国体育场地普查中，室外体育场地占据绝大多数，室内体育场地占的比例较小，体育场地面积远远高于体育场地建筑面积，而且在室外体育场地中是以建设成本相对较低的篮球场、排球场以及小运动场为主，其他运动项目的场地设施数量较少，造成体育设施种类之间的比例失调，很难满足人民群众多元化健身活动的体育设施需求，在一定程度上成为影响全民健身活动开展的一个重要方面。

三　我国体育场地发展区域性差异明显

经过表 2 - 40 至表 2 - 44 的统计运算，得出表 2 - 45 的结果。表 2 - 45 的数据表明，在人均占地面积、人均建筑面积、人均场地面积、人均投资金额指标方面，呈现出东部最高，中部最低，东北排第二，西部排第三的局面，这进一步说明体育场地发展在国家四大区域中存在着较大的差异，体育场地发展表现为不均衡的状态。通过表 2 - 46 可以看出，2003年我国人均 GDP 由高到低的排序是东部、东北、中部、西部。然而，表2 - 45 的数据显示，关于体育场地发展与经济发展之间相互影响方面，我国东部与东北体育场地发展状况与经济发展的发达程度一致，中部和西部的体育场地发展状况与经济发展的发达程度表现出不一致的结果，即人均GDP 水平高于西部的中部区域，其体育场地发展水平却低于西部。

四　体育场地布局不合理

我国体育场地七成以上分布在校园以及企事业单位，绝大部分体育场地设施是部分时间对外开放或是不对外开放的，例如，2003 年全国体育场地中不开放的占 58.76%[②]，这部分体育场地在节假日和平日休闲时间里一般都是闲置的，在一定程度上可以看作体育资源的严重浪费。然而，

---

① 《第五次全国体育场地普查数据汇编》，2006 年，国家体育总局档案馆藏。
② 同上。

分布在居住区和公园小区的体育场地设施分别仅占4.86%和1.31%。① 此外，城市各级全民体育健身中心所处的地理位置一般远离城区或是远离居住区，造成体育设施的可达性不高。这样，一方面，使得居民活动比较方便的居住小区或居住区附近的公园和广场中体育设施的安置率较低；另一方面，也使得广大人民群众在这种数量非常有限的体育场地条件下，不断增长的健身需求得不到满足，致使全民健身活动的开展受到影响。因此，合理布局体育场地是我国群众体育乃至构建体育公共服务体系亟待解决的问题之一。

五　标准体育场地与非标准体育场地的建设存在误区

当前，我国体育场地建设的标准与非标准体育场地的现状是：标准体育场地建设的数量高于非标准；标准体育场地范畴中的室内体育设施建设数量不足；非标准体育场地范畴中体育场地的种类过于单一。因此，以满足人民群众健身与休闲为目的的建设布局策略与方案就是符合体育事业和经济社会发展的，也是符合公共体育设施建设布局实践要求的。

六　体育场地建设投资方式仍停留在政府财政

我国体育场地的投入主体仍然是各级政府。尽管体育场地的投资方式发生了一定变化，社会力量投资方式不断介入到体育场馆的建设中，但是，体育场馆的投资总体中，民间资本和外资的成分所占的比例还是比较少，进而表现出来的投资主体依然是政府层面。

七　体育场馆的经营状况令人担忧

体育场馆的设备陈旧与损坏、参与人数少、维修及运作经费短缺、财政拨款有限、管理水平低下、经营收入少等是一直以来体育场馆所面临的一系列问题。尽管近几年国家体育总局所辖的中国体育场馆协会以及各地体育局在场馆的建设和运营方面进行了探索，并获得了一定的有益经验，但是，体育场馆面临的诸多问题依然没有得到解决。因此，在国家体育总局为首的各级政府部门的指导下，从体育场馆的组织建设、业务筹备、管理体制、运营模式以及经营产业化等方面积极开展工作。

---

① 《第五次全国体育场地普查数据汇编》，2006年，国家体育总局档案馆藏。

表 2 - 40　　　　　　　　我国体育场地现状的相关数据

序号	省区市	场地数量（个）	占地面积（平方米）	建筑面积（平方米）	场地面积（平方米）	投资金额（元）	2003 年人口数（万人）
1	北京	12106	44971279	3765641	31918550	1415477	1456
2	天津	8948	33429721	1184248	23002196	374142	1011
3	河北	39484	108353939	2890876	89452098	557716	6769
4	山西	17716	35012006	2148990	27098105	293018	3314
5	内蒙古	21094	80608870	824679	58114306	173390	2386
6	辽宁	26859	105961039	3356084	60933248	882413	4210
7	吉林	17517	75016922	1594878	39297086	325547	2704
8	黑龙江	26558	75200534	1923386	47288997	1190307	3815
9	上海	14425	38169930	2605359	29261689	1395371	1766
10	江苏	40743	88046465	4682559	69578532	1257695	7458
11	浙江	35869	85700158	3687444	68546822	1102426	4857
12	安徽	23443	48255693	1231835	37046202	357323	6163
13	福建	30002	54208473	1998623	41171062	660839	3502
14	江西	22743	26514643	1412185	22565891	196018	4254
15	山东	47362	124523169	4195216	107757289	845057	9125
16	河南	37192	73228121	2183808	50479069	432335	9667
17	湖北	33123	69242949	3665583	54040285	603946	5685
18	湖南	29338	55073282	2344281	43539424	654426	6663
19	广东	77589	627677617	13513231	152011196	2962117	8963
20	广西	43268	59411963	1137301	36272409	339544	4857
21	海南	9362	30600575	493076	21950925	168355	811
22	重庆	17351	20492835	976660	15932077	279457	2803
23	四川	44633	78741420	5274035	45163514	914083	8176
24	贵州	21531	22162139	468072	15804624	166710	3870
25	云南	40989	50284746	3923661	33800461	722821	4376
26	西藏	1057	4164637	198039	2182795	26459	272
27	陕西	19225	43808931	1108062	33227010	301397	3672
28	甘肃	21900	31610717	835506	22345537	147706	2537
29	青海	3635	5919017	96220	4555266	26840	534
30	宁夏	6943	8950144	340207	7895429	85616	580

续表

序号	省区市	场地数量（个）	占地面积（平方米）	建筑面积（平方米）	场地面积（平方米）	投资金额（元）	2003年人口数（万人）
31	新疆	20113	41143408	815802	32263333	208030	1934

资料来源：《第五次全国体育场地普查数据汇编》，2006年，国家体育总局档案馆藏；国家统计局，《2003年人口数量》，http://www.stats.gov.cn/。

表2-41　　　　　　　　我国东部区域体育场地状况

序号	省区市	人均场地数量（个/人）	人均占地面积（平方米/人）	人均建筑面积（平方米/人）	人均场地面积（平方米/人）	人均投资金额（元/人）
1	北京	0.00083	3.0887	0.2586	2.1922	972.1683
2	天津	0.00089	3.3033	0.1171	2.2752	370.0712
3	河北	0.00058	1.6007	0.0427	1.3215	82.3927
4	上海	0.00084	2.2309	0.1523	1.7103	815.5295
5	江苏	0.00055	1.1889	0.0632	0.9395	169.8211
6	浙江	0.00077	1.8312	0.0788	1.4647	235.5611
7	福建	0.00086	1.5541	1.5541	1.1804	189.4607
8	山东	0.00052	1.3646	0.0460	1.1809	92.6090
9	广东	0.00098	7.8913	0.1699	1.9111	372.4060
10	海南	0.00115	3.7732	0.0608	2.7066	207.5894
平均值		0.00080	2.7827	0.2544	1.6882	350.7609

注：根据表2-40计算得出。

表2-42　　　　　　　　我国中部区域体育场地状况

序号	省区市	人均场地数量（个/人）	人均占地面积（平方米/人）	人均建筑面积（平方米/人）	人均场地面积（平方米/人）	人均投资金额（元/人）
1	山西	0.00053	1.0565	0.0648	0.8177	88.4182
2	安徽	0.00037	0.7528	0.0192	0.5779	55.7446
3	江西	0.00053	0.6233	0.0332	0.5305	46.0785
4	河南	0.00038	0.7575	0.0226	0.5222	44.7228
5	湖北	0.00055	1.1537	0.0611	0.9004	100.6241
6	湖南	0.00044	0.8266	0.0352	0.6535	98.2179
平均值		0.00047	0.8617	0.0394	0.6670	72.3010

注：根据表2-40计算得出。

表 2 - 43   我国西部区域体育场地状况

序号	省区市	人均场地数量 （个/人）	人均占地面积 （平方米/人）	人均建筑面积 （平方米/人）	人均场地面积 （平方米/人）	人均投资金额 （元/人）
1	内蒙古	0.00088	3.3869	0.0347	2.4418	72.8529
2	广西	0.00089	1.2232	0.0234	0.7468	69.9082
3	重庆	0.00055	0.6547	0.0312	0.5090	89.2834
4	四川	0.00051	0.9051	0.0606	0.5191	105.0670
5	贵州	0.00055	0.5727	0.0121	0.4084	43.0775
6	云南	0.00094	1.1491	0.0899	0.7724	165.1785
7	西藏	0.00039	1.5425	0.0733	0.8084	97.9963
8	陕西	0.00052	1.1872	0.0300	0.9005	81.6794
9	甘肃	0.00084	1.2144	0.0321	0.8585	56.7445
10	青海	0.00068	1.1084	0.0180	0.8530	50.2622
11	宁夏	0.00120	1.5431	0.0587	1.3613	147.6138
12	新疆	0.00104	2.1274	0.0422	1.6682	107.5646
平均值		0.00075	1.3846	0.0422	0.9254	90.6024

注：根据表 2 - 40 计算得出。

表 2 - 44   我国东北区域体育场地状况

序号	省区市	人均场地数量 （个/人）	人均占地面积 （平方米/人）	人均建筑面积 （平方米/人）	人均场地面积 （平方米/人）	人均投资金额 （元/人）
1	辽宁	0.00064	2.5169	0.0797	1.4473	60.2477
2	吉林	0.00065	2.7743	0.0590	1.4533	120.3946
3	黑龙江	0.00070	1.9712	0.0504	1.2396	312.0071
平均值		0.00066	2.4208	0.0630	1.3801	164.2165

注：根据表 2 - 40 计算得出。

表 2 - 45   我国四大区域体育场地状况

指标	均值与排序	东部	中部	西部	东北
人均场地数量 （个/人）	均值	0.00080	0.00047	0.00075	0.00066
	排序	1	4	2	3

续表

指标	均值与排序	东部	中部	西部	东北
人均占地面积	均值	2.7827	0.8617	1.3846	2.4208
（平方米/人）	排序	1	4	3	2
人均建筑面积	均值	0.2544	0.0394	0.0422	0.0630
（平方米/人）	排序	1	4	3	2
人均场地面积	均值	1.6882	0.6670	0.9254	1.3801
（平方米/人）	排序	1	4	3	2
人均投资金额	均值	350.7609	72.3010	90.6024	164.2165
（元/人）	排序	1	4	3	2

注：根据表 2-41 至表 2-44 整理得出。

表 2-46　　　　　　　我国四大区域经济发展状况

序号	省区市	GDP（亿元）	人均 GDP（元）	人均 GDP 排序
东　部				
1	北京	3663.10	25158.6538	
2	天津	2447.66	24210.2868	
3	河北	7098.56	10486.8666	
4	上海	6250.81	36533.0801	
5	江苏	12460.83	16825.3173	
6	浙江	9395.00	20074.7863	
7	福建	5232.17	15000.4874	
8	山东	12435.93	13628.4164	
9	广东	13625.87	17130.8398	
10	海南	670.93	8272.8730	
	平均值	7328.09	18732.16	1
东　北				
1	辽宁	6002.54	14257.8147	
2	吉林	2522.62	9329.2160	
3	黑龙江	4430.00	11612.0577	
	平均值	4318.39	11733.03	2

续表

序号	省区市	GDP（亿元）	人均 GDP（元）	人均 GDP 排序
中　部				
1	山西	2456.59	7412.7640	
2	安徽	3972.38	6197.1607	
3	江西	2830.46	6653.6436	
4	河南	7048.59	7291.3934	
5	湖北	5401.71	8999.8500	
6	湖南	4638.73	6961.9241	
	平均值	4391.41	7252.789	3
西　部				
1	内蒙古	2150.41	9035.3361	
2	广西	2735.13	5631.3156	
3	重庆	2250.56	7190.2875	
4	四川	5456.32	6271.6322	
5	贵州	1356.11	3504.1602	
6	云南	2465.29	5633.6609	
7	西藏	184.50	6833.3333	
8	陕西	2398.58	6500.2168	
9	甘肃	1304.60	5011.9093	
10	青海	390.21	7307.3034	
11	宁夏	385.34	6643.7931	
12	新疆	1877.61	9708.4281	
	平均值	1912.89	6605.948	4

资料来源：《中国统计年鉴（2004）》，http://www.stats.gov.cn/tjsj/ndsj/yb2004—c/index-ch.htm。

参考文献

[1] 邹师：《辽宁中部城市群体育圈发展战略研究》，《体育文化导刊》2005 年第 11 期。

[2] 张尚权、杜水芳：《中国体育设施建设的理论研究》，《体育科学》1991 年第 1 期。

[3] 孙葆丽：《1958—1965 年中国群众体育的演进》，《体育文化导刊》2002 年第 5 期。

［4］林少峰：《从断裂到协调中国群众体育与竞技体育政策的演进》，《安徽科技学院学报》2006年第1期。

［5］国家体育总局：《改革开放30年的中国体育》，人民体育出版社2008年版。

［6］郭敏、刘聪、刘买如等：《我国体育场地建设的发展历程及其启示》，《北京体育大学学报》2009年第2期。

［7］毕红星：《我国城市公共体育设施规划布局研究》，《成都体育学院学报》2012年第4期。

［8］任平、王家宏、陶玉流等：《都市体育圈：概念、类型和特征》，《武汉体育学院学报》2006年第4期。

［9］申亮、岳利民、肖焕禹：《城市体育的新范式：都市体育圈——都市体育圈的发展规划及其空间布局模式的探讨》，《天津体育学院学报》2005年第2期。

［10］国家体育总局政策法规司：《中国体育哲学社会科学研究（1978—2010）》，人民体育出版社2013年版。

［11］马艳红、邹本旭、曹亚东等：《我国体育系统体育场地建设存在的问题与对策探析》，《沈阳体育学院学报》2006年第6期。

［12］刘利、闵健：《国有体育场馆公益性与经营性关系分析》，《成都体育学院学报》2005年第3期。

［13］钟天朗、陈立方、王小敏：《上海公共体育场（馆）提供公益性体育服务的现状及对策研究》，《中国体育科技》2010年第1期。

［14］孙倩：《对大众体育设施建设的思考》，《建筑》2002年第1期。

［15］张在元：《城市规划与体育设施》，《体育与科学》1994年第2期。

［16］杨坤：《我国城市公共体育设施发展的演进历程》，《福建体育科技》2012年第4期。

［17］孙成林、王强、王健：《新中国体育设施政策演进研究》，《西安体育学院学报》2013年第4期。

［18］梅季魁、王奎仁：《体育建筑设计研究》，中国建筑工业出版社2010年版。

［19］谷世权：《中国体育史》，北京体育大学出版社2006年版。

［20］国家体育总局：《拼搏历程　辉煌成就——新中国体育60年（综合卷）》，人民体育出版社2009年版。

［21］国家体育总局政策法规司：《中国体育法制十年》，中国法制出版社2006年版。

第三章　影响我国城市公共体育设施建设布局的要素分析

第一节　城市体育设施建设布局影响因素的认知

体育产业的运作成为我国体育事业发展的一个重要组成部分，体育产业与竞技体育、群众体育一样对体育事业的发展发挥着重要的作用。在体育产业的大集合中，体育设施行业随着经济社会的快速发展，其在社会生活中的重要性及其自身的发展态势都是凸显和迅猛的。产业布局是产业发展中一个重要的运作程序，因此，产业布局影响着产业的发展。由于产业发展的运作规律与特征具有差异性，故影响产业发展的产业布局因素是各不相同的。产业布局影响因素是产业活动布局时要求外部空间的匹配条件。产业布局影响因素对于一个产业在区域范围内存在与发展的合理程度起着决定作用，同样对于产业未来发展具有指向性。对于体育设施建设布局影响因素涉及的外部空间来说，归结为来自于地理、社会经济、本位三个方面的影响。具体而言，所考虑的体育设施建设布局影响因素主要包括地理、社会经济、本位因素以及其他因素。

一　地理因素

地理影响因素主要是指来自产业外部空间的相关影响因素。这些影响因素一方面归属于地理条件，另一方面归属于地理资源。地理条件与地理资源二者的区别在于受人的能动性制约而形成的差异。一方面是尚未被改造的处于自然状态的同时又是任何生产活动赖以存在的地理环境；另一方面是经过改造并且被生产活动已经利用的外部环境资源。地理条件具有自然属性，是很难改变或是不能改变的。地理资源是客观存在的，需要发挥人的主观能动性才可以发挥地理资源的作用。最早，西方产业学将产业进行三次划分，根据生产活动发展的历史对产业结构进行划分，生产产品与自然界有直接关系的部门称为第一产业；对生产产品进行再加工的部门称为第二产业；在生产与销售过程中能够发挥服务职能的部门称为第三产业。在我国，第一产业通常包括农业、林业、牧业等，第二产业包括工业与建筑业，第三产业包括流通行业、金融、保险、文化、教育等行业。在三次产业中，地理因素对产业布局的影响程度是不一样的。在第一产业中，自然状态的地理因素对产业布局的影响是主要的，这种影响作用直接决定着产业的空间布局。在第二产业中，地理因素对产业布局的影响作用不是绝对的，而是相对的。一方面对于涉及受用地、用水以及气候等因素制约的第二产业生产活动，地理因素发挥着直接影响作用；另一方面对于与第一产业有生产关联的，特别是生产原料来自第一产业的生产活动，如制造业所需的原材料大部分是来自第一产业的；在第三产业中，大部分行业受地理因素直接影响是比较小的，仅有较少的行业受到地理因素的作用与影响，如旅游行业直接受到地理因素的影响，城市公共设施受地理因素影响的程度也较为显著。体育场馆设施隶属于体育产业范畴，是体育产业重要的一个分支，在此，可以将体育设施称为体育设施产业。按照我国三次产业的归类标准，体育场馆设施产业既是第二产业，又是第三产业。通过产业之间的相互关联，体育场馆设施在建设过程中是划为建筑行业中的，是归属于第二产业的；然而，体育场馆设施的功能决定其具有明显的赛事与健身休闲等服务特征。在此意义上，其提供服务的行业特征又使得体育场馆设施是第三产业中的一个行业。

根据以上的分析可以推断出，体育场馆设施产业是受地理因素影响的，体育场馆设施受地理因素影响的时机发生在其建设阶段，体育设施在其运营阶段受到地理因素的影响是相对较小的。因此，体育场馆设施建设布局受到地理因素的影响主要是指针对体育设施的建设方面。在体育设施建设受到地理因素影响方面的研究，原玉杰、靳英华在《体育场馆布局的影响因素分析》中指出：在选址上应考虑利用天然地形和自然条件。[①]可见，选址工作是体育设施建设与地理因素产生影响关系的重要过程节点，也就是说，在选址过程中，地理因素对体育设施的建设产生影响作

---

① 原玉杰、靳英华：《体育场馆布局的影响因素分析》，《北京体育大学学报》2007年第11期。

用。在选址过程中，需要对地理影响因素进行充分、全面的考虑。通常情况下，体育设施建设的选址一般选择在地域较为开阔平坦的、地势较高的、阳光照射较为充足的、空气质量良好的、气候条件较为理想的、树木植被较为富饶的地域，并且能够充分有效地利用城市现有的资源与条件，使得体育设施纳入到城市设施的网络体系中，发挥电力、水源、排水、供热、通信信息以及交通等城市市政设施的资源辐射作用。

二　社会经济因素

影响产业布局的社会因素主要包括人口和体育人口等；影响产业布局的经济因素主要包括经济发展水平、市场需求及经济区位等①。

在影响体育设施建设布局的社会因素中，人口数量和体育人口因素的影响是主要的方面。体育场馆设施的建设布局就是要满足人的健身、休闲、赛事欣赏、娱乐等需求，体育场馆设施这样的功能特征决定其必须建设在人口数量较多的区域，并且这个区域的经济发展水平相对较高。人口数量较多可以充分发挥体育设施资源的公益效益。另外，也可以在体育设施对外运营方面体现出其富有广阔市场发展潜力的经济效益。对人口数量因素来说，对体育设施建设布局的影响作用较为粗略，指向性较为模糊。人口数量通常描述的是在一个地区的人口数量，对于人的分布状况没有准确地体现出来。然而，人口密度可以科学准确地把一定面积范围内人口数量反映出来。体育设施建设布局考虑的是一个地区内若干个具体的位置的人口数量状况，而不是仅仅考虑人口数量。最好的例证就是一个地区虽然人口数量非常大，但是这个地区的幅员广阔，占地面积非常大，最终，与人口数量差不多、土地面积有限的特大城市（如北京、上海、广州三个城市）相比，人口密度指标存在着很大的差异，特大城市的人口密度指标数值远大于一般地区。由于人口密度指标值小的地区，群众对体育健身等方面需求状况的分布相对较为离散，健身需求的集中程度较差，导致体育场馆设施建设布局相对较少。所以，偏远地区和广大农村地区体育场馆设施分布较少。由此我们也可以得出，体育场馆设施一般建设布局在人口密度较大的区域。

---

① 原玉杰、靳英华：《体育场馆布局的影响因素分析》，《北京体育大学学报》2007 年第11 期。

　　体育人口是影响体育设施建设布局社会因素中的另一个方面。体育人口是指在一定时间内经常参与体育健身并能够统计数量的社会群体。体育人口是社会体育发展的一种现象，是评价社会体育发展水平与发达程度的体育社会学指标。它反映一个地区在一定时间内全民体育健身活动开展的状况。它是一个地区在一定时间内群众体育发展策略研究的重要依据。当前全面实现小康社会，其中要以构建全民健身服务体系为主要任务，要以加强体育设施建设为主要途径。因而，体育设施建设必然要考虑体育人口指标，也就是说，体育人口是影响体育设施建设的主要因素之一。体育人口与城市化水平有密切的关系。因为体育设施的建设以及后续使用与经营的状况直接通过城市化水平表现出来。城市化水平越高，体育人口基数越大，体育设施建设的力度就会加大。在这里，体育人口对体育设施的建设起着决定性的作用，城市化水平以及城市的发展规模同样对体育设施建设产生着影响。

　　此外，社会因素还包含传统文化习俗。传统文化习俗是对民族文化的一种传承。传统文化习俗是先辈传承下来的丰厚文化遗产。传统文化习俗反映着民族特质和风貌，是民族发展过程中思想文化与观念形态的体现。体育文化是传统文化习俗对体育认知的积淀。在体育文化的内涵中保留着传统文化习俗的精髓。因此，在体育意识形态范畴中总是存在着传统文化习俗的"痕迹"。从建筑学的发展历史来看，建筑的建设与传统习俗有着密切的关联，可以说在一定程度上，建筑是传统文化习俗的符号与标志。同样，体育设施的建设必然会受到传统文化习俗的影响。不同地区、不同民族的传统文化习俗对体育设施建设的影响是各不相同的。注重地区的、民族的传统文化习俗影响因素，对于体育设施建设作用非常大，一方面有利于实现体育设施的社会效益，另一方面有利于民族传统体育项目的开展。

　　经济发展水平、市场需求以及经济区位是影响体育设施建设布局的主要因素。经济水平是指一个地区经济发展水平状况与经济发展的发达程度。具体来说，经济发展水平与地区工农业以及其他行业的发展水平有着密切的关系。财政水平是城市经济发展水平的重要体现。市场是人的各种行为活动与以政府为主体的为社会提供的人的行为活动的载体（这里主要指一个产业）互为依存而缔结的关联体。市场需求则是人对行为活动需求的集中意向表达。市场使得产业发展规模符合人的需求，达到动态平衡，市场在这个过程中发挥着重要的调节作用。在这个"需求—供给"的关联系统中，任何一方的变化，都会导致这个系统的"失衡"。城市的经济发展水平制约着城市公共财政的能力与水平，决定着城市体育设施的社会供给。市场的需求反映了人们对体育场馆设施的需求，改善着政府以及各种社会力量的关注度与建设经费投入，是加大体育场馆设施建设布局力度的潜在动力。体育场馆设施建设布局的经济区位因素的影响作用也是较为显著的。社会客体的经济区位是由客体所处经济聚集系统的聚集效应体现出来的。经济聚集系统是较为成熟的集城市市政设施（水利、电力、供热、通信等）、交通设施、公共服务设施以及商圈等于一体的聚合体。体育设施功能复合化的发展趋势与经济聚集系统促进体育场馆设施发展的推动作用可以说是殊途同归的。

三　本位因素

影响产业布局的技术因素主要包括改变产业结构和对自然资源的利用程度①。这里的技术因素就是本书所提出的"本位因素"。在本书中，本位因素还包括与体育设施建设布局相关的体育学范畴内的主要因素。具体来说，体育设施功能设计与自然资源利用等对体育设施建设布局都会产生重要的影响。在体育场馆设施多功能设计理念下，体育场馆设施的比赛区域、练习区域、休息区域以及相关的广播、音响、电视转播、空调等设备的布置需要进行科学合理的规划。科学合理地利用自然资源可以使体育场馆设施的布局符合城市的地域特征与特色，体现体育场馆设施布局的环境效益。另外，群众体育发展和大型赛事举办因素对体育设施建设的影响也是较为显著的。

群众体育是体育事业的重要组成部分，是体育事业发展的重要标志。群众体育一方面作为提高国民健康素质的主要途径，使人得到全面发展；另一方面作为社会发展的组成部分，使综合国力得到提升。群众体育的发展得到党和国家的高度重视。2002 年中国共产党第十六次全国代表大会明确提出全面建设小康社会的奋斗目标，即"集中力量，全面建设惠及十几亿人口的更高水平的小康社会"。具体内容提出"全民族的思想道德

---

① 原玉杰、靳英华：《体育场馆布局的影响因素分析》，《北京体育大学学报》2007 年第 11 期。

素质、科学文化素质和健康素质明显提高，形成比较完善的现代国民教育体系、科技和文化创新体系、全民健身和医疗卫生体系"①。这是在中国共产党和国家层面上首次提出的关于体育事业的指导方针，明确地把构建全民健身体系确定为全面建设小康社会的重要内容，这为我国群众体育事业确立了新时期的发展目标。2007年中国共产党第十七次全国代表大会进一步提出了实现全面建设小康社会奋斗目标的新要求。2012年中国共产党第十八次全国代表大会再次提出"广泛开展全民健身运动，促进群众体育和竞技体育全面发展"②。体育设施在全民健身体系中发挥着重要的支撑作用，全民健身体系构建任务是党和国家的奋斗目标，这无疑为体育设施的建设创造了非常有利的条件。

　　大型赛事的举办带动了城市体育设施的建设。2008年北京奥运会的举办为北京市以及相关城市的大型的、具有国际标准的体育场馆设施建设带来了千载难逢的发展时机，共建成比赛场馆31个，训练场馆45个，国际会议中心等相关设施5个。③这些体育场馆设施作为竞赛表演市场的物质载体，除了成功地完成奥运赛会的任务要求，赛后还很好地为城市全民健身体系的构建提供了必要支撑。2010年广州亚运会以加快广州现代化国际大都市建设进程，促进广州经济社会全面发展，进一步提升广州的综合竞争力、国际知名度和影响力作为办会目标之一，以提供体育公共服务，着力推进全民健身作为办会原则之一；并在赛后打造全民健身休闲平台，充分发挥全民健身、旅游休闲等服务功能；亚运会期间，新建12个、改建58个场馆④。可以说，在很大程度上亚运会促进了广州体育场馆设施的建设。2013年以"全民健身，共享全运"为主旨的第十二届全国运动会在辽宁举办。按照"突出主办城市、兼顾各地优势、促进共同发展"的原则，全运会的31个大项、60个分项比赛项目分布在辽宁省的14个城市。⑤各个承办城市加强全民健身体育场馆设施的建设，以城市建设

---

　　①　《全面建设小康社会，开创中国特色社会主义事业新局面——在中国共产党第十六次全国代表大会上的报告》，http://news.xinhuanet.com/ziliao/2002-11/17/content_693542.htm。

　　②　《十八大报告》（全文），http://www.xj.xinhuanet.com/2012-11/19/c_113722546.htm。

　　③　国家体育总局：《改革开放30年的中国体育》，人民体育出版社2008年版，第97页。

　　④　《亚运会总投资超1200亿　新建12个场馆改扩建58个》，http://sports.sohu.com/20101014/n275638675.shtml。

　　⑤　《中华人民共和国第十二届运动会》，http://baike.baidu.com/view/4353661.htm?fr=aladdin。

"一场三馆一中心"和县区建设"一场一馆"为全民健身体育场馆设施建设目标。辽宁省在筹办全运会的过程中,启动了全民健身设施建设"十个一"工程,这项工程的启动极大地提高了辽宁省全民健身设施的覆盖率。按照城市行政区划的标准逐级建设健身场馆设施,使得各市、县、乡镇、街道、行政村、社区都配置健身场馆或设施。正如辽宁省体育局局长孙永言所说:"全省乘十二运之风,提高群体设施的覆盖率,形成全社会共同支持全民健身事业的局面。"① 同时,本届全运会辽宁各城市高水平、高标准的体育场馆的建设是必不可少的。这些体育场馆的建成对于提高城市形象、增强和谐社会的凝聚力都起到了积极的作用。

四　其他因素

(一)　城市规划

1984 年 10 月,中共中央《关于进一步发展体育运动的通知》中指出:"各地要认真落实国家对体育场地建设的要求和城市规划关于运动场地面积的定额指标。"② 可见,城市公共体育设施用地定额指标是按照城市规划的研究来进行的。1995 年 8 月 29 日颁布的《中华人民共和国体育法》中第六章保障条件的第四十五条要求:"县级以上地方各级人民政府应当按照国家对城市公共体育设施用地定额指标的规定,将城市公共体育设施建设纳入城市建设规划和土地利用总体规划,合理布局,统一安排。"③ 通过对我国体育事业发展具有重要指导意义和在我国体育史上具有里程碑意义的《关于进一步发展体育运动的通知》和《中华人民共和国体育法》的分析得出:我国体育设施建设布局的重要依据是城市总体的建设规划。城市总体建设规划对城市体育设施建设布局起着指向作用,决定着城市体育设施建设布局的方向,深刻影响着体育设施的布局。城市总体建设规划对体育设施的布局主要通过两种方式来实现的:一种是对城市新区的建设方面。城市新区由于处于规划建设阶段,体育设施的布局可

---

　　① 组委会:《节俭办辽宁全运　省下钱建健身场馆》,http://www.chinanews.com/ty/2013/08-29/5221448.shtml。

　　② 城乡建设部、国家体委:《关于颁发〈城市公共体育运动设施用地定额指标暂行规定〉的通知》,http://wenku.baidu.com/link? url = kOZQBJ ep3 PH1m＿ iRZWKtSOa8iqy0sTkJdTk4Xmh JSenyDa89EIggQSjQPWv5wdhyomZFXs2＿ HqQbMMADR＿ 2lcH3HUU15Uec - auIJyR - 3b - e。

　　③ 《中华人民共和国体育法》,http://baike.baidu.com/link? url = I VTnbUdvnwn2O4DMrVg＿ 0fGzfBchMynCVGlokz3EY3PCJAccizm986kzevAW3H8u#1＿ 6。

以纳入城市总体的规划之中，对于体育设施建设布局的构想能够在城市总体规划过程中得以实现。随着城市新区的形成，体育设施的布局逐渐显露出来。地域面积充足、地价较低、发展空间潜力较大等是在城市新区进行体育设施建设布局的优势所在。同时，城市新区交通状况的通达性、人口数量的渐增趋势以及相关产业的集聚程度加大的条件与特征为体育设施建设布局提供了有利的保障。另外一种是对城市旧区的改造方面。城市旧区的改造在很大程度上就是对城市格局的重新划定。城市旧区的改造重建是在城市总体规划的范畴之内的，旧区的改造是完全按照城市规划的要求进行的。在这种前提下，城市旧区的改造所需的财力、物力是巨大的。对于城市旧区改造，国际特大城市的常规做法是，利用申办国际性大型赛事，通过大型体育场馆设施的布局，加快城市基础设施的建设，升高商品房价格，升高城市地块价值，改变城市形象，提升城市的综合竞争力。例如，2012 年伦敦奥运会和 2014 年索契冬奥会对举办城市形象的重新塑造就是最好的例证。综上所述，城市总体规划对体育场馆设施的布局具有很重要的影响作用。

（二）交通因素

影响体育设施建设布局的交通因素主要指体育设施周边的路网状况以及体育锻炼参与者到达体育设施目的地的交通方式。体育设施周边的交通路网状况决定着到达体育设施所在地的行程距离与所用时间。体育设施周边的路网状况通常以可达性指标来衡量，在可达性指标较为理想的情况下，能够降低行程成本，节省行程时间，促进健身休闲习惯的形成，有利于提高体育场馆设施的使用率，有效地满足人们健身休闲的需求。交通方式是指使用交通工具的方式。当前，我国可供公民采用的交通工具包括自行车、公交车、私家车、轻轨、地铁、有轨电车等。国家"十二五"发展规划中，提出构建综合交通运输体系。具体体现在完善区际交通网络、建设城际快速网络、优先发展公共交通等方面。可见，针对城市交通方式的发展，国家倡导实施公共交通优先发展战略。逐渐形成城市轨道交通网络，加快发展地面快速公交体系，倡导私家车的适度出行，提倡无交通工具的出行。在这样的发展战略背景下，根据得克萨斯大学旅游学系的盖恩教授提出的著名的都市旅游理论模型，我国部分城市形成了都市体育圈的布局模式，即城市体育中心及城区体育圈的空间布局、近郊区体育带的空间布局以及乡镇、乡村休闲体育带的空间布局。[①] 这与任平、王家宏、陶玉流等在《都市体育圈：概念、类型和特征》中所提到的日常体育圈（出行距离为 800—1000 米）、周末体育圈（出行时间 0.5—1 小时）以及一周体育圈（1—3 小时）的论述观点是一致的。[②] 其中，日常体育圈与最早在江苏省提出的"十分钟体育圈"［步行十分钟就可以到达健身广场、健身苑点、晨晚练站（点）］的内容实质是相同的。体育圈的形成充分说明了交通方式对体育设施建设布局的影响。

（三）城市化

城市化水平是衡量一个国家或地区的城市化最主要的指标，通常由城镇人口占总人口的比重表示，[③] 也被称为城镇化率。2012 年我国城镇化率为 52.57%，比 1978 年的 17.92% 提高了 34.65%。[④] 相比发达国家的 95% 的城市化率[⑤]，当前我国城市化水平相对较低。党的十六大报告中提出："要逐步提高城镇化水平，坚持大中小城市和小城镇协调发展，走中国特色的城镇化道路。"[⑥] 城镇化是一个国家工业化和现代化的重要的标志。邓小平同志曾经提出我们要在 2050 年达到中等发达国家的水平。[⑦] 城乡发展一体化是提高城市化水平的主要路径。党的十八大报告中提出："加快完善城乡发展一体化体制机制，着力在城乡规划、基础设施、公共服务等方面推进一体化。"[⑧] 体育设施的建设布局是基础设施的内容之一，是构建全民健身公共服务体系的重要部分。"十二五"期间，人民群众日

---

① 申亮、岳利民、肖焕禹：《城市体育的新范式：都市体育圈——都市体育圈的发展规划及其空间布局模式的探讨》，《天津体育学院学报》2005 年第 2 期。

② 任平、王家宏、陶玉流等：《都市体育圈：概念、类型和特征》，《武汉体育学院学报》2006 年第 4 期。

③ 《城市化水平》，http：//www.baike.com/wiki/%E5%9F%8E%E5%B8%82%E5%8C%96%E6%B0%B4%E5%B9%B3。

④ 赵春玲：《市场机制与绿色城镇化》，http：//news.gmw.cn/2013-11/13/content_9471586.htm。

⑤ 贺铿：《中国推进城市化必须重心向下》，http：//money.163.com/13/0119/21/8LK4IJU600253B0H.html。

⑥ 《十六大报告》（全文），http：//www.ce.cn/ztpd/xwzt/guonei/2003/sljsanzh/szqhbj/t20031009_1763196.shtml。

⑦ 贺铿：《中国城镇化率不到35% 中等发达国家为85%》，http：//news.hexun.com/2013-01-19/150347653.html。

⑧ 《十八大报告》（全文），http：//www.xj.xinhuanet.com/2012-11/19/c_113722546.htm。

益增长的体育需求与社会体育资源不足间的矛盾是我国体育事业面临的主
要矛盾。体育设施建设与广大群众的需求存在较大差距，具体表现为体育
场地设施数量不足，布局不合理。我国体育事业"十二五"规划一项重
点工作，就是要"加强城乡基层社区体育设施建设"①。由此可见，城市
化水平影响城市体育设施建设布局。也就是说，城市化水平是影响城市体
育设施建设布局的因素之一。

第二节　城市体育设施建设布局影响因素的筛选

一　数学模型的构建

根据计量经济学的原理，结合上述影响因素的分析，影响体育设施建
设布局的主要因素的数学模型为：

$$Y = b_0 + b_1 X_1 + b_2 X_2 + \cdots + b_k X_k$$

具体为：

建设布局设施数量 $= b_0 + b_1 \times$ 地理因素 $+ b_2 \times$ 社会因素 $+ b_3 \times$ 经济因
素 $+ b_4 \times$ 本位因素 $+ b_5 \times$ 其他因素

按照数学模型量化的要求，选取一些能够量化的指标代表每个影响
因素。对计量模型中的因变量"建设布局设施数量"来说，本书选取新
建、改（扩）建体育场地的场地面积来替代，新建、改（扩）建体育场
地包括分布在广场公园、校园、乡镇、小区街道、机关企事业单位、村
庄以及其他场所。地理因素方面，关于地理条件和地理资源考量指标
中，本书认为，地区土地面积较为适合。社会因素方面，对于人口因素
来说，分别以人口密度和人口受教育程度两个指标来衡量，通常，人口
密度指单位面积的人口数量，人口受教育程度指学历为大专及以上的人
口数量。对于体育人口影响因素来说，本书选取反映晨晚练基本情况的
站（点）每天相对稳定的活动人数指标来衡量。经济因素方面，选取与
体育设施建设布局较为密切的经济学指标——地区财政收入作为考量指
标。地区财政收入是由地区税收收入和非税收入构成的。同时还选取本
位因素方面，主要涉及体育设施产业结构优化与利用自然资源的状况，

---

① 国家体育总局，《体育产业"十二五"规划》，http：//www.gov.cn/gzdt/2011 - 05/16/
content_ 1864566. htm。

在全民健身活动中，公园及广场等公共用地成为健身休闲的好去处。在此，我们选取城市绿地面积作为评价指标。其他因素方面，首先是涉及城市规划的因素有很多，城市建成区面积指标可以体现出城市规划对于体育设施建设布局的影响程度。其次是交通因素，我们选取城市市政设施中的年末实有道路长度来说明交通因素的路网状况。再次是选取城市公共交通范畴内的年末公共交通车辆运营数作为评价交通因素中的交通方式状况。最后是选取城市化水平作为城市化影响因素的衡量指标（详见表3－1）。

表3－1   新建、改（扩）建体育场地的场地面积影响因素

影响因素	变量序号	指　标
地理因素	X_1	城区面积（平方公里）
社会因素	X_2	城市人口密度（人/平方公里）
	X_3	教育程度为大专及以上人口数量
	X_4	晨晚练站（点）每天相对稳定的活动人数
经济因素	X_5	财政收入（亿元）
本位因素	X_6	城市绿地面积（公顷）
其他因素	X_7	城市建成区面积（平方公里）
	X_8	年末公共交通车辆运营数（辆）
	X_9	年末实有道路长度（公里）
	X_{10}	城市化水平（%）

以上影响因素的指标确定后，影响体育设施建设布局的主要因素的数学模型具体可以转变为：

新建、改（扩）建体育场地的场地面积 $= b_0 + b_1 \times$ 城区面积 $+ b_2 \times$ 城市人口密度 $+ b_3 \times$ 受教育程度 $+ b_4 \times$ 晨晚练人数 $+ b_5 \times$ 财政收入 $+ b_6 \times$ 城市绿地面积 $+ b_7 \times$ 城市建成区面积 $+ b_8 \times$ 年末公共交通车辆运营数 $+ b_9 \times$ 年末实有道路长度 $+ b_{10} \times$ 城市化水平

表3－2为各影响因素的指标数据。

表 3－2 影响体育设施建设布局因素的指标数据

省市区	城区面积（平方公里）	城市人口密度（人/平方公里）	教育程度为大专及以上人口数量	晨晚练站（点）每天相对稳定的活动人数	财政收入（亿元）	城市绿地面积（公顷）	城市建成区面积（平方公里）	年末公共交通车辆运营数（辆）	年末实有道路长度（公里）	城市化水平（%）	新建、改（扩）建体育场地地面积（平方米）
北京	12187	1428	5597	1166389	3006.28	63540	1231.3	24478	6258	86.2	0
天津	2334.5	2636	2313	302616	1455.13	21728	710.6	7954	5991	80.5	0
河北	6627	2362	3045	720326	1737.77	71103	1684.6	15503	12286	45.6	44962
山西	3400.8	2977	2347	745296	1213.43	32513	956.9	7226	6059	49.68	0
内蒙古	10996.7	764	2532	1093746	1356.67	41059	1077	5646	6782	56.62	165644
辽宁	12821.7	1712	4500	701213	2643.15	95968	2276.5	20514	14468	64.05	24015
吉林	4718.2	2371	2031	564300	850.1	38740	1271	10521	7687	53.4	27600
黑龙江	2653.2	5146	2945	533799	997.55	72166	1678.6	14241	10629	56.5	181763
上海	6340.5	3702	4063	158769	3429.83	122283	998.8	19488	4708	89.3	0
江苏	13272.3	2013	7651	1889150	5148.91	237486	3493.8	29655	32491	61.9	754529
浙江	10484.3	1741	5547	1213819	3150.8	105200	2221.1	21927	16819	62.3	223373
安徽	5572.9	2265	3218	254895	1463.56	75977	1597.7	11035	10854	44.8	105667
福建	4481.4	2306	3583	371122	1501.51	50802	1130	11203	7238	58.1	85810
江西	1890.7	4527	2536	321376	1053.43	45063	1019.9	7297	6086	45.7	93212
山东	20157.6	1389	6885	1132410	3455.93	165577	3751.2	31230	34681	50.95	223750
河南	4213.7	5124	5612	577262	1721.76	69596	2098.1	17601	9859	40.57	1700
湖北	9049.2	1969	5181	476835	1526.91	62062	1811.6	16590	14887	51.83	170538
湖南	4602.4	2908	4114	379900	1517.07	49593	1408	12600	9893	45.1	72173
广东	17957.2	2637	8852	1419478	5514.84	410600	4829.3	51736	42875	66.5	575191
广西	5789.1	1569	3172	535226	947.72	64461	1014.4	7208	6823	41.8	211547
海南	850.1	2639	526	66322	340.12	49784	238	2356	2013	50.5	7510
重庆	5696.6	1830	2696	590671	1488.33	43854	1034.9	8118	5435	55.02	109656
四川	5999	2782	5338	1431407	2044.79	77406	1788.1	17699	10192	41.83	64149
贵州	1673.8	3502	2232	245091	773.08	30521	508.3	4879	2419	34.96	36863
云南	2084.6	3811	2558	211891	1111.16	31940	804.1	7531	4569	36.8	232519
西藏	948	515	117	1027	54.76	2943	89.7	366	378	22.71	0
陕西	1373.4	5821	3050	306459	1500.18	28164	809	10692	4964	47.3	74467
甘肃	1436.6	3824	1816	441131	450.12	16337	655.6	4965	3503	37.15	288806
青海	512.3	2487	405	10005	151.81	3894	122.1	2038	738	46.22	23792
宁夏	2063.5	1147	452	108506	219.98	18399	371.3	2570	1832	49.82	53564

续表

省市区	城区面积（平方公里）	城市人口密度（人/平方公里）	教育程度为大专及以上人口数量	晨晚练站(点)每天相对稳定的活动人数	财政收入（亿元）	城市绿地面积（公顷）	城市建成区面积（平方公里）	年末公共交通车辆运营数（辆）	年末实有道路长度（公里）	城市化水平（%）	新建、改（扩）建体育场地场地面枳（平方米）
新疆	1429.7	4563	2433	46492	720.43	44097	921.8	7723	5476	43.54	4350

资料来源:《中国统计年鉴（2012）》，http：//www. stats. gov. cn/tjsj/ndsj/2012/indexce. htm；国家体育总局:《2012 年中国体育事业统计年鉴》，中国体育年鉴出版社 2013 年版，第 79—86 页。

二 数学模型的回归分析

本书采用 SPSS 19.0 软件对体育设施建设布局影响因素进行多元线形回归。

（一）数据预处理

通过 SPSS 19.0 软件，将所分析的变量改为数值型，如图 3 -1 所示。

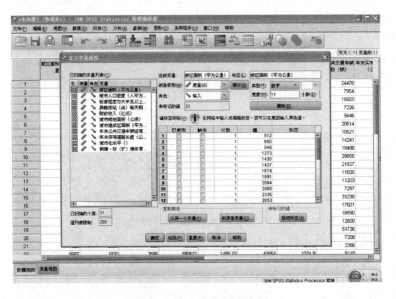

图 3 - 1 定义变量数据类型

资料来源：SPSS 19.0 软件截图。

利用 SPSS 分析工具中的"分析"与"转换"功能完成各个变量的数据完整性的检查，详见表 3-3。

表 3-3　　　　　　　　　　　　单变量统计

	N	均值	标准差	缺失		极值数目 [a]	
				计数	百分比	低	高
城区面积（平方公里）	31	5923.16	5126.153	0	.0	0	1
城市人口密度（人/平方公里）	31	2724.74	1322.798	0	.0	0	0
教育程度为大专及以上人口数量	31	3462.81	2099.087	0	.0	0	0
晨晚练站（点）每天相对稳定的活动人数	31	581191.26	476734.912	0	.0	0	1
财政收入（亿元）	31	1695.0681	1330.07809	0	.0	0	2
城市绿地面积（公顷）	31	72350.19	78695.490	0	.0	0	3
城市建成区面积（平方公里）	31	1406.558	1058.9392	0	.0	0	3
年末公共交通车辆运营数（辆）	31	13309.35	10634.548	0	.0	0	1
年末实有道路长度（公里）	31	9964.29	9865.033	0	.0	0	3
城市化水平（%）	31	52.169	14.4688	0	.0	0	3
新建、改（扩）建体育场地场地面积（平方米）	31	124424.19	168752.680	0	.0	0	2

a 超出范围（Q1 - 1.5 * lQR'Q3 + 1.5 * lQR）的案例数 *

资料来源：SPSS 19.0 软件截图。

利用 SPSS 分析工具中的"分析"—"描述统计"的"描述"与"频率"功能获得数据的典型性质。如图 3-2、图 3-3 所示。通过分析，因变量以自变量基本符合正态分布。以因变量［新建、改（扩）建体育场地的场地面积］为例（详见图 3-4）。

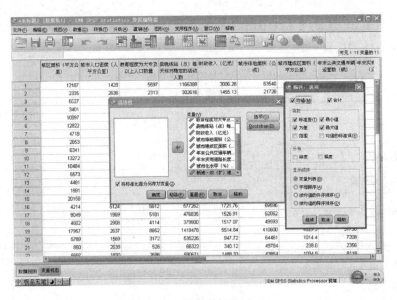

图 3 - 2 描述性数据汇总

资料来源：SPSS 19.0 软件截图。

表 3 - 4   描述统计量

	N	极小值	极大值	和	均值	标准差	方差
城区面积（平方公里）	31	512	20158	183618	5923.16	5126.153	26277443.62
城市人口密度（人/平方公里）	31	515	5821	84467	2724.74	1322.798	1749794.265
教育程度为大专及以上人口数量	31	117	8852	107347	3462.81	2099.087	4406167.561
晨 晚 练 站（点）每天相对稳定的活动人数	31	1027	1889150	18016929	581191.26	476734.912	2.273E11
财政收入（亿元）	31	54.76	5514.84	52547.11	1895.0681	1330.07809	1769107.734
城市绿地面积（公顷）	31	2943	410600	2242856	72350.19	78695.490	6.193E9

续表

	N	极小值	极大值	和	均值	标准差	方差
城市建成区面积（平方公里）	31	89.7	4829.3	43803.3	1406.558	1058.9392	1121352.158
年末公共交通车辆运营数（辆）	31	366	51736	412590	13309.35	10634.548	1.131E8
年末实有道路长度（公里）	31	378	42875	308893	9964.29	9865.033	97318667.94
城市化水平（%）	31	22.7	89.3	1617.3	52.169	14.4688	209.345
新建、改（扩）建体育场地场地面积（平方米）	31	0	754529	3857150	124424.19	168752.680	2.848E10
有效的 N（列表状态）	31						

资料来源：SPSS 19.0 软件截图。

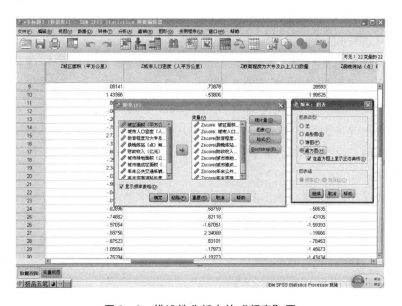

图 3-3 描述性分析中的"频率"图

资料来源：SPSS 19.0 软件截图。

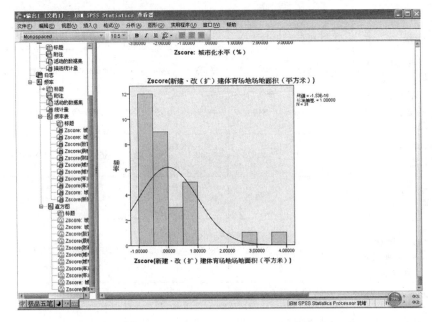

图 3-4   新建、改（扩）建体育场地场地面积的直方图

资料来源：SPSS 19.0 软件截图。

（二）回归分析

按照上述的线性回归模型，将因变量［新建、改（扩）建体育场地场地面积］与自变量［城区面积、城市人口密度、教育程度为大专及以上人口数量、晨晚练站（点）每天相对稳定的活动人数、财政收入、城市绿地面积、城市建成区面积、年末公共交通车辆运营数、年末实有道路长度、城市化水平］参数在 SPPS 软件中进行设置，如图 3-5 所示。

根据表 3-5 得出的回归系数，上述的数学模型具体变为：

新建、改（扩）建体育场地的场地面积 = -4.830 - 0.157 × 城区面积 + 0.108 × 城市人口密度 + 0.446 × 受教育程度 + 0.413 × 晨晚练人数 + 0.143 × 财政收入 + 0.881 × 城市绿地面积 - 1.181 × 城市建成区面积 - 1.139 × 年末公共交通车辆运营数 + 1.491 × 年末实有道路长度 - 0.062 × 城市化水平

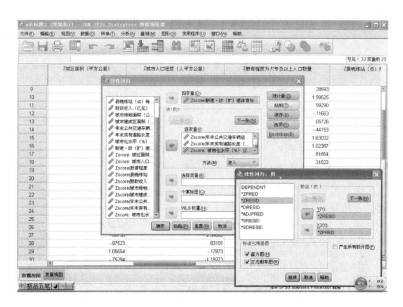

图 3 - 5 回归分析参数设置

资料来源：SPSS 19.0 软件截图。

表 3 - 5　　　　　　　　回归分析系数[a]

模型	非标准化系数		标准系数	t	Sig
	B	标准误差	试用版		
1　（常量）	- 4.830E - 16	.097		.000	1.000
Zscore：城区面积（平方公里）	- .157	.361	- .157	- .435	.688
Zscore：城市人口密度（人/平方公里）	.108	.174	.108	.622	.541
Zscore（教育程度为大专及以上人口数量）	.446	.421	.446	1.061	.301
Zscore（晨晚练站（点）每天相对稳定的活动人数）	.413	.194	.413	2.130	.046
Zscore（财政收入（亿元））	.143	.445	.143	.321	.751
Zscore（城市绿地面积（平方公里））	.881	.389	.881	2.262	.036
Zscore（城市建成区面积（平方公里））	- 1.181	.745	- 1.181	- 1.585	.129
Zscore（年末公共交通车辆运营数（辆））	- 1.139	.533	- 1.139	- 2.138	.045
Zscore（年末实有道路长度（公里））	1.491	.588	1.491	2.535	.020
Zscore：城市化水平（%）	- .062	.170	- .062	- .367	.718

a. 因变量：Zscore［新建、改（扩）建体育场地场地面积（平方米）］

资料来源：SPSS 19.0 软件截图。

表 3 – 6　　　　　　　　　　回归方程的参数 Anova[b]

模型		平方和	df	均方	F	Sig
1	回归	24.140	10	2.414	8.238	.000[a]
	残差	5.860	20	.293		
	总计	30.000	30			

　　a. 预测变量：（常量），Zscore：城市化水平（%），Zscore：城市人口密度（人/平方公里），Zscore［城市建成区面积（平方公里）］，Zscore（晨晚练站（点）每天相对稳定的活动人数），Zscore［城市绿地面积（公顷）］，Zscore（教育程度为大专及以上人口数量），Zscore 城区面积（平方公里），Zscore［财政收入（亿元）］，Zscore［年末公共交通车辆运营数（辆）］，Zscore［年末实有道路长度（公里）］。

　　b. 因变量：Zscore［新建、改（扩）建体育场地场地面积（平方米）］

　　资料来源：SPSS 19.0 软件截图。

表 3 – 7　　　　　　　　　　回归方程的参数模型汇总[b]

模型	R	R 方	调整 R 方	标准估计的误差
1	.897[a]	.805	.707	.54130730

　　a. 预测变量：（常量），Zscore：城市化水平（%），Zscore：城市人口密度（人/平方公里），Zscore［城市建成区面积（平方公里）］，Zscore［晨晚练站（点）每天相对稳定的活动人数］，Zscore［城市绿地面积（公顷）］，Zscore（教育程度为大专及以上人口数量），Zscore：城区面积（平方公里），Zscore［财政收入（亿元）］，Zscore［年末公共交通车辆运营数（辆）］。b. 因变量：Zscore［新建、改（扩）建体育场地场地面积（平方米）］

　　资料来源：SPSS 19.0 软件截图。

　　由回归分析得出（详见表 3 – 6），F = 8.238，P < 0.01，方程总体呈非常显著，所以认为，上述回归方程在总体上存在显著的线性关系。从整体来看，回归方程的拟合度（R^2）为 0.805（详见表 3 – 7），说明回归方程中各个因素的整体影响是比较显著的。

　　方程各个自变量的 t 值分别为 – 0.435、0.622、1.061、2.130、0.321、2.262、– 1.585、– 2.138、2.535、– 0.367。P 值分别为 0.668、0.541、0.301、0.046、0.751、0.036、0.129、0.045、0.020、0.718。各个自变量中晨晚练站（点）每天相对稳定的活动人数、城市绿地面积、年末公共交通车辆运营数、年末实有道路长度的 P 值均小于 0.05，说明晨晚练站（点）每天相对稳定的活动人数、城市绿地面积、年末公共交通车辆运营数、年末实有道路长度的影响较为显著，对政府援建体育场地的数量的影响较大。其余六个自变量的 P 值均大于 0.05，说明城区面积、城市人口密度、教育程度为大专及以上人口数量、财政收入、城市建成区面积、城市化水平对因变量具有一定的影响，但是影响作用不显著。

　　综上所述，各个因素对新建、改（扩）建体育场地场地面积具有正向的和反向的影响作用。一方面，城区面积、城市建成区面积、年末公共交通车辆运营数以及城市化水平对新建、改（扩）建体育场地场地面积发挥反向的影响作用，即四个指标的减小可以使新建、改（扩）建体育场地场地面积得到增加。尤其是年末公共交通车辆运营数的减少会对新建、改（扩）建体育场地场地面积的增加起到较为显著的作用（P <0.05），即年末公共交通车辆运营数减少 1 辆，新建、改（扩）建体育场地场地面积就增加 1.139 平方米体育场地。城市化水平的降低对新建、改（扩）建体育场地场地面积增加的影响作用相对小一些，即城市化水平降低 1%，新建、改（扩）建体育场地场地面积就增加 0.062 平方米体育场地。另一方面，影响因素中城市人口密度、受教育程度、晨晚练站（点）每天相对稳定的活动人数、财政收入、城市绿地面积以及年末实有道路长度对新建、改（扩）建体育场地场地面积起着正向的影响作用。也就是说，这六个指标的增加会使新建、改（扩）建体育场地场地面积得到增加。尤其是晨晚练站（点）每天相对稳定的活动人数、城市绿地面积、年末实有道路长度三个指标的增加会对新建、改（扩）建体育场地场地面积的增加起到较为显著的作用（P <0.05）。即晨晚练站（点）每天相对稳定的活动人数增加 1 人、城市绿地面积增加 1 公顷、年末实有道路长度增加 1 公里，新建、改（扩）建体育场地场地面积分别就会增加 1 平方米。城市人口密度的增加对新建、改（扩）建体育场地场地面积增加的影响作用相对较小，城市人口密度增加 1 人/平方公里，新建、改（扩）建体育场地场地面积会增加 0.108 平方米。

三　小结

　　产业布局影响因素是产业活动布局时要求外部空间的匹配条件。对于体育设施建设布局影响因素涉及的外部空间来说，归结来自于地理、社会经济、本位三个方面的影响。具体而言，所考虑的体育设施建设布局影响因素主要包括地理、社会经济、本位因素以及其他因素。

　　地理影响因素主要是指来自产业外部空间的相关影响因素。选址工作是体育设施建设与地理因素产生影响关系的重要过程节点，也就是说，在选址过程中，地理因素对体育设施的建设产生影响作用。影响产业布局的社会因素主要包括人口和体育人口等；影响产业布局的经济因素主要包括经济发展水平、市场需求及经济区位等。影响体育设施建设布局的社会因素中，人口数量和体育人口因素的影响是主要的方面。经济发展水平、市场需求以及经济区位是影响体育设施建设布局的经济因素。影响产业布局的本位（技术）因素主要包括改变产业结构和对自然资源的利用程度。其他因素包括城市规划、交通因素和城市化。

通过数学模型的构建与回归分析，得出五大因素（地理因素、社会因素、经济因素、本位因素、其他因素）、十个指标［城区面积、城市人口密度、教育程度为大专及以上人口数量、晨晚练站（点）每天相对稳定的活动人数、财政收入、城市绿地面积、城市建成区面积、年末公共交通车辆运营数、年末实有道路长度、城市化水平］的影响因素体系。

参考文献

［1］原玉杰、靳英华：《体育场馆布局的影响因素分析》，《北京体育大学学报》2007 年第 11 期。

［2］国家体育总局：《改革开放 30 年的中国体育》，人民体育出版社 2008 年版。

［3］申亮、岳利民、肖焕禹：《城市体育的新范式：都市体育圈——都市体育圈的发展规划及其空间布局模式的探讨》，《天津体育学院学报》2005 年第 2 期。

［4］任平、王家宏、陶玉流等：《都市体育圈：概念、类型和特征》，《武汉体育学院学报》2006 年第 4 期。

［5］曾建明、王健、董国勇等：《武汉市体育场地空间布局演进特征、影响因素和发展趋势》，《热带地理》2013 年第 1 期。

［6］国家体育总局经济司：《体育事业统计年鉴》，2012 年。

［7］北京市统计局：《北京统计年鉴 2005》，中国统计出版社 2005 年版。

［8］中国人民大学区域经济研究所：《产业布局学原理》，中国人民大学出版社1997 年版。

［9］陈礼贤：《体育场馆设施与现代化城市建设之关系》，《上海体育学院学报》1993 年第 3 期。

［10］刘利、闵健：《国有体育场馆公益性与经营性关系分析》，《成都体育学院学报》2005 年第 3 期。

［11］陈祥岩、邹本旭、马艳红等：《"十一五"期间我国体育系统体育场地建设影响因素及发展趋势研究》，《沈阳体育学院学报》2007 年第 2 期。

［12］铁钰、王秀香、王岳：《第 12 届全运会沈阳市体育场馆布局研究》，《体育文化导刊》2013 年第 5 期。

［13］朱志强、刘石、阚军常：《大型体育场馆后期经济效益影响因素的研究》，《哈尔滨体育学院学报》2001 年第 3 期。

［14］石忆邵、彭志宏、陈华杰等：《国际大都市建设用地变化特征、影响因素及对上海的启示》，《城市规划学刊》2008 年第 6 期。

［15］刘家明、刘爱利、陈田：《滑雪旅游开发布局影响因素与对策研究——以内蒙古自治区滑雪旅游开发为例》，《地理科学进展》2005 年第 5 期。

［16］武国栋、邹本旭：《辽宁省体育场地资源现状与发展策略》，《沈阳体育学院学报》2010 年第 1 期。

［17］董新光、戴志鹏：《论我国社会体育发展的影响因素》，《体育文化导刊》2013 年第 8 期。

［18］秦勇、张秋：《我国城乡体育公共服务均等化的相关环境影响因素研究》，《体育与科学》2012 年第 3 期。

［19］王宏俊：《我国体育场馆建设现状与对策研究》，《沈阳体育学院学报》2010 年第 6 期。

［20］王小娟、夏晓陵：《我国体育经济发展面临的问题及其影响因素研究》，《北京体育大学学报》2008 年第 6 期。

［21］梁辉、陈以春、孟祥菁：《武汉城市圈人口社会空间的分异与影响因素分析》，《中国人口》2013 年第 9 期。

［22］谢长青、杨望成、李晓燕等：《小城镇公用设施合理规模的影响因素探讨》，《小城镇建设》2012 年第 8 期。

［23］王洋、王德利、王少剑：《中国城市住宅价格的空间分异格局及影响因素》，《地理科学》2013 年第 10 期。

［24］程乾、凌素培：《中国非物质文化遗产的空间分布特征及影响因素分析》，《地理科学》2013 年第 10 期。

［25］席玉宝：《全国学校体育场地建设现状统计分析》，《西安体育学院学报》2013 年第 6 期。

第四章　经济地理学及其相关理论

第一节　经济地理学概述

一　经济地理学研究对象及其根本属性

经济地理学是综合性的学科，是由经济学和地理学综合形成的。经济地理学是地理学的一个重要分支学科，从经济地理学的形成与发展可以说明这一观点。既然如此，经济地理学的研究对象就跟地理学的研究对象具有一致性。通常情况下，地理学的研究对象主要涉及自然环境的空间变化规律和人的活动与地理环境的关系。关于研究自然环境空间变化的学科被归纳为自然地理学。同样的逻辑思维，关于人的经济活动与地理环境之间关系的研究就应该归属于经济地理学。经济地理学归属于人文地理学，是人文地理学的重要分支之一。由此可以得出，经济地理学是研究人的经济活动与地理环境之间的关系。这种关系被学术界称为人地关系。杨万钟在《经济地理学导论》中认为："人类经济活动和地理环境的结合关系集中表现是特定地域上产业的布局。"[①] 在产业经济学理论中，产业布局和产业结构是相互关联的。产业结构和产业布局是社会客体的两个不同方面，二者是相互关联和相互制约的。也就是说，一定的产业结构必然会形成一定的产业布局。所以，经济地理学是关于产业结构和产业布局的科学。

经济地理学以生产力布局为研究内容，是介于社会经济科学、自然科学和生产技术科学之间的、具有强大生命力的边缘科学。[②] 经济地理学研究产业布局规律的科学。经济、自然、技术的因素是影响产业布局规律的

---

① 杨万钟：《经济地理学导论》，华东师范大学出版社 1999 年版，第 17 页。
② 吴传钧：《经济地理学——生产布局的科学》，《科学通报》1960 年第 10 期。

重要因素。这些因素共同作用对产业布局产生重要的影响。这些来自自然、经济、技术等领域的影响充分表明了经济地理学属于边缘学科的性质。在经济社会发展的实践中，经济地理学不仅通过与地理学其他分支学科的交叉渗透来加强自身的发展，而且还可以借鉴国际上先进的产业布局经验为我国的经济发展服务。经济地理学既然是地理学的一个分支，那么，地理学的地域性或是区域性的根本特性就是经济地理学的根本特性。经济地理学的区域性特性强调的是所研究的经济客体都必须与一定的地表空间条件相结合，从而分析产业布局与地域空间相结合的同质性和异质性，也就是说，需要回答的是产业布局是否合理的问题。地域性是经济地理学的根本属性，是经济地理学研究产业布局必须要回答的问题，同时也是体现经济地理学学科特色与优势的关键点。此外，综合性是经济地理学的另一个特性。经济地理学主要研究人的经济活动与地理环境空间之间的关系，涉及有关自然、经济、技术等方面的诸多因素的影响作用。在这个过程中，对相关要素的归纳综合是不可缺少的。换言之，产业布局规律的研究结论是通过对地理规律与经济规律的综合演绎出来的。可见，综合性在经济地理学研究中的重要性。

二　经济地理学学科分类及其研究任务

地理学分为自然地理学与人文地理学两大部分。经济地理学是地理学的一个重要分支，隶属于人文地理学的范畴之内。由于地理环境空间是经济地理学研究所考虑的重要方面之一，所以，经济地理学与地理学的各个相关分支学科存在着密切的关联关系。例如，人口地理学是地理学的分支学科之一，人口地理学主要研究区域范围内人口的数量、密度、分布等状况，考虑到人口地理学与经济地理学内在的关系，在经济地理学研究的范畴内，人口数量、人口密度、人口分布以及人口质量（主要指受教育程度）等指标必然都将成为影响产业布局规律的要素。在涉及自然地理学相关分支学科时，只有对相关的地理环境做出科学的分析与评价，才能提出利用的对策与方向。同样，经济地理学与经济学的相关学科也存在着密切的关联关系。经济学相关分支学科的理论与方法对经济地理学的研究具有指导意义。此外，技术科学也与经济地理学有着密切的关系。技术科学在经济地理学研究过程中发挥着基础支撑作用。例如，地图学在产业布局研究过程中通过可视化的技术手段把产业布局的模式形象地表现出来，在此值得一提的是，GIS 就是产业布局研究很好的技术工具。

随着经济地理学自身的发展，逐渐形成较为完整的学科体系。这个学科体系由通论经济地理学和专论经济地理学组成，城市地理学、商业地理学、交通运输地理学等是通论经济地理学的主要内容，专论经济地理学则是区域经济地理学。不同的分支学科在国民经济建设过程中发挥着不同的作用。例如，城市地理学是研究城市形成发展的地域条件和城镇的体系、结构与布局的一门学科。① 城市地理学为城市发展服务具体体现在：对城市化发展的研究，针对不同区域的城市，探索城市化发展的规律；对城镇发展的研究，分析城镇形成的条件，总结城镇形成的规律，解决用地规划、城镇布局以及功能区划定等现实问题；对城镇居民居住区的研究，进而发展提高城市化水平；对城镇化水平的研究，重在发展小城镇、控制特大城市的扩张；对城镇化发展的理论研究，加快城镇化发展的进程；对城市环境的研究，协调和处理城市建设与自然环境保护之间的关系。概而言之，经济地理学的研究任务主要表现在以下几个方面：分析与掌握生产力布局的规律，全面统筹国家经济建设，为生产力布局决策提供技术支撑；综合全面考察区域地理环境的各个方面，解决自然资源的开发利用、工农业建设布局、国家重大项目建设的决策、国土的开发与规划的系列问题；通过分析地理环境对人的经济活动的影响和人的经济活动对地理环境的作用，确定区域经济发展的目标与方向，合理规划区域空间的设施建设布局；通过对土地资源条件与状况的分析，结合当时的社会经济发展水平以及社会对于土地利用需求，尽可能地符合生态规律赋予土地最大使用限度的要求，从而对土地资源进行科学合理的利用规划；通过对城市建设用地的划分，确定城市建设的规模与空间结构，进而符合设计规划模式中的城市发展规模。

三　新经济地理学的出现

20 世纪 90 年代初，克鲁格曼（Paul R. Krugman）、藤田（Fujita）、维纳布尔斯（A. Venables）、赫尔普曼（Elhanan Helpman）、阿瑟（W. B. Arthur）、蒲格（D. Puga）等西方主流经济学家运用主流经济学建模手段来解释经济区位的问题，该经济学分支被克鲁格曼称为"新经

---

① 杨万钟：《经济地理学导论》，华东师范大学出版社 1999 年版，第 8 页。

济地理学"①。新经济地理学使得空间维度介入到主流经济学的研究范畴中，使得经济学研究得到深入发展，为区域经济地理学的发展提供理论支撑。焦连成在《经济地理学研究的传统对比》中提出："新经济地理学不是一门完整的学科，其研究内容散见于一些西方主流经济学家的论著中。"② 以克鲁格曼为代表的经济学家依托"冰山消融理论"③，以表达运输经济通过消耗的形式把空间元素渗透到经济学的研究之中，使得经济学的研究范围得到拓展，与地理学的交叉研究范式开始确立。正如马丁（Martin）、桑尼（Sunley）等经济学家所总结的那样，新经济地理学是经济学的地理转向。因此可以认为，新经济地理学与经济学有着非常密切的关系，是由经济学演变而来的，更确切地说，应该是由于空间因素介入到经济学研究中而形成的。经济地理学研究的核心内容是对区位和空间的分析，而区位和空间的理论与方法是从经济学吸收而来的，区位与空间理论作为经济地理学传统的研究方向是从区域经济学中汲取的。经济地理学和区域经济学的区位与空间理论上具有共同的研究内容，从区位与空间的研究分析上来看，经济地理学和区域经济学共同具有学术意义上的话语权。

实际上，新经济地理学是隶属于区域经济学的，新经济地理学与经济地理学在研究方向上有着截然不同的区别。经济地理学继承了地理学的区域性和综合性的本质属性，新经济地理学则是将区域经济学的区位研究和空间分析纳入到经济地理学的研究当中，区位的相关理论以及空间的分析方法已经融入到经济地理学的理论与方法体系中，新经济地理学从本质上还是从属于区域经济学的。

四　经济地理学与区域经济学的关系

经济地理学理论体系中的区位研究是在经济学区位研究和空间分析的基础上确定的，进而使得区域研究成为经济地理学的研究方向。经济学区域研究的渗透，使得经济地理学的经济化发展获得长足的进步，区域性与综合性的根本属性在经济地理学的发展过程中越来越凸显。区域经济学作为一门年轻的应用经济学分支学科，是由经济学和经济地理学以及后来的

---

① 焦连成：《经济地理学研究的传统对比》，博士学位论文，东北师范大学，2007 年，第 76 页。

② 同上。

③ 同上。

产业布局交叉而成的。① 陈才先生指出："区域经济学实际也有两个方向，一个是地理学传统的区域经济学，另一个是经济学传统的区域经济学，这是两个有着诸多差别的发展方向。"② 经济地理学的区域研究具有经济地理学的区域性和综合性的根本属性。与将经济学空间研究和空间分析介入到经济地理学研究中而形成的新经济地理学是有很大的差异的。换言之，经济地理学和新经济地理学的发展方向是不同的。在经济地理学的发展过程中，新经济地理学关于区域理论与方法的研究已经成为经济地理学研究理论体系的内容之一。可见，经济地理学与区域经济学具有一定的关联性，同时又是分属于不同的两个学科。

区域发展战略与区域规划是区域经济地理学与区域经济学的共同研究重点，这是由两个学科的应用性学科性质决定的，经济区域（系统）是两个学科的共同领域。③ 可见，经济地理学与区域经济学两个学科共同的交集是区域问题研究。两个学科的发展关系是较为密切的。主要表现为20 世纪初工业布局过程中的区位研究、20 世纪中期的区域平衡发展研究以及 20 世纪 80 年代的区域可持续发展研究。在这个发展过程中，有关区域问题的研究出现了一系列理论，主要有赫希曼（Albert Otto Hirschman）等的"核心—边缘论"、佩鲁（F. Perroux）提出的"增长极"理论、弗里德曼（Milton Friedman）提出的"中心—外围"理论、威廉姆逊（Williason）提出的"倒 U 型曲线"、"点—轴系统"理论、梯度（反梯度）理论、区域可持续发展理论等④。

同样，经济地理学与区域经济学也存在着较为明显的相异性。作为研究自然环境以及自然环境与人的经济活动的经济地理学，要比建立于 20世纪 40 年代的区域经济学早很多。经济地理学是人文地理学的一个分支学科，而区域经济学是经济学的一个分支学科。两个学科在学科属性上截然不同。由此分析得出，两个学科的学科特征也是不同的。经济地理学具有区域性、综合性、系统性的特征；区域经济学则具有系统性、规律性、

---

① 陈秀山、张可云：《区域经济理论》，商务印书馆 2003 年版，第 11—12 页。

② 陈才：《坚持学科交叉的方向，发展地理学的区域经济研究——评〈区域经济学〉教材》，《地理科学》2004 年第 3 期。

③ 王荣成、丁四保：《关于我国区域经济地理学和区域经济学融合发展的思考》，《人文地理》2005 年第 6 期。

④ 焦连成：《经济地理学研究的传统对比》，博士学位论文，东北师范大学，2007 年，第 80—84 页。

形式化、模型化的特征。① 经济地域系统与区域经济系统分别代表着经济地理学与区域经济学的研究对象。经济地域系统与区域经济系统两个概念内涵与外延的不同可以反映出经济地理学与区域经济学研究对象的差异。经济地理学与区域经济学之间的差异还表现在学科思维方式、学科理论体系以及学科研究方法等方面。

第二节　经济地理学的"点—轴—网"理论

一　增长极模式理论

"增长极模式"最早是 20 世纪 50 年代由法国经济学家佩鲁提出来的。② 当时，该模式侧重经济空间范畴，是较为抽象的空间结构范围内的增长极变化，即一个主导产业通过向周边的关联效应来带动这个区域的经济发展。一般情况下，"增长极模式"通过扩散效应、支配效应、乘数效应作用机制来实现"增长极"的形成。随着地理空间因素的介入，以法国经济学家布代维尔（J. R. Boudeville）为代表将"增长极模式"由经济空间范畴转换到地理空间研究范畴。布代维尔（1966）指出，"增长极是指在城市区配置不断扩大工业综合体，并在其影响范围内引导经济活动的进一步发展"③。由此，佩鲁的经济空间演变为布代维尔的地理空间。也就是说，经济部门或产业的经济增长转化为地区或城市的经济增长。地理含义的"增长极模式"适合于区域开发，把地区或城市看作增长极，增长极的作用体现在引起集聚效应的极核上，认为经济的增长总是发生在经济条件较好的个别点上，通过集聚作用，这些极核点逐渐扩大成为城镇或城市。可以说，"增长极模式"产生于区域经济学，发展壮大的阶段是在经济地理学。就目前来看，在区域经济学和经济地理学领域中，该模式被广泛地应用于区域发展的指导模式。在体育学研究领域也有关于"增长极"理论的研究文献。商知飞在硕士论文《辽宁中部城市群竞技体育优势项目增长极发展战略研究》中将"增长极"理论应用于城市群体育研

---

① 焦连成：《经济地理学研究的传统对比》，博士学位论文，东北师范大学，2007 年，第80—84 页。

② 杨万钟：《经济地理学导论》，华东师范大学出版社 1999 年版，第 1—9 页。

③ 商知飞：《辽宁中部城市群竞技体育优势项目增长极发展战略研究》，硕士学位论文，沈阳师范大学，2012 年，第 45—52 页。

究领域，提出构建辽宁中部城市群竞技体育优势项目增长极发展战略。[①]
张世威在《基于区域"增长极"理论的我国体育产业发展战略思考》中
运用"增长极"理论提出了区域中心城体育产业"增长极"发展战略。[②]

二   "点—轴系统"模式理论

（一）"点—轴系统"理论背景分析

在我国，随着社会的不断进步，经济实力得到不断的增强，城市或区
域的工业、交通、商业及服务业的发展逐渐占据了整个社会生活的主导地
位。城市形态、功能、区位划分、空间分布等方面的研究逐渐受到众多学
科的重视。城市经济开发的热点越来越多地趋向于由中心向周边扩散的发
展上。渐进式扩散理论是城市经济开发中心转移的重要理论依据。[③]
"点—轴系统"理论正是在这种社会、经济背景下产生的。

"点—轴系统"理论是我国著名经济学家陆大道先生提出的。他在
1984 年全国经济地理和国土规划学术讨论会上所作的《2000 年我国工业
布局总图的科学基础》报告中，初步提出了"点—轴系统"理论模式，
通过随后十多年对该理论的形成机理、结构类型及渐进式扩散原理的研
究，使这一理论基本上形成了一个体系。[④] 该理论的目的在于探索区域最
佳发展的最优空间结构的学说。陆大道先生阐述了社会经济客体运用
"点—轴系统"模式组织其发展，所在区域就可以得到最佳的发展。该理
论反映出社会经济空间组织的客观规律，对于城市的建设布局具有重要的
指导意义，广泛运用到国土开发与区域发展的实践建设过程。世界各国各
级范围内重点的交通干线、能源、水源建设线路与重点建设的城镇、工矿
区的一致性，充分验证了这一理论的实践价值。城市公共设施以及公共体
育设施的选址与建设越来越注重交通、人口密度等因素之间的相互关联
性。"十一五"期间，体育场地的新建与改（扩）建状况发生了巨大的变
化，通过对 2006—2010 年《体育事业统计年鉴》的统计发现：我国体育

---

① 商知飞：《辽宁中部城市群竞技体育优势项目增长极发展战略研究》，硕士学位论文，沈
阳师范大学，2012 年，第 45—52 页。

② 张世威：《基于区域"增长极"理论的我国体育产业发展战略思考》，《北京体育大学学
报》2010 年第 7 期。

③ 陆大道：《关于"点—轴"空间结构系统的形成机理分析》，《地理科学》2002 年第
1 期。

④ 同上。

场地建设的占地面积达到 701384381 平方米。① 当前，在体育场地占地面积如此大的增幅背后，仍然存在着广大人民群众日益增长的体育需求和社会体育资源相对不足之间的矛盾。加强公共体育设施建设已经被纳入到国家国民经济和社会发展"十二五"规划中去。由此可见，公共体育设施建设布局亟须"点—轴系统"理论的指导与支撑。

（二）"点—轴系统"理论基本概念及其思想的阐释

陆大道先生指出："点—轴系统"理论是在中心地理论的基础上产生的。中心地理论是德国地理学家瓦尔特·克里斯塔勒（Walter Christaller）提出的。"点—轴系统"理论是关于社会经济空间结构（组织）的理论之一，是生产力布局、国土开发和区域发展的理论模式。② "点—轴系统"理论传承了中心地理论的"等级—规模"逐级渐进发展的思想。"等级—规模"逻辑思维的核心是集聚与扩散原理。社会经济客体在空间结构的"等级—规模"逻辑范式就是"点—轴系统"理论思想的精髓。但是，"点—轴系统"理论与中心地理论却有着内容体系和适用对象不同的显著区别。概括地说，"点—轴系统"理论更侧重于社会经济客体空间结构与区域发展规划的研究。区域发展问题是经济地理学和区域经济学共轭的研究领域，是两个学科共存的基础。③ "点—轴系统"理论是关于区域发展战略与区域规划的理论。可以说，"点—轴系统"理论是属于经济地理学与区域经济学两个学科的交集。在经济地理学范畴中，"点—轴系统"理论是解决社会经济客体区域规划布局问题的核心理论。

构建"点—轴系统"规划布局模型的关键是选择"发展轴"。不同级别区域发展轴的确定，不仅可以使不同级别区域的发展战略有机地结合起来，而且还可以使不同级别区域开发方向达成一致，从而有利于实现城市

---

① 国家体育总局：《2006 年中国体育事业统计年鉴》，中国体育年鉴出版社 2007 年版，第 89—91 页；国家体育总局：《2007 年中国体育事业统计年鉴》，中国体育年鉴出版社 2008 年版，第 84—89 页；国家体育总局：《2008 年中国体育事业统计年鉴》，中国体育年鉴出版社 2009 年版，第 88—91 页；国家体育总局：《2009 年中国体育事业统计年鉴》，中国体育年鉴出版社 2010 年版，第 87—91 页；国家体育总局：《2010 年中国体育事业统计年鉴》，中国体育年鉴出版社 2011 年版，第 88—91 页。

② 陆大道：《关于"点—轴"空间结构系统的形成机理分析》，《地理科学》2002 年第 1 期。

③ 焦连成：《经济地理学研究的传统对比》，博士学位论文，东北师范大学，2007 年，第 78 页。

公共设施投资与管理运营的最佳化。

三　"网络开发"模式理论

"网络开发"理论是 20 世纪 90 年代在"网络"概念①的出现和网络经济学的形成的背景下产生的。1998 年我国学者魏后凯认为，区域经济发展是一个动态的过程，在发展中呈现出增长极点开发、点轴开发和网络开发三个不同阶段。② 这也是"网络开发"理论首次被提出。"网络开发"理论是点轴开发理论的延伸，是点轴开发理论进一步发展的必然阶段。网络是由结点和轴线共同组成的。结点是网络的核心，结点是网络中集聚作用的结果，也是网络中扩散作用的发源地。轴线在网络结构中发挥着重要的链接作用，是结点与网面相互衔接的纽带，是网络中各种要素相互流通的通道和载体。"网络开发"模式是城市建设布局的高级模式，适用于经济与社会较为发达的地区。

四　"点—轴—网"理论

（一）"点—轴—网"理论的形成

基于相同的集聚与扩散生成机理，"增长极""点—轴系统""网络开发"三个理论表现出非常清晰的逻辑递进关系，这种关系就是魏后凯提出的动态发展过程中的三个不同阶段（详见图 4－1）。"增长极"理论阐释的是各级中心在一定范围内作用的模式，更侧重于空间结构形成的变化过程与相互联系；"点—轴系统"理论阐明的是经济客体在一定范围内发展的总体模式，更强调空间变化过程；"网络开发"理论是"点—轴系统"理论发展的必然，是其更高阶段的表现形式。二者没有本质的区别。

图 4－1　"点—轴—网"理论形成的三个阶段

资料来源：张建军：《区域网络开发战略模式研究综述》，《生产力研究》2007 年第 1 期。

---

① 《网络》，http：//baike. baidu. com/view/3487. htm？fr＝aladdin。
② 戈银庆：《中国区域经济问题研究综述》，《理论参考》2004 年第 7 期。

（二）"点—轴—网"理论的类型

世界发达国家城市体育设施建设布局较为成熟，有许多经验可供借鉴。目前，发达国家体育设施配置体系主要是以美国和日本为代表的两种模式：美国形成了以俱乐部为标志的职业体育和以社区为依托的公民体育的市级、社区级二级体育设施配置体系；日本则是构筑了政府主导、行政区划管理的都道府县—村镇市—区（相当于我国行政区划的市级—区级—社区级）三级体育设施配置体系。体育设施配置体系应当既能与国家规范相适应，便于制定各级体育设施的建设标准；又与行政区划相一致，便于实施管理。① 1986 年 11 月 29 日原城乡建设部、国家体委关于颁发《城市公共体育运动设施用地定额指标暂行规定》（简称《规定》）的通知（体计基字 559 号）将体育设施用地的分级分为市级、区级、居住区级和小区级。学者蒋蓉等（2007）认为："参照 1986 年颁布的《规定》，对比国内其他城市建设标准，结合成都市的实际情况，规划将成都市中心城内的公共体育设施分 4 级布置，即市级体育设施、区级体育设施、片区级体育设施、社区级体育设施。"② 可见，我国体育设施配置体系是依据国家和所在城市建设规划的规范（如《城市公共体育运动设施用地定额指标暂行规定》《城市社区体育设施建设用地指标》《城市公共设施规划规范》《国家体育事业"十二五"规划》《城市体育事业"十二五"规划》《城市居住区规划设计规范》等）要求并按照所在城市的行政区划编制建立的。配置体系大体包括三、四、五级 3 种类型，具体为：市—区—社区、市—片区—区—社区、市—区—居住区—社区—镇。

体育设施的配置体系是不同类型体育设施在城市范围内布局规划的类别要求。由此推理得出：体育设施类型的划分也应该遵循国家规范和城市行政区划的规定与要求。本书认为"点—轴—网"是城市体育设施建设布局科学、合理的模式，"点—轴—网"类型划分的特征应该具有体育设施类型划分的国家规范性与行政区划性。也就是说，不同类型的"点—轴—网"应该与城市规划建设标准相符合；不同类型的"点—轴—网"也应该归属于不同级别的政府部门管理。因此，"点—轴—网"的类型必

　　①　毕红星：《我国城市公共体育设施规划布局研究》，《成都体育学院学报》2012 年第 4 期。

　　②　蒋蓉、陈果、杨伦：《成都市公共体育设施规划实践及策略研究》，《规划师》2007 年第 10 期。

须与城市体育设施配置体系类型一致。

在此，让我们回顾一下"点—轴—网"的形成过程，发现"点—轴—网"类型与城市体育设施配置体系类型相一致的现象绝不是巧合，而是"点—轴—网"应用于现实城市体育设施建设布局的必然体现。以市—区—社区的城市体育设施配置体系为例，运用"增长极"理论建设或规划形成市级体育设施点，再通过"点—轴"理论确定以交通线为主的一级（或称为市级）基础设施轴（或称为发展轴）将两个市级体育设施点联结起来，在网络开发理论的作用下，继续延伸拓展的市级发展轴将其他市级体育设施点联结起来，最终发展成为市级"点—轴—网"。以此类推，随着社会公共体育服务体系构建进程的不断推进，在"增长极"理论、"点—轴"理论、网络开发理论的作用下，市级发展轴线地带特别是若干个点予以重点发展，对位于轴线上和轴线的直接吸引范围内的体育经济资源予以优先开发。这样，此一级的发展轴和发展中心得到开发，二级（区级）、三级（社区级）的"点—轴—网"逐渐形成。所以说，"点—轴—网"类型的划分与"点—轴—网"形成机理是相互吻合的。

（三）"点—轴—网"理论的特征

1. 阶段性特征

"点—轴—网"形成是构筑在经济地理学相关理论基础之上的，"点—轴—网"形成的整个过程表现为增长极开发、点轴开发和网络开发三个递进的阶段。在"中心地理论"的基础上，"增长极"理论、"点—轴系统"理论以及网络开发理论模式的形成是空间集聚和空间扩散作用的结果。物体之间的相互作用是物体空间运动的基本原理，经济客体具有空间集聚和空间扩散的两种运动特征。在城市体育设施建设布局的发展过程中，体育设施的社会经济要素在"点"上集聚，"点"是指区域内部的增长极，也就是各级体育设施中心。各级体育设施中心融汇诸多经济社会的发展要素，通过空间集聚作用发展成为各级增长极，这些增长极再通过空间扩散作用辐射到周边区域，最终形成本区域体育设施的"增长极"布局模式。随着城市公共体育服务体系的完善，不同体育设施的"增长极"通过交通基础设施线连接起来，通过集中在社会经济基础设施发展轴（主要指交通线路）线上的服务、技术、人员、信息、金融等要素，对发展轴附近区域产生空间扩散作用，进一步形成体育设施"点—轴"布局模式。当体育事业高度发达时，"点"通过发展轴联结，发展轴经纬交错，体育设施"点—轴"模式就会发展成为网络模式。可见，渐进性的空间集聚和空间扩散作用机理是推进"点—轴—网"三个阶段递进式形成的动力机制，阶段性是"点—轴—网"形成过程中的显著特征。"点—轴—网"具有的阶段性特征是体育设施产业布局演变一般规律（即"增长极布局"——"点—轴布局"——"网络布局"）的外在表现。"点—轴—网"这种特征是强化网络并对已有"点—轴"系统的延伸，提高区域各节点、各域面之间，特别是节点与域面之间生产要素交流的深度与广度，促进地区一体化发展，特别是城乡一体化发展。针对这一特征，落后地区应采取增长极开发，发展中地区应采取点轴开发，而发达地区应采取网络开发。[①] 需要注意的是，"点—轴—网"阶段性特征强调体育设施布局网络模式的终极性，体育设施建设布局的最终归宿是"点—轴—网"的建构，增长极模式和"点—轴"模式仅是体育设施建设布局的阶段模式。从城市发展的历程来看，随着经济社会的发展，任何制度的落后地区都是向发达层面发展的。因而，落后地区或是旧城区改造体育设施建设布局采取增长极开发模式最为合适，中等发达程度城区或是新开发地区体育设施建设布局则是采用"点—轴"模式，发达地区或是城市群体育设施建设布局的最佳选择就是网络开发模式。

2. 等级性特征

通过"增长极"理论、"点—轴系统"理论以及网络开发理论阶段性、渐进性作用形成第一级"点—轴—网"。随着社会经济和群众体育事业的发展，城市体育设施建设布局的注意力逐渐转向低级别的发展轴和发展中心上。发展轴逐步向群众体育发展较差的区域延伸，以前未被列为发展中心的新建或改（扩）建体育设施被规划为次一级的发展中心，以此作为新的"增长极"。这样，以次一级的发展中心和发展轴形成的第二级"点—轴—网"为基础，同理，随着体育社会化进程的推进，进而会形成第三级、第四级"点—轴—网"。不同级别的体育设施中心在其功能上表现出来的利用规模、技术水平、设施辐射范围等方面是不同的。因此，不同等级的体育设施增长中心和发展轴组成了不同等级的"点—轴—网"。城市或区域"点—轴—网"是由不同等级的"点—轴—网"组成的综合

① 王荣成、丁四保：《关于我国区域经济地理学和区域经济学融合发展的思考》，《人文地理》2005 年第 6 期。

空间网络。这种由不同等级体育设施增长中心和发展轴组成不同等级
"点—轴—网"所表现出来的等级性就是"点—轴—网"另一个非常鲜
明的特征。"点—轴—网"等级性特征是"点—轴—网"类型生成的依
据，"点—轴—网"类型划分是以体育设施配置体系为标准的，按照城
市行政区划分为市级、区级、社区级、居住区级。所以说，上述"点—
轴—网"等级性表现形式（第一级"点—轴—网"、第二级"点—轴—
网"、第三级"点—轴—网"、第四级"点—轴—网"）是与市级、区
级、社区级、居住区级"点—轴—网"——对应的。值得一提的是，每
一级"点—轴—网"不是独立存在的，而是依附着彼此间内在的行政隶
属关系互为一体的。"管理与被管理"是它们之间关系的写照。以大型
体育设施中心作为"点"，以交通设施线作为发展轴是"点—轴—网"
等级性的显著标志。不同等级的"点—轴—网"对应的体育设施中心和
交通设施线是不同的。因而，"点—轴—网"等级的划分关键在于确定
"点"和发展轴。

3. 空间可达性特征

可达性的概念由汉森（Haasen）首次提出，之后在城市规划、交通
地理、区域研究等领域受到广泛的关注。[①] 空间可达性是指一个区域（国
家、地区、城市、线状和点状基础设施）与其他相关区域（同样包括国
家、地区、城市、线状和点状基础设施）进行物质、能量、人员交流的
方便程度和便捷程度。[②] 在点→轴→网的"点—轴—网"空间模式发展过
程中，体育设施通过多个扩散点，以线状基础设施束（交通设施束）作
为扩散通道，渐进式地向周边区域扩散体育设施流（主要指影响体育设
施建设布局的要素），随着扩散距离的延伸，渐次形成强度和规模递减的
新体育设施集聚点，同时，多个扩散渠道渐次延伸，相互联结构成新的发
展轴。随着社会体育事业的发展和社会发展的需求，发展轴线不断延伸，
新的体育设施聚集点和发展渐次产生。由此可见，点轴渐进式扩散发挥着
关键的作用。"点—轴—网"向次一等级渐进式形成的过程中，上一等级
"点—轴—网"对次一等级"点—轴—网"的影响是通过渐进式空间扩散

---

① 姜招彩、徐建刚、王振波等：《基于空间可达性的城市经济发展研究——以扬中市为
例》，《河南科学》2008 年第 12 期。

② 陆大道：《区域发展及其空间结构》，科学出版社 1995 年版，第 97—110 页。

作用产生的，这种影响正是"点—轴—网"发展过程良性延续的机制，其影响作用是通过空间可达性等体现的。因而，空间可达性是"点—轴—网"重要的特征。空间可达性是影响"点—轴—网"发展的重要因素，提高空间可达性是城市或是区域"点—轴—网"发展最佳目标，也是"点—轴—网"后续发展的前提条件。渐进式空间扩散是空间可达性体现的关键动因，同时，空间可达性要求点轴空间结构依赖渐进式空间扩散。体育设施点的空间可达性不是体现在周边若干交通线的相互连接，而是在点轴空间结构模式的作用下，通过能够输送体育设施流的特定交通线通道的合理衔接，从而反映整体区域的空间可达性。因此，"点—轴—网"空间结构具有显著的空间可达性特征。对于"点—轴—网"的构建而言，一方面空间可达性明确了发展轴确定的具体要求，即发展轴是体育设施流的特定通道；另一方面发展轴对于"点—轴—网"空间结构的有效联结作用将直接关系到"点—轴—网"空间结构的科学性和合理性，影响区域"点—轴—网"空间结构的格局和发展方向。

4. 位置级差地租特征

级差地租是等量资本投资于等面积的不同等级的土地上所产生的利润不相同，因而所支付地租也就不同，这样的差别地租就是级差地租。位置不同而产生的级差地租就是位置级差地租。① 城市土地使用是依据市场供需关系决定地价，能够支付最高地价的产业部门就可以使用地价最高的土地。地价最高的区域位于城市的中心地带，对于北京、上海、广州一类的特大城市呈现出城市多中心的区域特征，在城市中心集聚着政治文化、商业、金融中心以及大型城市交通设施等社会经济客体，高级住宅及知名中外企业也围绕在其周边。地租随着距离城市中心距离的变化而呈现出递减变化。不同类别的体育设施作为城市存在与发展的经济客体同样受制于位置级差地租特征，"点—轴—网"的第一级发展中心往往具备很强的集聚扩散能力，对周边区域大众体育的开展能够起到发展源泉与对外扩展的作用，第一级发展中心通常为市级体育场馆，如北京的"鸟巢""水立方"等。这样来看，第一级发展中心从位置级差地租的特征取向来看，区位选择应该位于城市的中心区域，第二级发展中心、第三级发展中心区位的选择就会形成距离城市中心区域渐远的布局模式。因为位置级差地租和交通

---

① 《级差地租概念》，http：//www.qqywf.com/view/b_ 6417326.html。

费都与空间摩擦相关联，两者合计的费用即距离摩擦费用最小点是所有经济活动追求的最佳区位点。[①]

当前城市市级体育设施区位的选择大多表现为两种现象：一是计划经济时代的市级大型体育场馆的区位选择在城市中心区域；二是市场经济时代的新建市级大型体育场馆区位选择在城市近郊区。这两种现象同时也带来体育场馆利用和管理经营的困惑，前者是由于管理经营不善，体育场自身的利润低于体育场馆所占土地的地租，使得体育场馆难以进行后续的发展；后者是违背了"点—轴—网"本身固有的位置级差地租特征，使得不同级别的发展中心不能发挥渐进式扩散的联动作用，从而影响着"点—轴—网"的构建。因此，"点—轴—网"的位置级差地租特征决定着体育设施发展中心区位的选择，换言之，利用位置级差地租是体育设施建设区位选择的重要因素之一。

5. 地理信息特征

地理信息系统（简称 GIS）是经济地理学最为重要的研究工具。"点—轴—网"是基于经济地理学相关理论提出的，因而 GIS 也可以作为"点—轴—网"的研究工具。GIS 是地图应用借助于计算机科学发展形成的技术系统，其系统包括计算机硬件、软件以及研究方法。该系统通过对空间数据的采集、管理、处理、分析、建模和显示完成地图浏览、信息查询、图表统计等功能。在国土管理、城市管理、公共设施管理等领域，GIS 能够及时、准确地提供经济客体的空间和动态地理信息，为管理、规划以及决策工作奠定科学信息基础。城市各级体育设施发展中心与交通基础设施发展轴通过 GIS 可以充分表现出"点—轴—网"的地理信息特征。

地理信息特征有利于"点—轴—网"的构建与管理。2009 年，学者胡卫红利用体育设施网的地理信息特征，对第十一届全国运动会比赛场馆出现的危机进行管理，使得比赛场馆的空间可达性得到最大限度的发挥，保证赛事顺利地完成。以"点—轴—网"地理信息特征为依据，对当前大连市体育设施建设布局状况进行分析得出：大连市级体育设施建设布局的空间结构与"点—轴—网"的理论模式不相符。[②] 具体表现为：沿渤海

---

① 张文忠：《大城市服务业区位理论及其实证研究》，《地理研究》1999 年第 3 期。
② 毕红星：《"点—轴系统"理论与城市公共体育设施建设布局》，《上海体育学院学报》2012 年第 6 期。

第一级发展轴和"哈大"第一级发展轴上没有规划建设市级体育设施；黄海第一级发展轴上市级体育设施数量不足；大外环第一级发展轴上市级体育设施数量严重缺乏；城市第一级发展轴与第二级发展轴缺失渐进式扩散效应的空间结构本质属性。因此，"点—轴—网"通过 GIS 表现出的地理信息特征是带有经济地理学属性的特征，这种特征不仅可以为"点—轴—网"构建提供科学依据，而且可以为"点—轴—网"后续的管理与完善提供动态反馈。

（四）"点—轴—网"理论在相关领域的运用

1. 国外点轴开发模式的分析

（1）美国西部点轴开发模式

美国西部开发又称美国西进运动，是美国历史上一次著名的社会经济活动，历经了从 18 世纪末到 19 世纪末百余年的时间，这场大规模的社会经济活动具有移民迁徙、领土扩张、由东向西的经济开发等特征。从经济地理学视角来看，这场空前的经济开发是点轴开发模式的典型范例。

美国西部开发整体格局中的"增长极"是由诸多经济技术与地理环境等影响要素相互作用，进而集聚形成的。在一定区域范围内发挥着聚集与扩散作用，对周边区域经济的发展起到辐射作用。美国西部"增长极"的形成与西部地域经济的条件和特点是密切相关的。18 世纪末美国独立后，对西部进行了大规模的开发建设，同时大量的移民向西部迁徙，这些移民为美国西部"增长极"的形成提供了经济建设中必不可少的劳动力；美国的"旧西南部"（主要指现在的肯塔基、田纳西、亚拉巴马、密苏里、密西西比、阿肯色、路易斯安那诸州），在当时是棉花的主产地。美国的"旧西北部"（主要指现在的俄亥俄、印第安纳、伊利诺伊、密歇根、威斯康星诸州），当初是谷物和养殖业的主要地区。19 世纪中叶在加利福尼亚发现了金矿。西部丰富的物产资源是"增长极"形成的必不可少的物质基础。此外，当时美国南部的奴隶主、北部的土地投机商以及外国的商人将大量的资本投入到西部的开发中，这无疑为西部"增长极"的形成注入了雄厚的资本基础。

美国向西部进行的大规模土地扩张，使得美国的版图得以大幅度的扩大。根据"百度知道"网站的相关记载："到 1853 年，美国已把它的国境线推进到太平洋沿岸，国土面积达 303 万平方英里（约 785 万平方公里），比宣布独立时的版图增加 7 倍多。"① 伴随着农业、工业大规模的发展以及大量移民的西进，铁路建设得到快速的发展，公路和运河为主的交通干线的建设也得到了全面的改观。19 世纪末，美国已建成横贯大陆北中南三条铁路干线，铁路总长达 30 万英里，超过全世界总和。② 可以说，横贯西部大陆的交通干线在西部大开发中起着重要的作用，相反，美国交通业的快速发展也得益于西部开发的需要。最终，西部大开发使得西部的交通形成一定的规划布局。在西部大开发中起着重要的连接作用的交通干线就是"点—轴"系统中的"开发轴"。

因此，美国西部大开发的过程是以"增长极"中心，以集聚与扩散作用对周边区域产生辐射影响，通过以铁路与公路干线为主的开发轴的连接作用，进而形成西部的"点—轴"系统开发模式。

（2）德国莱茵河沿河工业带"点—轴—网"开发模式

欧洲莱茵河沿河工业带布局的空间结构符合"点—轴"布局模式。工业区因位于莱茵河下游支流鲁尔河与利珀河之间，故得名"鲁尔区"。鲁尔工业区是德国乃至世界重要的工业区，被称为"欧洲工业心脏"。位于鲁尔区南部鲁尔河流域的地区是鲁尔区工业布局最为集中的区域，该区域工厂与居住区聚集在一起，由分布密集的交通干支线连接，形成鲁尔区发达的经济区（带）。鲁尔区内分布着 20 多个城市，拥有 70 多个不同规模的河港。③ 这些河港形成了鲁尔经济区的"增长极"。莱茵河从南北方向纵形穿过鲁尔经济区，区内有多条发达的运河，运河将区内莱茵河、利珀河、鲁尔河和埃姆斯河连通，构成了水运条件便利的运河网。鲁尔区内的铁路、公路以及高速公路多为东西走向，穿行于鲁尔区内，是连接区内各个工业区的纽带，与内河水运线路共同构成鲁尔区的交通线路网。这些基础交通设施束是鲁尔区"点—轴"空间布局的"发展轴"。在"增长极"和"发展轴"逐渐形成的基础上，以煤炭和钢铁生产为基础、以电子计算机和信息产业技术为龙头、多种行业协调发展综合产业集群在"增长极"上集聚发展，通过"发展轴"向周边区域扩散辐射，继而形成鲁尔经济区的

---

① 《西进运动》，http：//baike. baidu. com/view/245066. htm？ fr = aladdin。

② 《铁路建设铸就黄金产业链》，http：//www. cs. com. cn/csnews/ztbd/10/20/05/t20060716_960947. htm。

③ 《莱茵河沿河工业带开发的"点—轴—面"模式》，http：//news. changsha. cn/cszt/201104a/10/5/2/201104/t20110421_ 1245619. htm。

"网"。鲁尔经济区是以采煤业为主的工业区，依托莱茵河流域丰富的物产资源，在经过政府对其产业结构以及产业布局进行合理调整之后，使得鲁尔经济区的多个产业在德国和欧洲均占有重要的经济地位。

2. 国内点轴开发模式的分析

（1）长江三角洲点轴布局模式

长江三角洲简称长三角，位于长江中下游平原，是长江入海前由于沙土沉积而形成的平原。以国务院印发的《关于进一步推进长江三角洲地区改革开放和经济社会发展的指导意见》（国发〔2008〕30 号）[①] 和国务院 2010 年批准的《长江三角洲地区区域规划》[②] 为依据，长三角区域范围包括上海、江苏、浙江一市两省。一市两省呈现出"一核两翼"的发展特征，核心是指上海，两翼分别为南京和杭州。长三角城市群被称为世界六大城市群之一。长三角城市群由 16 个城市组成，分别是上海市、江苏省 8 个城市（南京、苏州、无锡、常州、镇江、南通、扬州、泰州）、浙江省 7 个城市（杭州、宁波、湖州、嘉兴、绍兴、舟山和台州）[③]。长三角经济区的空间布局呈现出"点—轴—网"的空间结构的特点，由点到轴，再到网络化发展的空间演变过程。[④] 一级增长极分别是上海、南京、杭州；一级发展轴是连接 3 个一级增长极的航空、铁路、水路、公路以及高速公路，主要是以铁路运输和江河运输为主干道的综合交通通道。二级增长极则是长三角区域所包括的 13 个地级城市；二级发展轴是依附于一级发展轴的连接各个二级节点城市的水路、高速公路、铁路等交通次干线。随着一级、二级点与轴的建立，各级发展轴与其相互交错而成的腹地共同构成"网"。"点—轴—网"开发模式下的长三角经济区是以上海为核心的江苏、杭州长三角经济区，是我国经济发展最强劲、最有潜力的经济区域，具备了世界性城市群的发展规模，同时已经形成了较为发达的网络化现代交通体系，随着新型产业的发展与产业结构布局的优化，长三

---

① 《关于进一步推进长江三角洲地区改革开放和经济社会发展的指导意见》，http：//www. gov. cn/zwgk/2008 – 09/16/content_ 1096217. htm。

② 《国家发展改革委关于印发长江三角洲地区区域规划的通知》，http：//www. gov. cn/zwgk/2010 – 06/22/content_ 1633868. htm。

③ 《长江三角洲》，http：//baike. baidu. com/view/48994. htm? from_ id = 3288923&type = syn&fromtitle = % E9% 95% BF% E4% B8% 89% E8% A7% 92&fr = aladdin。

④ 杜丽菲、徐长乐、郭小兰等：《长三角地区区域空间结构发展模式分析》，《山西师范大学学报》（自然科学版）2008 年第 1 期。

角经济区具有更加强势的国内乃至国际经济辐射影响力。

（2）珠江三角洲点轴开发模式

珠江三角洲被称为珠三角，是珠江入海泥沙沉积而形成的。2009 年国家发展和改革委员会公布的《珠江三角洲地区改革发展规划纲要（2008—2020 年）》指出：“本规划纲要的规划范围是，以广东省的广州、深圳、珠海、佛山、江门、东莞、中山、惠州和肇庆市为主体，辐射泛珠江三角洲区域，并将与港澳紧密合作的相关内容纳入规划。”① 由 9 个城市组成的珠三角经济圈于 1994 年由广东省政府提出，珠三角经济圈的发展与香港和澳门有着很密切的关系，因此，珠三角经济圈应包括香港和澳门。珠三角经济圈在世纪规划时被分为三个组团，即广佛肇、深莞惠、江中珠。珠三角经济圈是国家改革开放的先行区，从 GDP 的数值来看，珠三角经济区在国家社会经济发展战略中占有重要的地位。② 在珠三角三大经济组团与 9 个地级城市的空间结构中，不同的组团和城市的节点就是“点—轴—网”系统中不同级别“点”。珠三角三个组团的划分重在体现经济的同城化，实现“一小时经济圈”的规划目标。为了加快经济圈同城化的步伐，国家和广东省政府提出了打造珠三角交通一体化的举措，多个建设项目已被列入广东省和各地级市“十二五”建设规划中。城际轨道逐渐成为连接珠三角的新通道。目前，广珠城轨、广佛江中珠城轨、广佛地铁、佛肇城轨等已经建成通车。广珠铁路、广东西部沿海高速铁路、南沙港铁路等项目的建成也为珠三角交通一体化填补了空白。高速公路的建设在原来的基础上规划布局更加彰显网络化，例如，穿过中山市的高速公路就已经达到七条（太澳高速、深罗高速、广珠西线、西部沿海高速、江番高速、江珠北延线和中开高速）。③ 这些发达的城轨、铁路、高速公路、航空线路以及水路等交通设施将珠三角区域内的各个节点城市连接起来，促进了各级“增长极”的扩散。基于此，各级增长极与发展轴相互作用，共同形成珠三角经济网。

五　小结

“点—轴—网”的理论与实践是一种新思维式的研究。“点—轴—网”

---

① 《珠江三角洲地区改革发展规划纲要（2008—2020 年）》，http：//www. sina. com. cn。

② 《珠江三角洲》，http：//baike. baidu. com/view/33354. htm？fr = aladdin。

③ 同上。

的构建实际上是对体育设施的区位选择与空间结构布局，使其在各自的区域发挥最大的效益，提高城市（城乡）体育设施的利用率，完善城乡体育设施建设布局一体化发展体制机制，实现城乡区域体育资源协调互动发展。因此，对"点—轴—网"的理论与实践研究不仅可以丰富我国体育设施建设布局的理论，也可以为公共体育服务体系的构建提供理论依据。

第三节　经济地理学的其他理论

一　中心地理论

1933 年德国地理学家克里斯泰勒在其《德国南部的中心地》一书中提出中心地理论。中心地理论是解决和分析城市区位问题的理论，这一经典性的代表学说所描述的是城市区域规模的等级结构变化以及空间结构变化发展规律。中心地理论是 20 世纪 30 年代经济地理学的代表性理论。

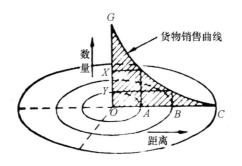

图 4 - 2　货物销售曲线与规模等级结构

资料来源：杨万钟：《经济地理学导论》，华东师范大学出版社 1999 年版，第 238 页。

结合图 4 - 2 分析城市等级结构状况。同时，对图 4 - 2 货物销售曲线变化与城市规模等级结构的关系阐述就是揭示中心地理论生成机制的全面分析。图 4 - 2 主要以商业及其服务为例来探究。图 4 - 2 中的 O 点是中心地，中心地是可以提供商品及其有关服务的地点。完成商品货物及其服务的供给就是中心地的职能。从图 4 - 2 中可以看出，商品货物的销售情况与距离中心地的距离成反比关系，即距离中心地越远的地点，商品货物的销售能力水平相对较低，如图 4 - 2 所示，当代表距离的 OB <OC，货物 G 在 B 点的销售量水平则为货物销售 OB >OC。产生这种现象的原因与交通成本有关系。距离越远，交通的成本就会越高。因此，距离中心地的距离越近，也就是说，中心地的等级程度越高，具体是指提供货物商品的能力就会相对较高，中心地的职能水平随之提高。货物销售水平与中心地等级结构的关系称为空间距离衰减原则。空间距离衰减原则是揭示中心地理论变化规律的重要标准。图 4 - 2 中货物 G 的销售情况是随着距离的变化而变化的。即达到 C 点时货物 G 的销售状况到达了临界点，此临界点也表示此货物的市场需求率为零。此外，不同的距离会形成相对应的圆形面积，这样的圆形面积成为货物的销售范围。由于销售利润的作用，货物存在着最小销售范围与最大销售范围，当货物利润达到货物生产方（企业）得以维持的费用时，所对应的销售范围就是最小销售范围，将最小销售范围对应的人口数量称为人口门槛。人口门槛是衡量货物得以正常销售的最低条件。图 4 - 2 中的以 OC 为半径的圆是最大销售范围，以 OA 为半径的圆为门槛销售范围，实际的销售范围为最大销售范围与门槛销售范围之间的环形区域。

在杜能（Johan Heinrich von Thunnen）、韦伯（Alfred Weber）区位理论与方法的基础上，克里斯泰勒通过对以市场为中心的区位理论的分析建立了中心地理论。以中心地理论为依据的城市模式构建必须遵循市场原则、交通原则、行政原则等。

中心地理论是关于城市等级规模结构和地域空间结构规律的学说。[①]中心地理论是空间集聚和空间扩散的作用产生的。中心地理论是"增长极"理论、"点—轴系统"理论和"网络开发"理论的核心理论基础，一方面体现在理论产生的时间顺序，即中心地理论在先，"点—轴—网"理论在后；另一方面体现在理论形成的机理，即空间集聚和空间扩散的作用，而且，空间集聚发生在空间扩散之前。

二　空间理论

空间理论主要是指城市间或区域间相互作用而逐渐形成的理论。城市间或区域间体育设施建设布局对于城市单个体系体育设施建设布局的研究具有重要的意义。因为城市体系的研究包括单个城市，同样也包括城市之间的研究。城市间的空间相互作用包括人和物质的交通、各种联系的交

---

① 杨万钟：《经济地理学导论》，华东师范大学出版社 1999 年版，第 238—240 页。

往、各种信息的交流三个方面。城市间的空间相互作用的表象归结为城市间的互补性、城市间的可通达性以及城市间关联的唯一性等特征。城市间的人员流、物质流、能源流以及技术信息流的强弱直接影响着城市间相互作用量的大小，并且存在着正向的影响作用。从理论上测定城市间的相互作用量，通常用引力模式和潜力模式。在一般情况下，两个城市间相互作用量与两个城市的规模成正比，与城市间的距离成反比，这就是引力模式。[①] 即：

$$I_{ij} = K \frac{M_i M_j}{D_{ij} b} ②$$

上述公式中，i 和 j 分别代表两个城市，M 代表城市的综合发展状况，通常以城市人口或城市 GDP 来衡量，D 代表两个城市间的直线距离，K 与 b 分别表示质量权数和距离作用指数。在此，城市间相互作用量 I_{ij} 随着两个城市间距离的增大而减小，这种现象就是空间相互作用的距离衰减法则。[③]

引力模式很好地解决了两个城市间的相互作用量。那么，对于城市与其所处的城市体系内其他城市的相互作用状况，潜力模式是解决问题的最佳选择。潜力模式是用以下公式来表示的：

$$V_i = \sum_{j=1}^{n} \frac{M_j}{D_{ij}^b} ④$$

上述公式中，V_i 代表 i 城市与其所处的城市体系中的其他城市相互作用的总量，M 和 D 的数学含义与引力公式中的含义相同。通过潜力模式计算出的城市潜力值可以说明城市与其他城市发生相互作用的潜能状况。综上所述，引力模式和潜力模式是空间相互作用理论最基本的模式。[⑤] 换言之，引力模式和潜力模式是解决空间相互作用问题的科学定量化研究理论。经过 70 多年的发展，该研究模式已经被广泛地运用到经济学与地理学等领域。20 世纪 70 年代初，英国地理学者威尔逊（Wilson）将引力模式和潜力模式整合为更为广义的引力模式，进而使得空间相互作用理论得到进一步

---

① 杨万钟：《经济地理学导论》，华东师范大学出版社 1999 年版，第 231—235 页。
② 同上。
③ 同上。
④ 同上。
⑤ 同上。

发展。该理论在我国开展及运用状况较国外晚一些。近几年被应用于城市间相互作用量等方面的研究。可以说，随着我国社会经济的更进一步发展，城市问题的研究越来越成为政府与社会的关注点，与此同时，城市间空间相互作用理论即引力模式理论将是研究与分析城市问题的最佳选择。

三 城市地域结构理论

城市是由众多的物质要素（如道路网、街区、节结点、城市用地、城市发展轴等）和非物质要素（如社会组织结构、居民生活方式和行为心理、城市意向等）组成的区域实体。[①] 构成城市区域实体的诸多要素在城市区域范围内并不是无序的组合，而是呈现出一定规律性的排列与组合。不同的排列与组合就会形成不同的城市地域结构。通常，我们将这些要素的组合关系称为城市的地域结构。依据构成要素组合关系规律性的差异，将城市地域结构理论分为同心圆理论、扇形理论、多核心理论。

同心圆理论是由美国社会学家伯吉斯（E. W. Burgess）于1925年提出的。他通过对美国城市的实证研究认为：城市在五种力（向心、专门化、分离、离心、向心性离心）的作用下，形成了城市的五个同心圆带的结构模式。五个同心圆带由内向外分别为城市中央商业事务区、过渡带、低收入人群居住带、中高收入人群居住带、通勤人群居住带，如图4 - 3（A）。

扇形理论是由美国经济学家霍伊特（H. Hoyte）于1939年提出的。该理论侧重对交通线的研究，认为：城市由内向外的发展是沿城市主要交通线路或是城市快速路而进行的。城市的地域结构呈现出以交通干线为支撑骨架的扇形结构，如图4 - 3（B）。

多核心理论是由美国地理学家哈里斯（C. D. Harris）和乌尔曼（E. L. Ullmann）于1945年提出的。该理论的主要观点为：城市结构的分异导致城市逐渐形成不同的核心，城市多核心的出现是由于影响城市地域结构的诸多因素（如区位、集聚、扩散、地价、房租、历史原因以及地域特殊性等）综合作用下而形成的，如图4 - 3（C）。例如，城市中心周边通常是低收入人群居住区，而中高收入人群则分布在城市另一片区，且体育场馆等公共设施的数量规模和建设布局均较为科学。

---

① 杨万钟：《经济地理学导论》，华东师范大学出版社1999年版。

　　基于以上三种地域结构理论，三种理论各有利弊。同心圆理论侧重于城市一元结构，而忽视了在城市结构中起重要作用的交通干线。扇形理论比同心圆理论略显先进，但对城市地域结构的组成要素的考量不够全面。多核心理论更为接近城市发展的多元结构实际状况，但却在城市核心之间的关系研究方面表现出不足。

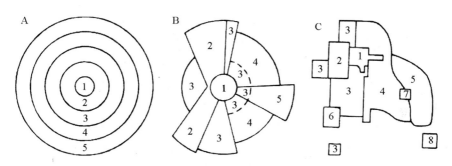

图 4 - 3　城市地域结构理论模式图

　　注：A—同心圆理论模式，图中的数字代表 1—5 同心圆带。B—扇形理论模式，图中的数字代表扇形的等级。C—多核心理论模式，图中的数字代表 1—8 个核心。

　　资料来源：杨万钟：《经济地理学导论》，华东师范大学出版社 1999 年版，第 233 页。

参考文献

［1］杨万钟：《经济地理学导论》，华东师范大学出版社 1999 年版。

［2］吴传钧：《经济地理学——生产布局的科学》，《科学通报》1960 年第 10 期。

［3］焦连成：《经济地理学研究的传统对比》，博士学位论文，东北师范大学，2007 年。

［4］陈秀山、张可云：《区域经济理论》，商务印书馆 2003 年版。

［5］陈才：《坚持学科交叉的方向，发展地理学的区域经济研究——评〈区域经济学〉教材》，《地理科学》2004 年第 3 期。

［6］王荣成、丁四保：《关于我国区域经济地理学和区域经济学融合发展的思考》，《人文地理》2005 年第 6 期。

［7］张世成：《基于区域"增长极"理论的我国体育产业发展战略思考》，《北京体育大学学报》2010 年第 7 期。

［8］陆大道：《关于"点—轴"空间结构系统的形成机理分析》，《地理科学》2002 年第 1 期。

［9］戈银庆：《中国区域经济问题研究综述》，《理论参考》2004 年第 7 期。

［10］张建军：《区域网络开发战略模式研究综述》，《生产力研究》2007 年第

1 期。

　　[11] 蒋蓉、陈果、杨伦：《成都市公共体育设施规划实践及策略研究》，《规划师》2007 年第 10 期。

　　[12] 姜招彩、徐建刚、王振波等：《基于空间可达性的城市经济发展研究——以扬中市为例》，《河南科学》2008 年第 12 期。

　　[13] 陆大道：《区域发展及其空间结构》，科学出版社 1995 年版。

　　[14] 张文忠：《大城市服务业区位理论及其实证研究》，《地理研究》1999 年第 3 期。

　　[15] 毕红星：《"点—轴系统"理论与城市公共体育设施建设布局》，《上海体育学院学报》2012 年第 6 期。

　　[16] 杜丽菲、徐长乐、郭小兰等：《长三角地区区域空间结构发展模式分析》，《山西师范大学学报》（自然科学版）2008 年第 1 期。

　　[17] 蒋蓉、陈果、杨伦：《成都市公共体育设施规划实践及策略研究》，《规划师》2007 年第 10 期。

　　[18] 马志和、马志强、戴健等：《"中心地理论"与城市体育设施的空间布局研究》，《北京体育大学学报》2004 年第 4 期。

　　[19] 雷晓琴：《基于点轴网理论的区域城乡旅游互动模式研究》，硕士学位论文，厦门大学，2009 年。

　　[20] 李小建：《经济地理学》，高等教育出版社 2002 年版。

　　[21] 张迪祥：《浅议经济地理学的对象、性质和任务》，《武汉大学学报》（社会科学版）1989 年第 4 期。

　　[22] 李小建：《国际背景与中国特色的经济地理学》，《人文地理》2004 年第 1 期。

　　[23] 塔娜、王素娟：《增长极发展、点轴布局和网络布局理论及我国的选择》，《赤峰教育学院学报》2003 年第 1 期。

　　[24] 张洪、夏明：《安徽省旅游空间结构研究——基于旅游中心度与旅游经济联系的视角》，《经济地理》2011 年第 12 期。

　　[25] 张广海、周菲菲：《环渤海城市旅游经济联系度分析》，《经济研究导刊》2009 年第 8 期。

　　[26] 康伟：《基于点轴理论的山东半岛蓝色旅游空间结构研究》，博士学位论文，中国海洋大学，2012 年。

　　[27] 李善华、黎晓春、陆元兆：《基于点轴理论的广西休闲体育产业特色研究》，《山东体育学院学报》2011 年第 5 期。

　　[28] 陆大道：《论区域的最佳结构与最佳发展——提出"点—轴系统"和"T"型结构以来的回顾与再分析》，《地理学报》2001 年第 2 期。

［29］陈玉麟：《论点轴系统理论的科学内涵》，《地理科学》2002 年第 2 期。

［30］廖勇：《湖北省竞技体育点轴式开发探讨》，《科教导刊》2012 年第 6 期。

［31］吴传清：《区域经济学原理》，武汉大学出版社 2008 年版。

［32］吴殿廷：《区域分析与规划》，北京师范大学出版社 2001 年版。

［33］中国人民大学区域经济研究室：《产业布局原理》，中国人民大学出版社 2001 年版。

［34］慎丽华、康伟：《构建山东半岛蓝色旅游经济区的思考》，《中国海洋大学学报》2010 年第 4 期。

［35］邹师：《辽宁中部城市群体育圈发展战略研究》，《体育文化导刊》2005 年第 11 期。

［36］邹师、章思琪、孙丽雯：《体育强国目标下我国区域体育发展战略研究结构与特色》，《体育与科学》2010 年第 1 期。

［37］方创琳：《区域发展战略论》，科学出版社 2002 年版。

［38］聂华林、高新才：《区域发展战略学》，中国社会科学出版社 2006 年版。

［39］安虎森：《增长极理论评述》，《南开经济研究》1997 年第 1 期。

［40］邱爽：《增长极理论与东北经济的振兴》，《生产力研究》2005 年第 11 期。

［41］安虎森：《增长极形成机制及增长极与外围区的关系》，《南开大学学报》（哲学社会科学版）2007 年第 4 期。

［42］张秀生：《区域经济学》，武汉大学出版社 2007 年版。

［43］樊杰、周侃、陈东：《生态文明建设中优化国土空间开发格局的经济地理学研究创新与应用实践》，《经济地理》2013 年第 1 期。

第五章 城市公共体育设施"点—轴—网"模式的一般问题及其设计

第一节 中心点选择的一般原则

一 中心点的内涵及其特征

"点—轴—网"系统中的"点"是指一定区域范围内空间发展的"增长极"。在经济地理学中,通常是指不同等级的中心城镇。"点"在区域的发展过程中具有显著的带动作用。从经济地理学视角来分析,"点"具有两层内涵,一方面是以先导型或创新型产业或经济单位表现出来的经济内涵,另一方面以地理的空间和区位表现出来的地理内涵。"点"所表现出来的"增长极"意义具有主导性、领先性和基础性特征。主导性表现为:综合产业组合体是以主导产业为主,同时与其他产业具有高度的关联性,在发展中利益共享。领先性表现为:在某些方面具有显著的优势,是产业特色形成与发展有力保障。基础性表现为:具备发展的基础条件,对于体育设施发展来说就是要求具备相关的基础设施条件水平,如交通与通信信息等基础设施条件。

"点"通过扩散作用对空间发展起到带动作用。即"点"向周边区域扩散的要素与周边区域的发展要素相互作用形成新的发展结点,从而有效地带动了整个区域的发展。在此需要说明的是,本书将"点"称为中心点。作为"增长极"的中心点在区域空间范围内具有主导与核心地位,在大城市中,中心点是经济因素和人口因素较为集中的区域。中心点是"点—轴—网"系统中具有"增长极"作用的中心极点。

二 选择中心点的条件

中心点的选择是指选择条件优越的地点作为空间发展的核心。优越的条件既包括经济的发达程度也包括地理区位上的优势。中心点的合理选择可以带动周边区域，由区域不平衡状态演变为动态的新平衡状态，进而产生新的中心点。中心点的发展最终成为区域或城市发展的各级中心。"点—轴—网"系统中"点"的特征是"点"在空间范围内发生扩散作用所表现出来的。特征以反馈的方式表明能够发生扩散作用的"点"应该具备的基本条件。这些特征就是选择"中心点"必须满足的前提条件，进而为"点"的选择提供依据。经过分析归纳，选择中心点的前提条件必须满足三方面的要求：第一，中心点是以产业综合体为表现形式的，产业综合体由若干产业组合而成，其中一个产业在产业综合体中占有主导地位，发挥着重要的指向作用，并且产业综合体与区域范围内相关产业存在密切的关联性。第二，中心点应具备显著的特点，形成自身的发展优势，无论在经济发展还是地理空间方面，尽可能选择具有优势的中心点。第三，中心点必须具有一定的前期发展规模，需要具备一定的相关基础设施水平。除了选择中心点必须满足三方面的要求以外，具体来说，中心点的选择还必须符合中心点的生成条件，归纳起来有三个方面：第一，交通因素是选择中心点的重要条件。选择多种交通方式的交会点或是多条交通线路的交叉点作为中心点。因为最佳的交通区位可以提高中心点的可达性，充分保障中心地的金融流、技术流、信息流等有效通达，有利于新的中心点的生成。第二，依托城市建设的成熟地段。城市重大项目的建设将会加快该地区经济的发展，同时也会完善城市居住设施以及发展城市服务产业。重大项目的建设用地通常划定在城市的边缘部分，因此，重大项目建设地段是中心点的理想选择。第三，全面考量城乡接合部或是几个城市的交集部。王如松、马世骏在《边缘效应及其在经济生态学中的应用》中从功能角度进一步阐释了边缘效应。边缘效应是指在两个或多个不同性质的生态系统（或其他系统）交互作用处，由于某些生态因子（可能是物质、能量、信息、时机或地域）或系统属性的差异和协合作用而引起系统某些组分及行为（如种群密度、生产力、多样性等）的较大变化。[①]　也就是说，两个或多个生态系统的交界区域内能量流、物质流和信息流明显

---

① 王如松、马世骏：《边缘效应及其在经济生态学中的应用》，《生态学杂志》1985 年第 2 期。

大于同一生态系统内部的能量流、物质流和信息流。①边缘效应带同时受到来自多个区域的吸引力与辐射力的影响，其发展潜力相对较高。因此，城市边缘地段成为城市空间拓展新的中心点。

三　中心点选择的一般原则

中心地模型运用于体育设施的建设布局是非常合理的。体育设施中心地模型应该具备在空间布局的前提与优势。体育设施中心地设置在城市区域的中心处，以便最大限度地发挥其为周边地区提供体育服务的功能。在城市不同区域，体育设施中心地的设置是不同的，其差异主要是指体育设施中心地的等级水平是不同的。城市体育设施中心地等级的选择取决于为周边地区提供体育服务内容，即提供的体育服务内容越多，其等级水平越高。城市体育设施中心地等级的选择决定着周边地区服务人口的形成，在区域经济学范畴一定地区的服务人口被称为人口门槛，也就是说，人口门槛随着中心地等级的提高而提高，较低级别的中心地所需的维持的人口门槛相对较低。在整个城市区域范围内，高级的体育设施中心地发挥着巨大的辐射作用，一般来说，这样的高等级中心地建设规模较大，建设的数量相对较少。城市体育设施中心地提供体育服务的功能使体育设施中心地体现出商业利益的优势与潜力，这主要通过中心地所服务的最低人口门槛的形成来表现出来，最低人口门槛的形成过程能够生成中心地的商业利益。

不同等级的城市体育设施中心地为城市不同行政区的公民提供体育服务，城市体育设施中心地等级选择与服务群体所属的行政区级别是一一对应的。不难看出，城市体育设施中心地的选择与市场的需求息息相关。这对于城市体育设施中心地模式的应用来说，遵循的是市场原则。市场原则要求的是不同等级的体育设施中心地都有相对应的需求。每一个等级的体育中心地都有其需求曲线，如果以其影响距离作为半径旋转360°就可得到其服务区域，我们用六边形来表示这个区域，这样就不会留下盲点。②（详见图5－1）

城市体育中心地的等级划分决定着城市体育设施中心地等级分布的选

①　白兆山：《运用生态学边缘效应原理，为创业立业提升经营服务能级》，http://baizscp. blog. 163. com/blog/static/175532302201114923 1876/。

②　李小建：《经济地理学》，高等教育出版社2002年版，第86—99页。

择。城市体育设施中心地不同等级的分布影响着城市体育设施的布局规划，城市体育设施中心地的等级划定影响着获取体育服务的社会群体。城市体育设施中心地的规划具有等级性的特征，不同等级的体育设施中心地对应着不同规模的服务群体。体育设施中心地等级的划分通常以服务距离为半径来确定。例如，以 800 米和 2000 米为服务半径分别来确定低级和中级体育设施中心地。

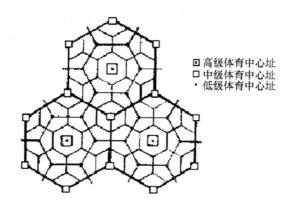

图 5 - 1　中心地理论的空间布局模型

资料来源：马志和、马志强、戴健等：《"中心地理论"与城市体育设施的空间布局研究》，《北京体育大学学报》2004 年第 4 期。

　　交通原则是体育设施中心地选择的第二个重要原则。交通原则主要为了最大限度地保障体育设施的交通设施的可达性，使得消费群体能够便捷地到达体育设施中心地，最大限度地体现体育设施使用的公平性。交通原则对于体育设施中心地适用的性质是有一定的区别的。首先，对于建设资金来自于公共财政的公共体育设施来说，交通原则所表现的意义是非常重要的，交通原则所提供的交通可达性的保障可以充分地体现出公共体育设施的公共性。其次，对于依靠社会力量建设的体育设施，交通原则所发挥的约束力就不是很重要了。此时，市场原则在其中发挥着主要的作用，充分体现社会私人投资的回报效益。

　　第三个重要的原则是行政原则。行政原则相对于上述两个原则更注重行政管理的系统性。行政原则要求体育设施中心地的选择要服从我国城市行政管理系统的内在隶属关系，即居民区级的体育设施中心地必须归属于上一级的街道级中心地的系统管理。

第二节 轴线建立的依据

一 轴的内涵

"轴"是连接区域或城市范围内不同级别中心地的集人口密度较高与产业较为发达于一体的资源带。这里所说的资源带包括各种交通线、能源供应线、水源供应线以及通信信息传输线等各类现状基础设施线,其中交通设施线发挥着最为重要的作用。"轴"是连接两个或多个中心地的纽带和通道,是各种流相互渗透的主要路径,其中各种流包括物质流、技术流、信息流等。"轴"是产业开发带,是次一级中心地产生的能源供给带。

"轴"所表现出来的是综合的产业生长带,不是孤立的产业培育基地,而是蕴含多种产业生长所需的要素的综合流通基地。并且通过不同的交通线路把这些流通基地连接起来,依托交通干线来进行产业生长要素的传输。这种轴线被称为生长轴线或是发展轴线,是区域或城市经济发展的重要轴线。可见,这种轴线具有较强的经济发展潜力,轴线的经济实力与潜力直接影响着周边地区,从而使得新的生长点形成并不断发展壮大。

二 轴线的建立依据

城市的发展受着各种因素的束缚与影响。正因为如此,城市发展的理想模式(如韦伯的正六边形空间中心地模型结构)几乎是不可能发生的。通过对各种影响因素的比较分析,交通因素是对城市发展起到积极作用的因素之一。因而,城市空间的拓展是沿着发达的交通干线来进行发展的。也就是说,城市发展轴线(指交通干线)的选择是根据城市发展需要而确定的。城市发展轴线的选择与确定使得城市发展具有明显的指向性。由此产生出形式与等级不同的发展轴线。反过来说,沿着交通干线形成的发展轴是城市未来发展的方向,影响着城市空间结构的变化与发展。

发展轴是城市空间结构发展的重要影响因素。同时,它的方向、大小和生长速度受到地理环境、城市内部生长机制、城市区域的空间结构的影响。从逻辑学角度来分析,事物的影响因素也是其赖以存在与发展的依据。发展轴建立的依据也就是其诸多影响因素。具体来说,依据之一是城市地理环境因素。地域特征是城市空间结构发生变化的主要考量要素，依海岸或者河流而建的城市，通常选择海岸或者河流来建立城市发展轴，这样发展轴就会呈现出带状的发展走势。所以，河流、山川等地理环境的要素是城市发展轴建立的重要依据。依据之二是城市内部生长机制。城市内部生长机制致使城市不断地拓展扩大。城市必将由城市旧的中心点向新的中心点拓展。城市向新的中心点发展的趋向性是由城市内部生长机制决定的。这种城市的发展趋向在连接新旧中心点的城市发展轴上被体现出来。由此可见，城市发展轴线的建立是根据城市内部生长机制决定的。在城市建设的实践中，一种情况是连接新旧中心地的发展轴线选择最短距离，有利于新旧中心点之间保持密切的互通；另外一种情况是连接新旧中心地的发展轴线选择较长距离，但是发展轴线距离较远是以新中心地选择最优的建设用地作为代价的，目的是为加快新中心地聚集效应。依据之三是城市区域的空间结构。在空间结构规模较小的城市中，城市功能主要依赖交通基础设施来完成。在这种城市发展的背景下，建立沿着各种交通干线的线状发展轴，有利于发挥交通设施的运输交流优势。因而，在中小城镇中，城市空间结构是城市发展轴建立的主要依据。

第三节　点轴与其腹地合成

一　"点—轴系统"空间结构模型的形成

在城市公共体育设施"点—轴系统"理论模型中的"点"是指不同级别的体育中心或体育场馆，"轴"是指由以交通线为主组成的基础设施束（这里称之为"发展轴"）。基于空间集聚和空间扩散客观规律的作用，城市公共体育设施首先在"点"上集聚，再通过"轴"（交通线）来连接。当集聚效应在一个体育设施中心点上出现交通以及社会管理等负面问题时，空间扩散的客观规律便会要求体育设施在这个中心点上实施分散（平衡）发展，体育设施扩散到次级体育设施中心点上，相邻的次级体育设施中心点通过交通线（称为次级发展轴）连接，如此发展，第三级、第四级等发展轴逐次产生。综上所述，这就是城市体育设施"点—轴系统"空间结构模型形成的全过程（见图 5 - 2）。

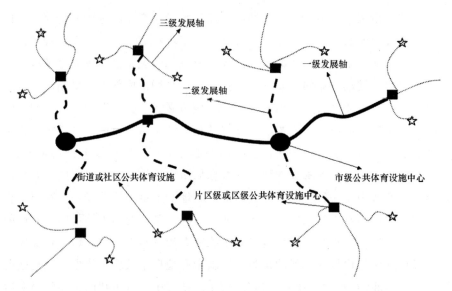

图 5-2 城市公共体育设施"点—轴系统"理论空间结构模型图

二 点轴与其腹地合成

任何经济客体的积聚过程都是发生在经济活动较为敏感的地点的,这一地点相当于磁场磁力效应最强的磁极,"增长极"理论就是借喻磁极发生极化现象命名的。按照佩鲁"增长极"理论的指导,在"点—轴—网"建设布局过程中,增长极就是最富有活力的、具有很强的连锁效应和推动效应的体育设施单元,本书将作为"增长极"发展及作用基础的体育设施单元称为关键单元,也称为体育设施点;"增长极"理论就是体育设施点的建设布局,首先从一些关键单元开始,利用这些关键单元所具有的技术进步和创新发展动力,继而通过空间扩散,最终影响城市或区域体育设施建设布局的整体发展。

"点—轴系统"理论中的"点"是指体育设施的关键单元,社区中的健身路径或是不同类型的体育中心;"轴"是指主要由不同行政级和不同类型的交通线路、城市设施、商业及信息设施、能源和水源供应等形成的基础设施束。随着体育设施的开发和商品经济的发展,两个体育设施点周围居住人口和城市基础设施等都不断增加,并根据社会经济发展的需要,两点之间被新修建的交通线连接起来。受空间集聚作用的影响,人口和城市设施等继续集聚在这两个点上,单一功能的交通线逐渐变成多种资源共享的基础设施束。这种基础设施束包含着多种发展元素，具备不断向周边扩散的发展能力，这种基础设施束被称为"发展轴"。此时的发展轴在"点—轴系统"中属于一级发展轴。以此类推，一级发展轴附近出现新的体育设施点，连接这些点之间的交通线随之出现，人口和社会经济单位也随之在此集聚，从而形成了二级发展轴。如此发展下去，三级发展轴、四级发展轴等相应产生。

区域空间的集聚与扩散作用引起中心点与发展轴逐级生成的同时，在点与次级点、轴与次级轴之间存在着内在的影响与被影响的关系，在点与点、轴与轴之间的"交集"区，发生着各级体育设施发展轴之间的渗透与融合，使得"交集"区体育设施中心点的形成要素与发展轴的"基础设施束"得以孕育与发展。如图 5 - 3 所示，"合成区"就是受到周边不同级别中心点与不同级别发展轴影响与渗透的区域。在经济地理学上将这种由于各级中心点与发展轴交叉与渗透作用形成的"合成"区域称为"点—轴系统"与其腹地的合成区域。

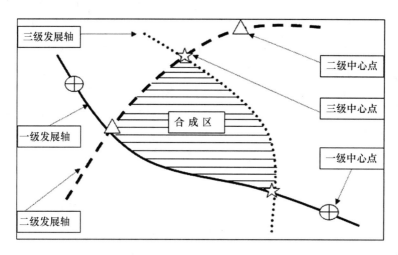

图 5 - 3 城市公共体育设施点轴与其腹地合成结构模型图

遵循"点—轴系统"模式的理论思维，在城市或地区范围内，在具有发展条件的体育设施点之间确定线状基础设施轴线，对轴线上及其附近的体育设施点重点发展，对于轴线上及轴线所吸纳的经济资源优先开发。随着体育设施发挥的效用不断增强，体育设施建设布局的关注点已经转向较低级别的发展轴和发展中心，由此次一级的发展轴和发展中心便产生，不同级别体育设施中心的职能在建设布局上表现为建设规模、功能特点、辐射范围、利用价值等方面的不同。这样，不同级别的体育设施中心、发展轴及其与腹地的合成区共同组成了城市或区域的体育设施"点—轴—网"的空间结构模型。

第四节　沈阳市全运会比赛体育场馆"点—轴—网"系统的构建

一　沈阳城市概述及全运会体育场馆状况

沈阳市位于北纬 41°48′、东经 123°25′[①]，是东北第一大城市，是国家副省级城市，是东北地区的政治、文化、经济、金融、商贸中心，是东北亚经济圈和环渤海经济圈的重要组成部分，是衔接长三角、珠三角、京津冀地区与东北地区之间的重要枢纽，同时也是辽宁中部城市群的中心。沈阳市国家历史名城，建城的历史已有两千多年。沈阳市区面积 3495 平方公里，2012 年全市常住人口 822.8 万人。[②] 沈阳所辖 9 区（和平区、沈河区、皇姑区、大东区、铁西区、浑南新区、于洪区、沈北新区、苏家屯区）1 市（新民市）3 县（辽中县、康平县、法库县）。在交通方面，沈阳城市交通状况发生着较明显的变化。居民出行范围逐渐增大，由以前的二环扩展到如今的三环；居民出行方式发生了变化，由以前的以自行车为主发展到现在的以机动车为主；居民出行的主要区域发展转移，由以前的东西向转为南北向。

沈阳市是我国体育名城，2013 年作为主办城市成功举办了第十二届全国运动会，不仅竞技体育发展水平得到了提高，而且群众体育的发展受到很大的带动。其中，城市体育设施的数量与规模得到了极大的提高和扩大。在本届全运会，沈阳市承担 22 个比赛项目，沈阳市提供全运会各类场馆 38 个，其中比赛场馆 24 个、备用场馆 4 个、训练场馆 10 个。在 24

---

① 《沈阳》，http：//baike. baidu. com/subview/4450/6071463. htm？from_ id = 124784&type = syn&fromtitle = % E6% B2% 88% E9% 98% B3% E5% B8% 82&fr = aladdin。

② 同上。

个比赛场馆中，新建场馆15个、改造场馆9个。① 具体场馆的状况如表5-1所示。

表 5-1　　　　第十二届全国运动会沈阳市承担的比赛项目
及其场馆使用状况

序号	比赛场馆	比赛项目
1	沈阳航空航天大学体育馆	摔跤
2	辽大蒲河校区体育馆	武术套路
3	铁西体育馆	男子篮球
4	铁西体育场	男子足球
5	沈阳医学院体育场	女子排球
6	绿廊体育公园	小轮车
7	沈阳大学体育馆	柔道
8	沈阳农业大学体育馆	跆拳道
9	沈阳农业大学体育场	橄榄球
10	东北大学刘长春体育馆	艺术体操
11	省浑南体育训练基地	游泳
12	世纪高尔夫球场	高尔夫
13	辽宁体育训练中心柏叶基地	射击
14	奥体中心五里河训练场	开幕式、田径
15	沈阳工业大学体育馆	举重
16	苏家屯白清寨滑雪场	山地自行车
17	沈阳马术运动中心	马术
18	棋盘山景区	铁人三项
19	辽宁体育训练中心柏叶基地	射箭
20	辽宁体育训练中心柏叶基地	场地自行车
21	省浑南体育训练基地	跳水
22	省浑南体育训练基地	击剑

资料来源：《中华人民共和国第十二届全国运动会官方网站》，http://www.liaoning2013.com.cn/yun12/315/4140315.shtml。

---

① 辽宁日报，《沈阳市为全运会提供38个场馆》，http://www.ln.gov.cn/zfxx/qsgd/ass_2_1/ans4/201109/t20110901_693136.html。

二　比赛场馆的空间分布状况

从图5-4可以看出，沈阳承担的22个比赛项目应有22个比赛的场馆，但是实际上，图5-4标示出18处比赛场馆的分布点，这是因为跳水、击剑和游泳均在省浑南体育训练基地举行；射击、射箭和场地自行车均在辽宁体育训练中心柏叶基地举行。再加上铁西体育馆与铁西体育场、沈阳农业大学体育馆与沈阳农业大学体育场、奥体中心五里河体育场与省浑南体育训练基地、绿廊体育公园与棋盘山景区所处的地理位置相距很近，在地图上的位置几乎重合，故可以看成一个点。这样，22个比赛场馆在地图上就形成13个点（详见图5-4）。

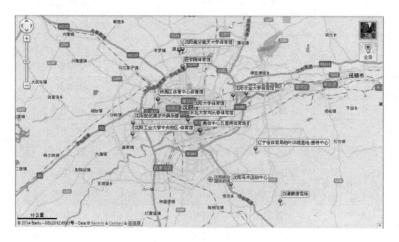

图5-4　沈阳市22个全运会比赛项目场馆空间分布图

资料来源：http：//map. baidu. com/？ newmap ＝ 1&s ＝ s% 26wd% 3D% 26c% 3D58&from ＝ alamap&tpl ＝ mapcity。

三　"点—轴—网"空间布局模式的构建

《沈阳市城市总体规划（2011—2020年）》中提出在未来规划中形成中心城区、新城、新市镇、一般镇四个等级的城镇体系结构。[①] 即"一城"、"六轴"的框架结构。"一城"指中心城区；"六轴"指沈山、沈

---

① 《沈阳市城市总体规划发布、市民最关心房价涨跌》，《辽沈晚报》2012年6月27日第6版。

大、沈抚、沈本、沈阜和沈铁（康法）六条城镇发展轴。沈阳市城市总
体规划（2011—2020 年)》同时明确了沈阳市建设"一横、两纵、四环、
十射"的高快速路系统的实施计划（详见图 5-5）。由此可见，"一横、
两纵、四环、十射"构成了沈阳市整体的路网体系结构。"一横"为东西
快速干道，西起于洪大工业区，东至棋盘山，全长 47 公里[①]，线路走行
北一路、东西高架、东陵路，沿线串连于洪、铁西、和平、沈河、大东、
东陵、棋盘山等地区；"两纵"分为南北一干线（为黄河大街—南京街一
线，北起道义，南至苏桃路，全长 44 公里[②]，线路走行黄河大街、胜利
大街、雪莲街，沿线串连沈北大学城、三台子地区、太原街、长白岛以及
苏家屯）和南北二干线（望花街—小北关街—广宜街—西顺城街—风雨
坛街—五爱街，北起蒲河岛，南至桃仙空港，全长 36 公里[③]，线路走行

图 5-5　沈阳市"一横、两纵、四环、十射"的路网状况

资料来源:《市规划部门征求市民对〈沈阳综合交通规划〉意见》，http://news.syd.com.cn/
content/2011-02/16/content_25400988.htm。

---

① 《南北二干线今年启动建设》，《辽沈晚报》2010 年 1 月 12 日第 8 版。

② 同上。

③ 同上。

望花街、五爱街、沈本大道，沿线串连蒲河新城、望花、五爱、中街、奥体中心以及航高基地，是青年大街的分流道路）；"四环"为一环快速路、二环快速路、三环高速公路、四环快速路；"十射"为十条城市出口高速和出口路，具体为：沈山高速、开发大道、大堤路、沈大高速、沈丹高速、长青街、沈抚快速路、沈吉高速、沈哈高速、沈彰高速。此外，规划中的沈阳市地铁网络系统显示（见图 5-6），地铁线路布局在一环线上，纵向贯通南北，横向连接东西，与地上交通道路系统构成立体式的城市交通模式。

图 5-6   沈阳市地铁路网规划状况

资料来源：《沈阳市综合交通规划方案（征求意见稿）》，http://www.syghgt.gov.cn/ywpd/cxgh/ghbz/zyzxgh/content/4af684a42e5a5fd7012e69f009f908c6.html。

基于上述第十二届全运会 22 个比赛场馆集中形成 13 个中心点的分布特点，结合《沈阳市城市总体规划（2011—2020 年）》"一横、两纵、四环、十射"的路网状况，沈阳承办第二届全运会的 22 个体育场馆的具体位置如下：铁西体育馆和铁西体育场位于西二环上；沈阳医学院体育场位于北三环上；沈阳农业大学体育馆和沈阳农业大学体育场位于东三环上；辽宁体育训练中心柏叶基地位于四环的东南部；沈阳工业大学体育馆和世纪高尔夫球场位于西四环和西三环之间；东北大学刘长春体育馆位于南一环和南二环之间；省浑南体育训练基地和奥体中心五里河训练场位于天坛南街上；沈阳航空航天大学体育馆和辽大蒲河校区体育馆位于黄河大街上；沈阳马术运动中心位于丹阜高速上；绿廊体育公园和棋盘山景区位于104省道东陵路段；沈阳大学体育馆位于风雨坛街西侧。

综上所述，在沈阳市"一横、两纵、四环、十射"的路网空间系统中，沈阳全运会比赛场馆建设布局具有如下特征：首先，有两个体育场馆建设布局在二环上，即四环之二；其次，有三个体育场馆建设布局在三环上，即四环之三；第三，有三个体育场馆建设布局在南北一干线上，即两纵之一；第四，有四个体育场馆建设布局在南北二干线上，即两纵之二；第五，两个体育场馆建设布局在东西快速干道，即一横。

从图5-7可以清晰地看出，第十二届全运会沈阳市专用交通线路的布局与安排是将22个比赛场馆与沈阳市当前的交通路网状况有机地结合起来而形成的，交通路网由14条公路组成，共计91.5公里；其中，丹霍线、沈李线、柏叶线及李红线4条公路共30.6公里为改扩建工程；另外10条包括京沈线、营祝线、东陵路、沈棋路、沈平线、东高线、丹霍线（广业西路）、沈本大道、十大线、拉白线，涉及苏家屯、东陵、于洪、沈北新区四个县区，合计60.9公里。[①] 这种专用交通线形成的机理与"点—轴—网"理论中点与点之间是通过基础设施束（主要指的是交通设施）来连接的形成过程是非常一致的，可以说，在专用交通线路系统中，连接体育场馆的交通线路就是"点—轴—网"理论系统的"发展轴"。依据"点—轴—网"理论思想来分析，沈阳城市的南北一干线、南北二干线、一环线、二环线以及东西快速干线可以确定为沈阳"十二运"体育场馆"点—轴—网"理论体系中发展轴，详细状况如图5-8所示。

从图5-9可以看出，沈阳市居民居住区域集中分布在二环以及南三环和北三环，这些居住区域与南北一干线、南北二干线、一环线、二环线以及东西快速干线发展轴形成轴与腹地的合成区，发展轴对居民区腹地的辐射作用，有利于体育场馆赛后用于全民健身运动，这与沈阳市

---

① 《沈阳14条涉赛公路全部建成通车 保障全运快速路》，http：//sports. sohu. com/20130820/n384604176. shtml。

全运会组委会将新建场馆布局在高校的初衷非常一致。这样通过发展轴与居民居住区域的合成作用，进而形成网络化的布局模式。最终，也就构成了沈阳市"十二运"比赛场馆的"点—轴—网"理论体系布局模式。

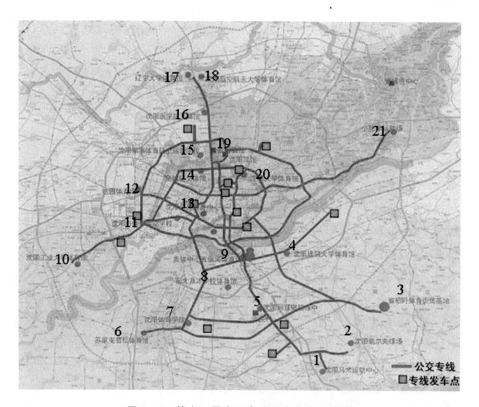

图 5 - 7 第十二届全运会沈阳市专用交通图

注：1—沈阳马术运动中心；2—沈阳高尔夫球场；3—省柏叶体育训练基地；4—沈阳建筑大学体育馆；5—沈阳网球运动中心；6—苏家屯雪松体育馆；7—沈阳体育学院；8—东北育才学校体育馆；9—奥体中心五里河体育场；10—沈阳工业大学体育馆；11—省市体育运动学校；12—铁西体育馆；13—沈阳大学体育馆；14—皇姑区体育馆；15—沈阳军事体育运动学校；16—沈阳医学院体育馆；17—辽宁大学体育馆；18—沈阳航空航天大学体育馆；19—沈阳宾馆；20—沈阳大学体育馆；21—小轮车运动场

资料来源：《沈阳市综合交通规划方案（征求意见稿）》，http：//www. syghgt. gov. cn/ywpd/cxgh/ghbz/zyzxgh/content/4af684a42e5a5fd7012e69f009f908c6. html。

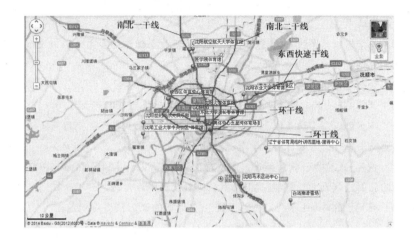

图 5 - 8　沈阳市十二运体育场馆建设布局"点—轴—网"理论模式的发展轴示意图

资料来源：http：//map. baidu. com/？ newmap = 1&s = s% 26wd% 3D 沈阳市% 26c% 3D58&from = alamap&tpl = mapcity。

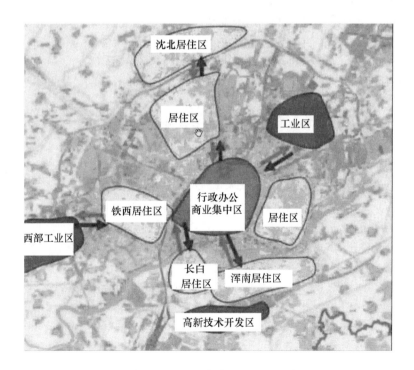

图 5 - 9　沈阳市第十二届全运会体育设施发展轴与其腹地合成

资料来源：《沈阳城市规划（征求意见稿）》，http：//www. docin. com/p - 249025810. html。

参考文献

［1］王如松、马世骏：《边缘效应及其在经济生态学中的应用》，《生态学杂志》1985 年第 2 期。

［2］李小建：《经济地理学》，高等教育出版社 2002 年版。

［3］邹德慈：《城市规划导论》，中国建筑工业出版社 2002 年版。

［4］卞显红、章家清：《"点—轴"渐进扩散理论及其在长江三角洲区域旅游空间结构研究中的应用》，《江南大学学报》（人文社会科学版）2007 年第 2 期。

［5］倪艳：《"点—轴"渐进扩散理论在湖南"3＋5"城市群区域旅游空间结构研究中的应用》，《湖北经济学院学报》（人文社会科学版）2011 年第 1 期。

［6］龚艳、郭峥嵘：《"点—轴系统"理论下的江苏沿海湿地旅游开发研究》，《盐城师范学院学报》（人文社会科学版）2009 年第 6 期。

［7］李晶：《"点—轴系统"理论在镇安县县域经济空间格局设计中的应用》，《陕西师范大学学报》（自然科学版）2008 年第 11 期。

［8］安虎森、韩文哲：《"点轴论"与延边地区经济开发模式》，《延边大学学报》（社会科学版）1992 年第 4 期。

［9］章慧明、翟伶俐：《城市空间拓展的点轴模式研究》，《山西建筑》2010 年第 13 期。

［10］段进：《城市空间发展论》，江苏科学技术出版社 2006 年版。

［11］高斌、丁四保：《点轴开发模式在理论上有待进一步探讨的几个问题》，《科学管理研究》2009 年第 4 期。

［12］吴传清、孙智君、许军：《点轴系统理论及其拓展与应用：一个文献述评》，《贵州财经学院学报》2007 年第 2 期。

［13］陆大道：《论区域的最佳结构与最佳发展——提出"点—轴系统"和"T"型结构以来的回顾与再分析》，《地理学报》2001 年第 2 期。

［14］魏后凯：《我国宏观区域发展理论评价》，《中国工业经济研究》1990 年第 1 期。

［15］李善华、黎晓春、陆元兆：《基于点轴理论的广西休闲体育产业特色研究》，《山东体育学院学报》2011 年第 5 期。

［16］李昌新：《论美国西部点轴开发及其对中国西部开发的启示》，《江西师范大学学报》（哲学社会科学版）2002 年第 1 期。

第六章　公共体育设施"点—轴—网"理论模式构建实证研究

要构建城市公共体育设施空间结构，在对空间结构影响因素全面分析的基础上，首要任务是分析与选择城市区域空间的"点"和"轴"，接下来是"网"的把握与确定。采取定量与定性相结合的研究方法是选择"点"和"轴"的必要研究路径，同时，也应充分考虑到影响城市公共体育设施建设布局的各种因素。只有科学合理地选择空间结构的"点"和"轴"，并按照城市行政区划进行整合，最终，城市公共体育设施"点—轴—网"理论的空间结构才能形成，进而城市公共体育设施空间结构得以优化，使城市公共体育设施走上可持续发展的道路。

第一节　"点"的选择

采用定量分析方法对"点"的选择进行研究是科学合理的，可以得出让人信服的研究结果。相关文献中的研究方法对"点"的科学选择进行了量化研究，这种量化的方法在学术研究层面上是值得借鉴的。例如，康伟在《基于点轴理论的山东半岛蓝色旅游空间结构研究》[①] 和张洪、夏明在《安徽省旅游空间结构研究——基于旅游中心度与旅游经济联系的视角》[②] 中的研究思路和研究方法是很有参考价值的。在此研究背景之下，本书结合城市公共体育设施建设布局的实际情况，试图从定量的视角来分析城市区域空间中"点"的布局，进而构建"点—轴—网"理论系

---

① 康伟：《基于点轴理论的山东半岛蓝色旅游空间结构研究》，《中国海洋大学学报》2012年第6期。
② 张洪、夏明：《安徽省旅游空间结构研究——基于旅游中心度与旅游经济联系的视角》，《经济地理》2011年第12期。

统模式。

一　城市体育经济关联值计算

北京作为我国的政治、文化、科教、国际交往、经济和金融的决策与管理中心，下辖东城区、西城区、朝阳区、海淀区、丰台区、石景山区、门头沟区、房山区、大兴区、通州区、顺义区、昌平区、平谷区、怀柔区、密云县及延庆县16个区县[①]（见图6-1）。由于各区县的地理位置与职能定位等的不同，其体育经济水平存在着一定的差异，同时，公共体育设施的建设布局状况也存在着较大的差异。随着经济水平的快速发展，体育场馆设施的不断完善，体育人口数量不断增加，使得体育经济的区县特征日益明显，16个区县之间体育经济存在一定的关联，并以数值来量化其关联性。这种关联性表明16个区县之间体育经济的相互关系，具体表现为体育资源与体育产业的开发、体育市场的推广、体育场馆设施的建设布局以及体育产业投融资等体育经济活动的运作。一定数值的关联性称为关联度。关联度具有两方面含义：一方面用来评价区县间体育经济相互联系的程度；另一方面用来衡量区县体育经济的辐射能力。通过计算一个区县与其他区县体育经济关联的数值，并在各个区县中进行排序，可以确定这个区县在城市范围内体育经济的重要程度，进而推断得出该区县在"点—轴—网"理论系统中"点"的属性。

经济地理学的空间相互作用理论即引力模式理论为北京各个区县之间相互关联的分析提供了重要的理论依据。引力模式理论是指两个城市间相互作用量与两城市的规模成正比，与城市间的距离成反比。[②]

万有引力定律（Law of Universal Gravitation）是艾萨克·牛顿爵士（Sir Isaac Newton）在1687年于《自然哲学的数学原理》上发表的解释物体之间相互作用的引力的定律。[③] 万有引力定律是物理学和天文学重要的理论，对于自然科学的发展具有深远的影响。

万有引力定律的公式表示：

---

① 《北京》，http：//baike. baidu. com/subview/2621/13223029. htm? fr = aladdin。

② 杨万钟：《经济地理学导论》，华东师范大学出版社1999年版，第78—89页。

③ 《万有引力定律》，http：//baike. baidu. com/link? url = FotLlGsyRaDedycGIU51eBRMxlDr LnnsKiKGz_ V39TR1G5xzzlxFrT_ v-e8JEsWV。

图 6 - 1　北京市各区县地图

资料来源：http：//baike. so. com/doc/5379828. html。

$$F = \frac{G \times M_1 M_2}{R^2}$$

　　其中，F 指两个物体之间的引力，G 指万有引力常数，M_1 指物体 1 的质量，M_2 指物体 2 的质量，R 指两个物体之间的距离。[①] 万有引力定律被广泛地应用在物理学等学科。随着科学的进步，各学科相互渗透、借鉴日益增强，理论与方法的引入正成为学科创新发展的新路径。经济动力学派把万有引力定律引入进来用以研究国际贸易之间的关系，从而形成了经济引力论，证明了万有引力原理适用于经济领域的猜测；地理学者把万有引

　　① 《万有引力定律》，http：//baike. baidu. com/link? url = FotLlGsyRaDedycGIU51eBRMxIDr LnnsKiKGz_ V39TR1G5xzzIxFrT_ v-e8JEsWV。

力定律用以分析旅游经济联系也取得了很好的效果。[①] 王德忠、庄仁兴在《区域经济联系定量分析初探——以上海与苏锡常地区经济联系为例》中通过选取经济联系量化指标，建立经济联系定量分析模型，计算出经济关联强度值，最终分析了上海与周边地区经济联系的区域差异。[②] 秦瑞鸿在《山东半岛旅游圈双核模式结构分析》中采用类似物理学万有引力定律的计算公式来确定城市间的旅游经济联系强度，用来评价旅游圈各城市旅游经济的相互关联性。[③] 康伟在《基于点轴理论的山东半岛蓝色旅游空间结构研究》中在上述的研究成果基础上，对山东半岛各个城市的旅游经济关联值进行了定量的研究，其计算公式为：

$$Rij = \frac{\sqrt{PiVi}\sqrt{PjVj}}{Dij}$$

其中，P 指年旅游总人次，V 指年旅游总收入，i 指一个城市，j 指另一个城市，D 指 i 城市距离 j 城市的最短公路里程。[④]

本书试图揭示北京市各区县体育场馆设施建设布局状况的相互经济关联，经过对体育设施与旅游经济之间的对比分析，认为二者存在着很大程度的相似性，二者均具有提供社会服务的内在诉求，并且均是以社会基本单元个体（人）和社会公共资源（旅游资源或体育设施资源）相互活动为基本形式。因此本书试图以上述的引力模型对北京市各区县间的体育设施经济关联度进行量化分析。

北京市各区县体育设施经济关联度计算公式为：

$$Rij = \frac{\sqrt{PiVi}\sqrt{PjVj}}{Dij}$$

其中，i、j 分别代表不同的区县，P 代表该区县体育人口数量，V 代表该区县文化、体育和娱乐业生产总值，D 指 i 区县距离 j 区县的最短公路里程。具体的数据详见表 6-1、表 6-2。

---

① 康伟：《基于点轴理论的山东半岛蓝色旅游空间结构研究》，《中国海洋大学学报》2012年第6期。

② 王德忠、庄仁兴：《区域经济联系定量分析初探——以上海与苏锡常地区经济联系为例》，《地理科学》1996年第1期。

③ 秦瑞鸿：《山东半岛旅游圈双核模式结构分析》，《统计与决策》2010年第16期。

④ 康伟：《基于点轴理论的山东半岛蓝色旅游空间结构研究》，《中国海洋大学学报》2012年第6期。

表6-1　　　　　　　　北京市各区县公路里程　　　　　　（单位：公里）

区县	东城区	西城区	朝阳区	丰台区	石景山区	海淀区	房山区	通州区	顺义区	昌平区	大兴区	门头沟区	怀柔区	平谷区	密云县	延庆县
东城区	0															
西城区	4.62	0														
朝阳区	2.45	6.67	0													
丰台区	13.58	9.12	15.18	0												
石景山区	16.71	12.28	18.93	7.53	0											
海淀区	10.64	7.81	13.09	11.30	8.78	0										
房山区	30.80	26.44	32.14	17.34	18.82	27.00	0									
通州区	20.64	24.80	18.25	32.18	37.06	31.10	47.47	0								
顺义区	30.26	34.50	29.35	43.60	44.49	35.82	60.94	24.49	0							
昌平区	36.11	36.16	37.85	40.57	35.06	29.63	53.14	50.08	37.37	0						
大兴区	23.35	20.78	23.39	15.40	22.33	26.14	17.12	33.82	52.25	55.75	0					
门头沟区	26.92	22.84	29.29	18.23	11.08	16.94	21.72	47.55	51.67	33.10	31.41	0				
怀柔区	46.90	50.30	46.75	58.85	57.47	48.84	75.74	45.26	20.81	35.65	70.13	61.57	0			
平谷区	64.53	69.15	62.67	77.81	80.90	72.95	94.19	47.15	39.71	76.18	80.92	89.71	45.93	0		
密云县	61.76	65.75	61.05	74.72	74.46	65.68	91.99	54.36	31.84	54.80	84.08	79.69	19.17	35.35	0	
延庆县	69.73	69.11	71.64	71.64	64.86	61.80	80.17	84.04	68.20	34.12	87.02	58.46	57.86	103.46	74.13	0

注：表中距离数据根据公路卫星导航系统计算得出。

资料来源：http://ww.agri.com.cn/distance/province/110112.html。

表 6 - 2　　　　　　　　2012 年北京市各区县体育经济指标

序号	区县	文化、体育和娱乐业生产总值（亿元）	体育人口（万人）
1	东城区	57.37	53.20①
2	西城区	72.20	73.31②
3	朝阳区	48.14	224.70③
4	丰台区	20.40	110.70④
5	石景山区	10.37	37.51⑤
6	海淀区	153.74	175.80⑥
7	房山区	1.31	40.45⑦
8	通州区	1.09	63.26⑧
9	顺义区	1.68	76.24⑨
10	昌平区	2.24	53.76⑩
11	大兴区	2.13	43.00⑪
12	门头沟区	0.92	13.60⑫
13	怀柔区	6.24	18.55⑬

---

① 杨艺文：《东城区人民政府工作报告》，北京年鉴出版社 2010 年版，第 23 页。

② 林铎：《政府工作报告》，北京年鉴出版社 2004 年版，第 8 页。

③ 《朝阳区"十二五"时期体育事业发展规划》，http://fagaiwei.bjchy.gov.cn/2011/1128/724.html。

④ 《北京市丰台区"十二五"时期体育事业和体育产业发展规划（2011—2015）》，http://www.ssfcn.com/detailed_ gh.asp? id = 28353。

⑤ 荣华、岳林华、姚茂文：《石景山区奥运筹办工作的经验与启示》，北京年鉴出版社 2009 年版，第 23—32 页。

⑥ 冯小明：《综述》，北京年鉴出版社 2008 年版，第 303—307 页。

⑦ 《房山区"十二五"时期体育发展规划》，http://www.bjfsh.gov.cn/zwgk/hygh/94986.html。

⑧ 《北京市通州区人民政府关于印发通州区创建"健康通州"实施方案（2012—2015 年）的通知》，http://www.bjtzh.gov.cn/n95/n2231951/n2231998/n2238453/n3563459/c3967412/content.html。

⑨ 《顺义区第三届人民代表大会第六次会议关于〈顺义区国民经济和社会发展第十二个五年计划纲要（草案）〉的决议》，北京年鉴出版社 2012 年版，第 73—100 页。

⑩ 袁育林：《广泛开展群众性体育活动》，北京年鉴出版社 2012 年版，第 419 页。

⑪ 王勇：《群众体育》，北京年鉴出版社 2012 年版，第 421—422 页。

⑫ 尚显英：《2005 年国民经济和社会发展》，北京年鉴出版社 2012 年版，第 584—586 页。

⑬ 《北京市怀柔区人民政府关于印发怀柔区全民健身实施计划（2011—2015 年）的通知》，http://wenku.baidu.com/link? url = ZWd1TFFuzg4xcbkUgCpBnHO6kaIMswv4VCHMTWNzf4s7CDxCiPypSKlr9V8PnAjihvykmujJd7cwG_ VM66yRzUw2ZjmkvQB5XVI8YMXQCA_ 。

序号	区县	文化、体育和娱乐业生产总值（亿元）	体育人口（万人）
14	平谷区	1.59	20.78①
15	密云县	0.68	5.00②
16	延庆县	1.51	13.00③

资料来源：《北京统计信息网》，http：//www.bjstats.gov.cn/sjfb/zxzyjjshzb/。

　　将数据代入体育设施经济关联度计算公式，经计算得出，北京市各区县体育设施经济相互关联值（见表6-3）。

表6-3　　　　　北京市各区县公共体育设施经济关联数值表

区县	东城区	西城区	朝阳区	丰台区	石景山区	海淀区	房山区	通州区	顺义区	昌平区	大兴区	门头沟区	怀柔区	平谷区	密云县	延庆县
东城区	0	870.01	234.55	193.33	65.20	853.67	13.06	171.31	20.67	16.78	22.64	7.27	12.68	4.92	1.65	3.51
西城区	870.01	0	1134.44	379.07	116.83	1531.38	20.03	24.35	23.87	22.07	22.64	11.28	15.56	6.05	2.04	4.66
朝阳区	234.55	1134.44	0	325.60	108.35	1306.28	23.56	47.30	40.12	30.15	42.56	12.57	23.94	9.54	3.13	6.43
丰台区	193.33	379.07	325.60	0	124.45	691.35	19.95	12.26	12.34	12.85	29.53	9.23	8.69	3.51	1.17	2.94
石景山区	65.20	116.83	108.35	124.45	0	369.24	7.63	4.42	5.02	6.17	8.45	6.30	3.69	1.40	0.49	1.35
海淀区	853.67	1531.38	1306.28	691.35	369.24	0	44.33	43.88	51.95	60.87	60.19	34.36	36.22	12.96	4.61	11.78
房山区	13.06	20.03	23.56	19.95	7.63	44.33	0	1.27	1.35	1.50	4.07	1.19	1.03	0.44	0.15	0.40

① 刘卫国：《平谷区》，北京年鉴出版社2012年版，第595—599页。
② 密云县体育局，《县体育总会召开2011年度工作总结会》，http：//tyj.bjmy.gov.cn/masses/ass/8a317b3b34b08d280134d08aea7b009c.html。
③ 周莉萍：《2011年国民经济和社会发展》，北京年鉴出版社2012年版，第604—606页。

续表

区县	东城区	西城区	朝阳区	丰台区	石景山区	海淀区	房山区	通州区	顺义区	昌平区	大兴区	门头沟区	怀柔区	平谷区	密云县	延庆县
通州区	171.31	24.35	47.30	12.26	4.42	43.88	1.27	0	3.84	1.82	2.35	0.62	1.97	1.01	0.28	0.44
顺义区	20.67	23.87	40.12	12.34	5.02	51.95	1.35	3.84	0	3.32	2.07	0.78	5.85	1.64	0.65	0.74
昌平区	16.78	22.07	30.15	12.85	6.17	60.87	1.50	1.82	3.32	0	1.88	1.17	3.31	0.83	0.37	1.42
大兴区	22.64	22.64	42.56	29.53	8.45	60.19	4.07	2.35	2.07	1.88	0	1.08	1.47	0.68	0.21	0.49
门头沟区	7.27	11.28	12.57	9.23	6.30	34.36	1.19	0.62	0.78	1.17	1.08	0	0.62	0.23	0.08	0.27
怀柔区	12.68	15.56	23.94	8.69	3.69	36.22	1.03	1.97	5.85	3.31	1.47	0.62	0	1.35	1.03	0.82
平谷区	4.92	6.05	9.54	3.51	1.40	12.96	0.44	1.01	1.64	0.83	0.68	0.23	1.35	0	0.30	0.25
密云县	1.65	2.04	3.13	1.17	0.49	4.61	0.15	0.28	0.65	0.37	0.21	0.08	1.03	0.30	0	0.11
延庆县	3.51	4.66	6.43	2.94	1.35	11.78	0.40	0.44	0.74	1.42	0.49	0.27	0.82	0.25	0.11	0

表6-4   北京市各区县公共体育设施经济关联数值排名表

序　号	区　县	关　联　值	排　名
1	东城区	2491.25	4
2	西城区	4184.28	2
3	朝阳区	3348.52	3
4	丰台区	1826.27	5
5	石景山区	828.99	6
6	海淀区	5113.07	1
7	房山区	139.96	11
8	通州区	317.12	7
9	顺义区	174.21	9

续表

序　号	区　县	关　联　值	排　名
10	昌平区	164.51	10
11	大兴区	200.31	8
12	门头沟区	87.05	13
13	怀柔区	118.23	12
14	平谷区	45.11	14
15	密云县	16.27	16
16	延庆县	35.61	15

注：由表6-3整理得出。

二　城市体育设施经济关联分析

从表6-4可以看出，北京市当前各区县体育设施建设布局的经济关联状况如下：第一，海淀区、西城区、朝阳区、东城区、丰台区、石景山区6个区县的经济关联值位居北京市的前六名，其中海淀区的关联值为5113.07，列在首位。第二，通州区、大兴区、顺义、昌平区、房山区5个区县位居北京市的第7—11名。第三，怀柔区、门头沟区、平谷区、延庆县、密云县5个区县位居北京市的第12—16名。以上北京市区县体育设施建设布局的经济关联状况按关联值大小分为三大集团，第一集团是以海淀区为首的6个区县，第二集团是以通州区为首的5个区县，第三集团是以怀柔区为首的5个区县。通过图6-2我们可以看出，根据2006年出台的《北京市"十一五"功能区域发展规划》将北京市16个区县划分成为四大功能区，即首都功能核心区（东城、西城）、城市功能拓展区（朝阳、海淀、丰台、石景山）、城市发展新区（通州、顺义、大兴、昌平、房山）、生态涵养区（门头沟、平谷、怀柔、密云、延庆）。[1] 由此可见，北京区县体育设施建设布局状况的经济关联形成的三大集团与北京市区县规划功能区方案是相互一致的，第一集团对应首都城市核心区和城市功能拓展区，第二集团对应城市发展新区，第三集团对应城市生态涵养区。第一集团的6个区县以其较高的经济关联值处于城市核心区和功能拓

① 《北京市"十一五"时期功能区域发展规划》，http://www.gov.cn/fwxx/sh/2006-12/07/content_463035.htm。

展区，奥林匹克中心区属于第一集团的空间范围内，6 个区县体育设施的建设布局高度集聚，在北京城市整体的发展空间范围承担着中心地理论中"中心地"的作用；第二集团处于城市发展新区。城市发展新区是城市中心区的疏散地带，对城市中心区的产业与人口起到分流与缓冲的作用，是城市未来发展的经济中心。该集团 5 个区县的体育设施与第一集团 6 个区县存在着较高的经济关联，是城市体育设施新的增长极。

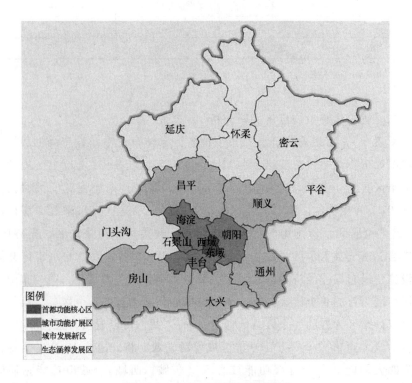

图 6 - 2　北京各区县功能规划图

资料来源：http://www.dituhui.com/maps/64412。

从表 6 - 4 和表 6 - 5 来看，海淀区体育设施建设布局的经济关联值为 5113.07，在 16 个区县中排名第一，海淀区的体育场地数、体育场、体育馆、游泳场馆、各种训练房的数量均列在 16 个区县的首位，主要有五棵松奥运场馆、海淀体育中心、中关村文化体育中心、北清运动乐园、北安河体育公园、万柳体育公园、西三旗体育中心、稻香湖国际体育交流中心、东升体育健身园、北部四镇（温泉镇、西北旺镇、苏家坨镇、上庄镇）体育中心、冷泉射击场。由此可以说明，海淀区在北京市体育设施建设布局中具有举足轻重的地位。

表6－5　　　　　2012年北京市各区县体育场地数量统计表　　　单位：个

区县	体育场地数	体育场	体育馆	游泳场馆	各种训练房
全市	6156	94	37	447	1742
首都功能核心区					
693	7	4	65	377	
东城区	372	2	2	43	215
西城区	321	5	2	22	162
城市功能拓展区					
2414	53	24	236	659	
朝阳区	876	14	6	132	326
丰台区	372	6	3	23	112
石景山区	57	2	4	11	11
海淀区	1109	31	11	70	210
城市发展新区					
2036	25	4	98	451	
房山区	414	4	—	14	50
通州区	286	3	1	9	38
顺义区	608	3	—	20	208
昌平区	488	9	2	44	117
大兴区	240	6	1	11	38
生态涵养发展区					
1013	9	5	48	255	
门头沟区	57	1	1	5	12
怀柔区	317	3	1	17	94
平谷区	245	2	1	8	80
密云区	249	1	—	10	43
延庆区	145	2	2	8	26

资料来源：《北京统计信息网》，http://www.bjstats.gov.cn/sjfb/zxzyjjshzb/。

海淀区位于北京城区西北部，约占北京市总面积的2.53%，海淀区西部多为山地，其地面积所占比例大约为整个海淀区土地面积的15%。①
整个海淀区因香山余脉分为南部城区和北部发展区两个部分。同时，海淀
区具有较为完善的交通网络体系。按照《海淀区"十二五"时期交通发
展规划（2011—2015年）》②，海淀区将形成"七横八纵"的轨道交通网
络格局，将进一步完善道路系统网络结构（详见图6-3和图6-4）。此
外，海淀区被称为学府区，拥有众多高校，北京大学、清华大学、中国人

图6-3 "十二五"时期海淀区轨道线网

注：M代表地铁线，S代表郊区地铁线。

资料来源：《海淀区"十二五"时期交通发展规划（2011—2015年）》，http://
www.bjhd.gov.cn/zfxx/ghjh/zxgh/201109/t20110901_326714.htm。

---

① 《海淀区》，http://baike.baidu.com/view/138838.htm? fr = Aladdin。

② 《海淀区"十二五"时期交通发展规划（2011—2015年）》，http://www.bjhd.gov.cn/
zfxx/ghjh/zxgh/201109/t20110901_326714.htm。

民大学、北京体育大学等均坐落在海淀区，2008 年北京奥运会所新建、改（扩）建的 37 个比赛场馆中有 6 个比赛场馆建设布局在大学校园，其中北京航空航天大学体育馆、北京大学体育馆、中国农业大学体育馆、北京科技大学体育馆、北京理工大学体育馆 5 个比赛场馆位于海淀区。由此可见，海淀区的地理条件、交通设施基础以及大学体育场馆资源优势等都为海淀区体育设施建设布局在城市范围内的带头作用起到了重要影响，并与其他 15 个区县体育设施建设布局保持着不同程度的联系。

图 6 - 4　"十二五"时期海淀区道路网

资料来源：《海淀区"十二五"时期交通发展规划（2011—2015 年）》，http：//www.bjhd.gov.cn/zfxx/ghjh/zxgh/201109/t20110901_ 326714. htm。

（一）第一集团关系分析

东城区和西城区属于首都功能核心区，位于海淀区的东南部，是北京作为全国政治、文化中心功能的集中体现，是履行"四个服务"（为中央党政军领导机关服务，为日益扩大的国际交往服务，为国家教育、科技、文化和卫生事业的发展服务，为市民的工作和生活服务）的集中展现。东城区和西城区近几年（2010—2012 年）地区生产总值第三产业中文化、体育和娱乐业增长速度分别为 13.9% 和 13.3%，① 表现出稳定增长的势头。在体育设施建设布局方面，首都功能核心区与海淀区保持着非常紧密的关联。从表 6 - 4 可以看出，海淀区与东城区的体育设施建设布局的经济关联值为 853.67；海淀区与西城区的体育设施建设布局的经济关联值为 1531.38。可见，作为城市功能拓展区的海淀区是首都功能核心区对外发展的最主要的区域，可以说，海淀区承载着首都体育设施建设布局的重要功能。

同时，城市功能拓展区中的朝阳区、海淀区、丰台区、石景山区是体现北京现代经济与国际交往功能的重要区域。商务中心区（简称 CBD）和中关村科技园区，特别是奥林匹克中心区为城市功能拓展区现代服务业、高新技术产业以及体育文化等的发展起到积极的作用。从表 6 - 5 可以看出，在北京城市功能拓展区的 4 个区县中，海淀区体育场地个数、体育场、体育馆的数量均排在 4 个区县的首位，朝阳区游泳场馆和各种训练房的数量则排在 4 个区县的首位，丰台区和石景山区分别排在第三和第四。除了海淀区之外，朝阳区也拥有众多体育设施，如国家奥林匹克中心、北京工人体育场、北京工人体育馆、朝阳体育馆等均布局在朝阳区。从这不难看出，北京城市功能拓展区的体育设施建设布局状况较为集中，4 个区县的体育设施资源较为丰富，并且与首都功能核心区逐步形成了大型体育场馆资源共享的格局。在这种资源共享的发展格局下，区县之间存在密切的经济关联。这一点从海淀区与朝阳区、丰台区、石景山区的体育设施建设布局经济关联值分别为 1306.28、691.35、369.24 可以得到验证（详见表 6 - 4）。

（二）第二集团关系分析

第二集团包括通州区、大兴区、顺义、昌平、房山区 5 个区。这 5 个区是归属于北京是四大功能区的城市发展新区，是北京市未来发

---

① 《北京统计信息网（2010—2012 年年度区县统计数据）》，http：//www.bjstats.gov.cn/sjfb/bssj/ndsj/。

展的重点区域。2005 年以来增加的常住人口中，45.4% 集中在城市发展新区。① 首都功能核心区和城市功能拓展区的城市人口疏散趋势在城市发展新区表现得越来越明显，也就是说，城市发展新区对于人口的承载能力将是该区未来发展的重点。同时，伴随着人口的迁移，社会资源（这里主要谈及的是体育设施资源）由内向外的建设布局将是未来城市发展的必然趋势。2012 年北京统计信息网的统计数据表明，北京城市发展新区体育场地数和各种训练房的总量达到 2487 个。北京城市发展新区2012 年地区生产总值第三产业中文化、体育和娱乐业的增长速度指标方面，房山区和顺义区表现得较为突出，分别为 23.4% 和 14.9%。② "十二五"时期，房山区重点构建"两轴三带五园区"的发展格局，逐步完善高端制造业和现代生态休闲的城区功能定位，打造首都经济发展新的增长极；顺义区则以"打造临空经济区、建设世界空港城"为发展目标，构建"国际枢纽空港、高端产业新城、和谐宜居家园"的发展格局。③ 可见，房山区和顺义区经济社会的发展显露出较强的势头，在城市发展新区中发挥着带头的作用。在体育设施建设布局的经济关联性方面（详见表 6 - 4），除了房山区与大兴区的经济关联值（4.07）、顺义区与昌平区的经济关联值（3.32）较高之外，城市发展新区的 5 个区县之间的其他经济关联值就稍低一些。这与房山区与大兴区（17.12 公里）、顺义区与昌平区（37.37 公里）（详见表 6 - 1）之间较短的交通距离有关。此外，通过北京市各区县公共体育设施经济关联数值（详见表6 - 4）发现，北京城市发展新区的 5 个区县与海淀区的体育设施建设布局经济关联值均较高，分别是：海淀区与房山区为 44.33；海淀区与通州区为 43.88；海淀区与顺义区为 51.95；海淀区与昌平区为 60.87；海淀区与大兴区为 60.19。其中，海淀区与昌平区的体育设施建设布局经济关联值最高，这与两个区县间的公路里程（29.63 公里）（详见表 6 - 1）比较短有直接的关系。

---

① 《北京近半新增人口在城市发展新区》，http：//www.rbc.cn。

② 《北京统计信息网（2010—2012 年年度区县统计数据）》，http：//www.bjstats.gov.cn/sjfb/bssj/ndsj/。

③ 《房山区经济和社会发展"十二五"规划》，http：//wenku.baidu.com/link? url = A6Ge3cvyoMMOd3ZRtbLS9Zu8OS8LhZNuexcmuRqWdgOTl3qRiP - nno9scBpZhXkfgqkW9yugT1nl9VTc - pn7TklZpGRvmQdLpFTh5zTZbue。

（三）第三集团关系分析

第三集团的门头沟区、怀柔区、平谷区、密云县、延庆县被称为生态涵养发展区。该区域地处山区，自然条件优越，生态环境良好，是北京市民最佳的休闲空间。"十二五"时期，生态涵养发展区调整区域产业结构，探索以科技、教育、文化和体育产业为主的可持续的经济社会发展模式，构建以"休闲旅游业"等为特色的生态经济体系。2012 年生态涵养发展区的体育场馆数为 1013 个，其中，怀柔区占 31.29%，密云县占 24.58%。① 这表明，怀柔区体育场馆建设布局的状况在生态涵养发展区的 5 个区县中处于领先地位。2012 年生态涵养发展区的地区生产总值第三产业中文化、体育和娱乐业总值为 109291 万元，增长速度为 83.7%。其中，怀柔区文化、体育和娱乐业总值为 62432 万元，增长速度为 229.5%；密云县文化、体育和娱乐业总值为 6765 万元，增长速度为 23.0%。② 可见，怀柔区和密云县的体育产业发展在生态涵养发展区发挥着明显的带头作用。从北京市各区县公共体育设施经济关联数值（详见表 6 - 4）来看，怀柔区和平谷区的经济关联值为 1.35，怀柔区和密云县的经济关联值为 1.03。这与怀柔区和平谷区（45.93 公里）、怀柔区和密云县（19.17 公里）之间的公路里程有着直接的关系（详见表 6 - 1）。同时，也表明怀柔区和平谷区、怀柔区和密云县之间体育设施建设布局的状况非常相似。此外，海淀区和门头沟区以及海淀区和怀柔区之间的体育设施建设布局经济关联值较高，分别为 34.36 和 36.22。这正是由于海淀区和门头沟区（16.94 公里）以及海淀区和怀柔区（48.84 公里）之间公路里程较短（详见表 6 - 1）所致。因而，海淀区和门头沟区、海淀区和怀柔区之间体育设施建设布局的状况有很多相同之处。

三　城市体育设施中心度计算

（一）城市体育设施中心度指标体系的确定

中心商品（含服务）是指在少数地点生产、供给，而在多数地点消

---

　　① 《北京统计信息网（2010—2012 年年度区县统计数据）》，http：//www.bjstats.gov.cn/
sjfb/bssj/ndsj/。

　　② 同上。

费的商品。中心地为供给中心商品职能的布局场所。[①] 体育设施中心地是指供给体育设施职能的布局场所。中心性是指就中心地的周围地区而言，中心地的相对重要性，也可理解为中心地发挥中心职能的程度。城市体育设施中心度是指衡量该城市体育设施中心性的大小。由于中心性的程度不同，中心地又可分为高级中心地、中级中心地和低级中心地。[②] 也就是说，通过分析体育设施中心度的大小可以得出体育设施的等级。

　　运用主成分分析法对中心性指标体系的评价可以确定中心度。[③] 根据马志和、马志强、戴健等在《"中心地理论"与城市体育设施的空间布局研究》中提出的"体育设施中心地是指供给体育设施职能的布局场所"的观点，城市体育设施中心性指标体系就是影响体育设施建设布局因素的指标体系。[④] 因此，城市体育设施中心性影响因素包括地理因素、社会因素、经济因素、本位因素以及其他因素。城市体育设施中心性指标体系为土地面积、人口密度、教育程度为大专及以上人口数量、体育人口、财政收入、绿地面积、建成区面积、年末实有道路长度、年末公共交通运营数、城市化水平。由于无法获取数据，建设用地面积代替建成区面积；民用汽车拥有量代替年末公共交通运营数；公路里程代替年末实有道路长度（见表6-6）。

表6-6　　　　　　　　　　城市体育设施中心性指标体系

影响因素	变量序号	指　标
地理因素	X_1	城区面积（平方公里）
社会因素	X_2	城市人口密度（人/平方公里）
	X_3	教育程度为大专及以上人口数量
	X_4	体育人口
经济因素	X_5	财政收入（亿元）
本位因素	X_6	城市绿地面积（公顷）

---

　　① 马志和、马志强、戴健等：《"中心地理论"与城市体育设施的空间布局研究》，《北京体育大学学报》2004年第4期。

　　② 同上。

　　③ 张洪、夏明：《安徽省旅游空间结构研究》，《经济地理》2011年第12期。

　　④ 马志和、马志强、戴健等：《"中心地理论"与城市体育设施的空间布局研究》，《北京体育大学学报》2004年第4期。

续表

影响因素	变量序号	指　标
其他因素	X_7	建设用地面积（平方公里）
	X_8	民用汽车拥有量（辆）
	X_9	公路里程（公里）
	X_{10}	城市化水平（%）

1. 指标数据选取、收集与录入

将表6-7的数据录入到 SPSS 19.0 软件中进行分析（详见图6-5）。

表6-7　　　　　北京市各区县体育设施中心性指标体系

区县	土地面积（平方公里）	人口密度（人/平方公里）	教育程度为大专及以上人口数量（万人）	体育人口（万人）	财政收入（万元）	绿地面积（公顷）	建设用地面积（平方公里）	公路里程（公里）	民用汽车拥有量（辆）	城市化水平（%）
东城区	41.86	21691	23.1	53.20	1459891	1625.97	41.86	18	382619	100
西城区	50.53	24570	37.2	73.31	3633231	1175.78	50.53	2.3	439557	100
朝阳区	455.08	8229	78.1	224.7	4725369	26.40	308.93	167.7	917555	99.81
丰台区	305.80	7240	39.1	110.7	1538341	92.38	203.26	113.0	587624	99.41
石景山区	84.32	7578	12.6	37.51	259022	4000	49.44	20.4	140758	100
海淀区	430.73	8089	109.7	175.8	2826533	10563.9	229.24	81.3	822444	97.99
房山区	1989.54	496	9.6	40.45	747961	1255.18	350.55	2765.2	199798	68.15
通州区	906.28	1425	8.2	63.26	1105321	7784.73	309.02	2476.6	246194	63.21
顺义区	1019.89	934	5.8	76.24	1300134	4779.30	328.24	2758.1	200228	54.56
昌平区	1343.54	1362	14.4	53.76	813946	9065.82	365.20	1939.1	341149	80.11
大兴区	1036.32	1418	9.7	43.0[17]	1532407	7497	311.94	2740.6	312241	69.12
门头沟区	1450.70	205	2.6	13.6	336940	894	95.35	1000.4	62621	85.57
怀柔区	2122.62	178	3.2	18.55	330239	3517.41	133.37	1592.3	85316	68.44
平谷区	950.13	442	2.7	20.78	267929	2996.7	126.98	1659.8	89177	54.29
密云县	2229.45	213	4.3	5.0	295799	867.42	329.52	2107.6	77395	55.27
延庆县	1993.75	159	1.7	13.0	103794	2004.71	143.73	1922.5	52733	49.53

资料来源：《北京统计信息网》，http://www.bjstats.gov.cn/。

	区县	土地面积(平方公里)	人口密度(人平方公里)	教育程度为大专及以上人口数量(万人)	体育人口(万人)	财政收入(万元)	绿地面
1	东城区	41.86	21691	23.1	53.2	1459891	
2	西城区	50.53	24570	37.2	73.3	3633231	
3	朝阳区	455.08	8229	78.1	224.7	4725369	
4	丰台区	305.80	7240	39.1	110.7	1538341	
5	石景山区	84.32	7578	12.6	37.5	259022	
6	海淀区	430.73	8089	109.7	175.8	2826533	
7	房山区	1989.54	496	9.6	40.5	747961	
8	通州区	906.28	1425	8.2	63.3	1105321	
9	顺义区	1019.89	934	5.8	76.2	1300134	
10	昌平区	1343.54	1362	14.4	53.8	813946	
11	大兴区	1036.32	1418	9.7	43.0	1532407	
12	门头沟区	1450.70	205	2.6	13.6	336940	
13	怀柔区	2122.62	178	3.2	18.6	330239	
14	平谷区	950.13	442	2.7	20.8	267929	
15	密云县	2229.45	213	4.3	5.0	295799	

图 6-5 SPSS 19.0 软件截图

2. 因子分析

影响体育设施中心性因素的指标体系的选取存在一定的主观性,为了避免出现统计学意义的信息相似以及变量之间相关性显著的现象,利用SPSS 软件系统对数据进行因子分析进而完成降低维度的任务。因而,通过 SPSS 软件中工具栏的分析—降维—因子分析,弹出因子分析对话框(见图 6-6)。

图 6-6 SPSS 19.0 软件截图

（1）相关性分析

通过因子分析对变量进行压缩，对变量中相重合的、相关性较高的共同信息进行提取，并以公共因子的形式完成减少变量数目，进而完成降低维度的目的。将指标数据选入变量框中，在"描述"选项中选中原始数据分析和系数，然后点击"继续"。返回因子分析对话框，单击"确定"。通过 SPSS 分析得出如下数据（详见表 6 - 8、表 6 - 9）。

表 6 - 8 相关系数矩阵

影响指标	土地面积（平方公里）	人口密度（人/平方公里）	教育程度为大专及以上人口数量（万人）	体育人口（万人）	财政收入（万元）	绿地面积（公顷）	建设用地面积（平方公里）	公路里程（公里）	民用汽车拥有量（辆）	城市化水平（%）
土地面积（平方公里）	1.000	-0.746	-0.524	-0.544	-0.581	-0.069	0.391	0.716	-0.600	-0.758
人口密度（人/平方公里）	-0.746	1.000	0.419	0.324	0.591	-0.215	-0.536	-0.727	0.461	0.717
教育程度为大专及以上人口数量（万人）	-0.524	0.419	1.000	0.903	0.790	0.204	0.056	-0.614	0.927	0.639
体育人口（万人）	-0.544	0.324	0.903	1.000	0.866	0.119	0.239	-0.479	0.958	0.567
财政收入（万元）	-0.581	0.591	0.790	0.866	1.000	-0.032	0.091	-0.488	0.881	0.589
绿地面积（公顷）	-0.069	-0.215	0.204	0.119	-0.032	1.000	0.344	0.258	0.134	-0.090
建设用地面积（平方公里）	0.391	-0.536	0.056	0.239	0.091	0.344	1.000	0.643	0.180	-0.387
公路里程（公里）	0.716	-0.727	-0.614	-0.479	-0.488	0.258	0.643	1.000	-0.556	-0.874
民用汽车拥有量（辆）	-0.600	0.461	0.927	0.958	0.881	0.134	0.180	-0.556	1.000	0.674
城市化水平（%）	-0.758	0.717	0.639	0.567	0.589	-0.090	-0.387	-0.874	0.674	1.000

资料来源：SPSS 19.0 软件。

表 6 - 9   公因子方差

影响指标	初始	提取
土地面积（平方公里）	1.000	0.720
人口密度（人/平方公里）	1.000	0.775
教育程度为大专及以上人口数量（万人）	1.000	0.880
体育人口（万人）	1.000	0.932
财政收入（万元）	1.000	0.814
绿地面积（公顷）	1.000	0.307
建设用地面积（平方公里）	1.000	0.861
公路里程（公里）	1.000	0.898
民用汽车拥有量（辆）	1.000	0.971
城市化水平（%）	1.000	0.826

资料来源：SPSS 19.0 软件。

提取方法：主成分分析法。

（2）主因子提取

通过变量的相关系数矩阵，运用主成分分析法将特征值大于 1 的因子提取出来。如表 6 - 10 所示，将两个特征值大于 1 的因子提取出来，即 $\lambda_1 = 5.692$，$\lambda_2 = 2.292$。其他因子应当去掉，因为它们的特征值小于 1。这两个被提取出来的因子的累积方差贡献率为 79.841%，这意味着两个因子代表了原变量总差的 79.841%，进一步说明了两个因子在很大程度上代表了 10 个变量。从统计学意义上来看，变量的信息丢失率较低，保证了因子分析效果。

表 6 - 10   总方差运行结果表

成分	初始特征值			提取平方和载入		
	合计	方差贡献率（%）	累积方差贡献率（%）	合计	方差贡献率（%）	累积方差贡献率（%）
1	5.692	56.922	56.922	5.692	56.922	56.922
2	2.292	22.920	79.841	2.292	22.920	79.841
3	0.901	9.012	88.853			
4	0.474	4.737	93.590			
5	0.268	2.684	96.274			

续表

成分	初始特征值			提取平方和载入		
	合计	方差贡献率（%）	累积方差贡献率（%）	合计	方差贡献率（%）	累积方差贡献率（%）
6	0.217	2.169	98.442			
7	0.088	0.879	99.321			
8	0.026	0.258	99.579			
9	0.024	0.243	99.822			
10	0.018	0.178	100.000			

资料来源：SPSS 19.0 软件。

提取方法：主成分分析法。

（3）因子载荷分析

因子载荷矩阵是在计算样本数据基础上得出的，是因子分析过程中的重要环节。在载荷矩阵中，载荷系数能够反映出变量与各因子之间的数值关系。因子载荷分析就是以通过因子解释使得因子典型代表原有变量为条件要求的。统计学中通常采用因子旋转的方法，目的是使变量在最少的因子上具有较高的载荷，以便更好地解释因子含义。利用最大方差法对成分矩阵进行正交旋转，进而得出表 6-12 旋转后的降序排列的成分矩阵。从表 6-12 可以看出，5 个变量（民用汽车拥有量、体育人口、教育程度为大专及以上人口数量、财政收入、城市化水平）在第 1 个因子上有着较高的载荷，这 5 个变量通过第 1 因子得以解释，主要涉及经济因素、社会因素以及其他因素；2 个变量（建设用地面积、公路里程）在第 2 个因子上有着较高的载荷，这 2 个变量通过第 2 因子得以解释，主要涉及其他因素。在此，F_1 代表第 1 因子，F_2 代表第 2 因子。

表 6-11　　　　　　　　　未旋转成分矩阵

影响指标	成分	
	1	2
土地面积（平方公里）	-0.818	0.224
人口密度（人/平方公里）	0.750	-0.461
教育程度为大专及以上人口数量（万人）	0.861	0.371
体育人口（万人）	0.829	0.495

续表

影响指标	成分	
	1	2
财政收入（万元）	0.853	0.295
绿地面积（公顷）	-0.024	0.554
建设用地面积（平方公里）	-0.238	0.897
公路里程（公里）	-0.829	0.459
民用汽车拥有量（辆）	0.892	0.420
城市化水平（%）	0.874	-0.251

资料来源：SPSS 19.0 软件。

提取方法：主成分分析法。

表 6 - 12　　　　　　　　　　　　**旋转成分矩阵**

影响指标	成分	
	1	2
民用汽车拥有量（辆）	0.986	-0.003
体育人口（万人）	0.961	0.092
教育程度为大专及以上人口数量（万人）	0.937	-0.034
财政收入（万元）	0.897	-0.099
城市化水平（%）	0.682	-0.601
土地面积（平方公里）	-0.644	0.553
建设用地面积（平方公里）	0.169	0.912
公路里程（公里）	-0.553	0.770
人口密度（人/平方公里）	0.480	-0.738
绿地面积（公顷）	0.215	0.511

资料来源：SPSS 19.0 软件。

提取方法：主成分分析法。

旋转法：具有 Kaiser 标准化的正交旋转法。

（4）因子得分

采用回归法得出因子系数，进而得出 F_1 和 F_2 的函数。通过 SPSS 计算出来的系数矩阵（见表 6 - 13），根据此表中的数据可以得出 F_1 和 F_2 函数表达式，如下所示。

$F_1 = -0.088X_1 + 0.033X_2 + 0.206X_3 + 0.224X_4 + 0.190X_5 + 0.100 X_6 + 0.130X_7 - 0.046X_8 + 0.220X_9 + 0.092X_{10}$

$F_2 = 0.150 X_1 - 0.238X_2 + 0.081 X_3 + 0.133 X_4 + 0.052 X_5 + 0.220 X_6 + 0.371 X_7 + 0.243 X_8 + 0.098 X_9 - 0.165 X_{10}$

上述公式中，变量 X_1、X_2、X_8、X_{10} 在两个公式中的系数符号相反，结合表 6 - 12 来分析，出现这种情况与因子的内在含义是一致的，符合统计学意义。

表 6 - 13 　　　　　　　　　　　**成分得分系数矩阵**

影响指标	成分	
	1	2
土地面积（平方公里）	- 0.088	0.150
人口密度（人/平方公里）	0.033	- 0.238
教育程度为大专及以上人口数量（万人）	0.206	0.081
体育人口（万人）	0.224	0.133
财政收入（万元）	0.190	0.052
绿地面积（公顷）	0.100	0.220
建设用地面积（平方公里）	0.130	0.371
公路里程（公里）	- 0.046	0.243
民用汽车拥有量（辆）	0.220	0.098
城市化水平（%）	0.092	- 0.165

资料来源：SPSS 19.0 软件。

提取方法：主成分分析法。

旋转法：具有 Kaiser 标准化的正交旋转法。

（5）计算排名

在上述 F_1 和 F_2 两个函数公式的已知条件下，根据表 6 - 10 得出的数据，按照因子方差贡献率的权重，得出主因子得分函数，即：

$$F = 0.56922F_1 + 0.2292F_2$$

四　体育设施中心度分析

通过表 6 - 14 北京各区县体育设施中心度排名可以看出，朝阳区排名第一，理所应当成为北京市体育设施建设布局的中心区。朝阳区拥有 14 个奥运场馆（国家体育场、国家游泳中心、国家体育馆、北京工业大学体育馆、奥体中心体育场、奥体中心体育馆、工人体育场、工人体育馆、英东游泳馆、国家会议中心击剑馆、奥林匹克森林公园曲棍球场、奥林匹克森林公园射箭场、奥林匹克森林公园网球场、沙滩排球场），占 2008 年北京奥运会 37 个比赛场馆的 37.84%。这些充足的场馆资源条件不仅表明了朝阳区体育设施建设布局的领先性，而且也为今后朝阳区体育设施的建设布局奠定了坚实的基础。因此，朝阳区以较高的中心度值（702692.7086）（详见表 6 - 14）更加科学地证明了朝阳区作为北京市体育

表 6 - 14　　　　　北京各区县体育设施中心度排名表

区县	F_1	F_2	F	排名
东城区	362460.676	108624.879	231216.6883	5
西城区	787980.119	226438.758	500433.8067	2
朝阳区	1100024.41	333930.253	702692.7086	1
丰台区	421846.541	136028.314	271301.1776	4
石景山区	80849.2805	26365.3209	52063.9590	12
海淀区	719361.427	228163.616	461770.0123	3
房山区	185970.637	59727.609	119547.7740	10
通州区	264867.339	83828.245	169981.2205	8
顺义区	291433.712	89005.0522	186289.8555	7
昌平区	230516.473	78231.4382	149145.2324	9
大兴区	360488.122	112528.881	230988.6683	6
门头沟区	77741.5549	24289.6054	49819.2254	13
怀柔区	81640.9576	27011.0981	52662.6096	11
平谷区	70706.4568	23812.7171	45705.4041	15
密云县	73079.268	24067.1064	47114.3617	14
延庆县	31290.4569	11781.5643	20511.4884	16

注：中心度排名由函数 F、F_1、F_2 计算得出。

育设施建设布局中心区的结论。然而，在表 6 – 14 中我们又可以发现，西城区、海淀区、丰台区、东城区的中心度数值仅次于朝阳区，排在 16 个城市的第 2—5 名，可以作为选择次级中心点的备选区县。北京市 16 个区县中的另外 10 区县由于中心度值均低于上述 6 个区县（最高值：大兴区为 230988.6683，最低值：延庆县为 20511.4884）（详见表 6 – 14），将作为选择三级中心点的备选区县。

五 "点"的确定

对于北京市 16 个区县体育设施建设布局经济关联性和体育设施建设布局中心度已经进行了定量的分析。研究表明：通过北京市 16 个区县之间体育设施建设布局的经济关联性程度，一方面可以了解北京市 16 个区县之间体育设施建设布局经济关联的程度，另一方面也可以分析得出每一个区县对外的经济辐射能力水平；通过北京市 16 个区县体育设施建设布局中心度数值的排序，一方面可以分析得出各个区县作为体育设施建设布局中心的等级，另一方面也可以推断出每一个区县作为体育设施建设布局中心的聚集能力水平。利用经济关联性和中心度两个指标，可以推断出体育设施建设布局"点—轴—网"理论模式中"点"的确定。通过前述分析得出的北京市各区县公共体育设施经济关联数值排名表，再结合表 6 – 14，进而得出表 6 – 15 北京市 16 个区县体育设施综合排名表。

表 6 – 15　　　　北京市 16 个区县体育设施综合排名表

序　号	区县	关联值排名	中心度排名
1	东城区	4	5
2	西城区	2	2
3	朝阳区	3	1
4	丰台区	5	4
5	石景山区	6	12
6	海淀区	1	3
7	房山区	11	10
8	通州区	7	8
9	顺义区	9	7
10	昌平区	10	9

续表

序　号	区　县	关联值排名	中心度排名
11	大兴区	8	6
12	门头沟区	13	13
13	怀柔区	12	11
14	平谷区	14	15
15	密云县	16	14
16	延庆县	15	16

（一）一级"点"的确定

从表6－15可以看出，朝阳区的经济关联值和中心度两项指标均排名领先。1958年经国务院批准改为朝阳区。朝阳区是北京土地面积最大的一个区县，占地面积470.8平方公里。[①] 中轴线是北京城市规划布局的传统标志，南起永定门，北至钟鼓楼，全长7.8公里（见图6－7）。[②] 中轴线由钟鼓楼向北延伸经过北辰路进入朝阳区，北京奥林匹克公园就修建在中轴线的北端延伸线上，国家体育场（"鸟巢"）和国家体育馆（"水立方"）分别布局在中轴线的东西两侧。这些新建的奥运场馆与周边改扩建的奥体育中心的相关比赛场馆构成了级别高、功能强的奥运场馆群。这些沿承北京传统布局规划理念而形成的国际标准的奥运场馆集群，一方面使得奥运场馆群与北京城市整体的布局规划完美结合，另一方面表现出朝阳区体育设施建设布局区位的中心性。同时，这也为朝阳区在整个北京市体育设施建设布局的核心地位奠定了坚实的基础。

坐落在朝阳区的国家体育场（"鸟巢"）、国家体育馆、国家游泳中心（"水立方"）以及奥林匹克公园均修建在北京城市规划的传统标志——中轴线的北端延伸线上。由此可见，朝阳区作为北京体育设施建设布局的一级中心点是非常适合的。朝阳区体育设施建设布局的经济关联值在16个区县的排名为第三，与东城区、西城区、丰台区、石景山区、海淀区、房山区、通州区、顺义区、昌平区、大兴区、门头沟区、怀柔区12个区县具有一定的经济关联性，特别是与东城区、西城区、丰台区、石景山区、

---

① 《北京朝阳区》，http：//baike.baidu.com/subview/138836/5080064.htm？fr＝Aladdin。

② 《北京城市中轴线》，http：//hanyu.iciba.com/wiki/1571623.shtml。

海淀区保持着很强的经济关联性，但是，与平谷区、密云县、延庆县的经济关联程度较低，这主要是由于与平谷区、密云县、延庆县的距离较远造成的。同时，作为北京城市规划中轴线延伸线所处的区县，朝阳区发挥着北京体育设施建设布局集聚和扩散的重要作用，在北京市域范围内确定为体育设施建设布局和体育赛事举办的重点城市。因此，朝阳区应作为一级"点"。

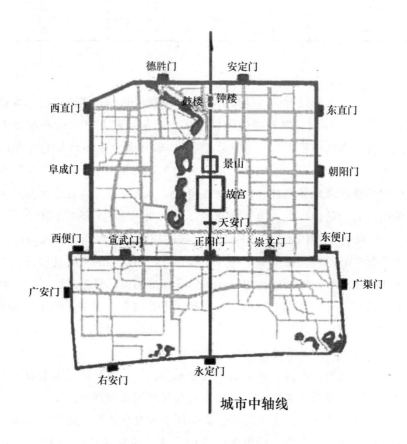

图 6 - 7   北京中轴线示意图

资料来源：《北京魅力中轴线并非正南正北》，http：//www. izhizhi. com/article/7871. 2011. 8. 18。

（二）二级"点"的确定

从表 6 - 15 可以看出，海淀区中心度值排列在 16 个区县的第三位，经济关联值排列在首位。海淀区与北京其他 15 个区县均保持着一定的经济关联，特别是与首都功能核心区和首都功能拓展区存在着非常密切的经济关联，这说明海淀区具有很强的体育设施建设布局的经济辐射影响力。海淀区体育设施资源优势明显，特别是建设布局在高校的体育设施；2008年奥运会，海淀区拥有 8 个场馆，占全部场馆（37 个）的比例为21.62%，其中，布局在高校内的场馆有 5 个，占全部场馆（37 个）的比例为13.51%。由此可以看出，海淀区是北京体育设施建设布局的重点区域，并且处于首都功能拓展区为体育设施建设布局一级"点"（朝阳区）发挥着辅助与拓展的作用。因此，应把海淀区作为二级"点"。

表 6 - 15 显示，丰台区的经济关联值和中心度两项指标排名为第五和第四，明显落后于西城区的排名状况，并与东城区的综合状况处于一个水平。北京城市"两轴—两带—多中心"空间结构（2004—2020）中的"两轴"是指相汇于天安门广场的长安街东西轴和城市中轴线的南北轴；"两带"是指以通州、顺义、亦庄、怀柔、密云、平谷为主的东部发展带和以大兴、房山、昌平、延庆、门头沟为主的西部发展带；"多中心"是指中关村中心区、奥林匹克中心区、中央商务区、海淀山后中心区、顺义中心区、通州中心区、亦庄中心区、石景山中心区（见图 6 - 8）。北京市城市总体规划（2004—2020）明确提出：在"两轴—两带—多中心"城市空间结构的基础上，形成"中心城—新城—镇"的市域城镇结构。[①] 中心城的传统中轴线北部是体育文化区。这个区域正是研究中的一级"点"所在的朝阳。朝阳区在北京城市范围内具有最强的体育设施辐射影响力，对于其他区县的体育设施建设布局发挥着核心作用。这种辐射力对于西部发展带的影响，特别是对于大兴、房山、门头沟区的影响是要经过丰台区的过渡，可见，丰台区在这种指向西南方向的辐射影响作用力中起着重要的连接和过渡作用，因此，应把丰台区作为第二个二级"点"。

从表 6 - 15 中可以看出，东城区和西城区经济关联值和中心度两项指标的排序是有一定差异的，东城区无论是经济关联值还是中心度指标均低于西城区，西城区两项指标在 16 个区县均排名第二。但是，《北京市城市总体规划（2004—2020）》中将东城区中的崇文区规划为体育产业的聚

---

① 《北京市城市总体规划（2004—2020）》，http：//baike. baidu. com/link? url = HxyIsq7MtlhlaodR6XxMncQ87bWrifYI2NAx＿ GA6tX＿ RQI3Lmcr2TKrvmarKXM2ubv9WwtDnkQvFnJhudBuCbK。

集区。① 可以看出，东城区在未来北京城市功能规划系统中重点要发展体育产业。东城区在体育产业的集聚效应的带动下必将对该区的体育设施的建设布局具有显著的推动作用。因此，从城市未来布局规划的意义上来考量，应把东城区作为第三个二级"点"。

图 6 - 8　北京城市总体规划（2004—2020）

资料来源：《北京市城市总体规划（2004—2020）》，http：//baike. baidu. com/link？url = HxyIsq 7Mtlhlaod R6Xx Mnc Q87b Wrif YI2 NAx_ GA6tX_ RQI3 Lmcr2 TKrvmar KX M2ubv9 Wwt Dnk Qv FnJhud Bu CbK。

（三）三级"点"的确定

"中心城—新城—镇"的城市结构是北京市城市总体规划明确提出的城市空间布局发展的模式和方向。北京市"中心城—新城—镇"的城市结构对体育设施的建设布局起着指导作用。北京市体育设施"点—轴—网"模式的布局必将延续着"中心城—新城—镇"的城市结构。"中心城—新城—镇"的城市结构中的"中心城"主要是指北京城市政治、文化、经济等功能最为集中的核心区域，所在区域范围包括东城区、西城区、朝阳区、海淀区、丰台区、石景山区（详见图 6 -9）。"新城"是对

---

① 《北京市城市总体规划（2004—2020）》，http：//baike. baidu. com/link？url = HxyIsq 7 Mtlhlaod R6 Xx Mnc Q87b WrifYI2 NAx_ GA6t X_ RQI3 Lmcr2 TKrvmar KXM2ubv9 Wwt Dnk Qv Fn-Jhud Bu CbK。

北京市城市空间布局中"两带"（东部发展带和西部发展带）的具体阐释，新城是由东部发展带和西部发展带范围内的 11 个卫星城构成，具体包括密云新城、怀柔新城、平谷新城、顺义新城、通州新城、亦庄新城、大兴新城、房山新城、门头沟新城、昌平新城、延庆新城。"镇"是北京"中心城—新城—镇"城市结构中重要的组成部分，是北京城市城镇化发展的重要方面之一（详见图 6 - 10）。

《北京市城市总体规划（2004—2020）》中第五章的第 33 条明确提出：重点发展位于东部发展带上的通州、顺义和亦庄 3 个新城。[①] 亦庄在北京城市行政区划系统中应属于大兴区。将这 3 个新城作为中心城的缓冲区域，使得中心城的人口和职能有效地向这 3 个新城疏散和化解，同时也促进新的产业在这 3 个新城集聚发展。进一步使得这 3 个新城成为北京的反磁力中心，发挥为中心城减压的作用。另外，我们对表 6 - 15 分析可以发现，通州区、顺义区和大兴区的经济关联值和中心度在 16 个区县的排序仅次于丰台区，位列在 16 个区县的中间。经济关联值和中心度两项指标在东部发展带和西部发展带 11 个新城范围内名列前茅。这说明，通州区、顺义区和大兴区 3 个区县在东、西部发展带，特别是东部发展带具有很强的辐射影响力和集聚作用。因此，通州区、顺义区和大兴区应作为三级"点"。

此外，《北京市城市总体规划（2004—2020）》中第五章的第 34 条提到：昌平和房山新城规划的人口规模约 60 万人。[②] 这一人口规模仅次于通州、顺义和亦庄的 70 万—90 万人。而且，从表 6 - 7 可以看出，房山体育人口为 40.45 万人（2012 年），昌平体育人口为 53.76 万人（2007年），仅次于通州和顺义，在东、西发展带包含的区县中名列前茅。这说明，昌平和房山在北京城市规划中是中心城人口向城市发展新区疏散的主要区域之一。这两个区数量较多的体育人口可以反映出该区域对体育运动开展硬件系统（体育设施）的建设布局是有一定的基础和规模的。这一点可以从表 6 - 5 得以验证，2012 年房山区和昌平区体育场地数仅次于顺义区，在城市发展新区的五个区县中排名第二和第三。在经济关联值和中

---

① 《北京市城市总体规划（2004—2020）》，http：//baike.baidu.com/link? url = HxyIsq 7Mtlhlaod R 6Xx Mnc Q87b WrifYI 2NAx_ GA6tX_ RQI3 Lmcr 2 TKrvmar KX M2ubv 9 Wwt Dnk Qv FnJhud Bu CbK。

② 同上。

心度两项指标上，房山区和昌平区仅次于上述的通州、顺义和大兴三级"点"。在体育设施建设布局辐射影响力和集聚作用方面，与通州、顺义和大兴能够发挥出同样的效能。综上所述，房山区和昌平区也应该被纳入到三级"点"的范畴。

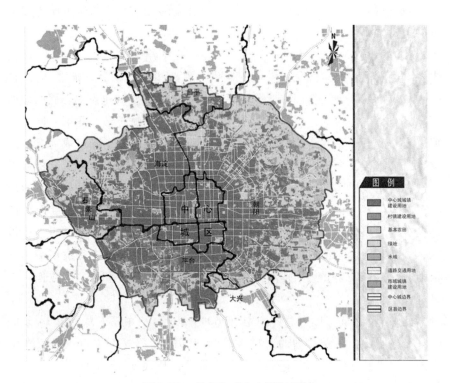

图 6 - 9　北京市"中心城"规划

资料来源：《中心城用地状况图》，http://sjs. bjgtj. gov. cn/shijingshan/tabid/5360/InfoID/53566/frtid/2929/Default. aspx。

　　需要说明的是，门头沟、平谷、怀柔、密云、延庆 5 个区县尚未进入本书的三级制"中心点"的规划范围。原因主要是门头沟、平谷、怀柔、密云、延庆规划为生态涵养区，该区的区位特点定位在山区。如图 6 - 11 所示，《北京市山区协调发展总体规划（2006—2020 年）》对北京市山区城乡建设空间发展策略进行了翔实的分析，明确提出在山区范围内构建"三区—七线—七核"的城镇发展格局，即以深山区、浅山区和川区为平台，以平原通往山区的七条交通走廊为纽带，以山区七个重点城镇为节点，形成山区与市域、山区自身统筹协调发展的空间体系。[①] 山区的交通状况是非常局限的，5 个区县的辐射力和积聚能力也因此受到影响，这一方面通过表 6 - 15 可以得到验证。也就是说，门头沟、平谷、怀柔、密云、延庆的经济关联值和中心度指标排在 16 个区县的后五位。因此，生态涵养区的五个区县未被纳入到本书的三级制 "中心点" 的规划范围之内。

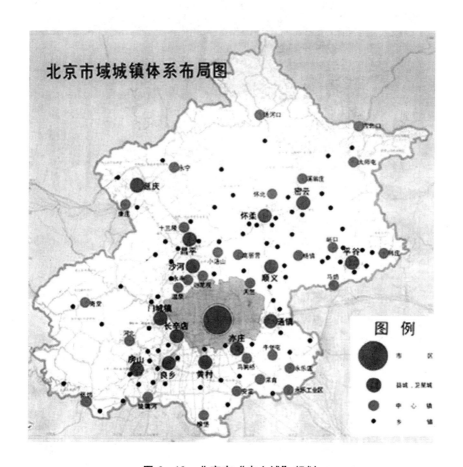

图 6 - 10　北京市 "中心城" 规划

资料来源：《城市规划》，http://www.bj.xinhuanet.com/bjpd - shenghuo/2004 - 04/01/content_ 1896032. htm。

―――――――――――

① 《北京市山区协调发展总体规划（2006—2020 年）》，http://www.bjghy.com.cn/ghy 3Develop. aspx ？ menu = 3 & sideitem = 32 & Tid = 33。

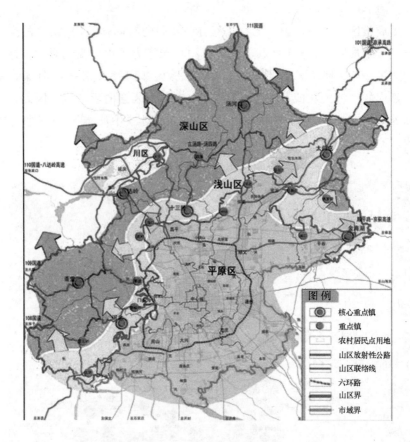

图6-11　北京市山区城乡建设空间发展策略分析图

资料来源:《北京市山区协调发展总体规划 （2006—2020 年)》，http：//www. bjghy. com. cn/ghy3Develop. aspx？ menu＝3&sideitem＝32&Tid＝33。

第二节　"轴"的选择

　　"点—轴—网"理论系统中的"轴"是"点"集聚与扩散发展的高级阶段，是不同级别中心点连接而成的，是集聚交通、通信、能源等基础设施而汇聚形成的发展束，通过基础设施束集聚起来的人口数量和产业发展集群对邻近区域起着强烈的集聚作用。同时，以体育设施为主题基础发展束通过与体育设施相关的经济、技术、产品等要素的对相邻区域具有显著的扩散作用，从而进一步促进这个区域的体育设施建设布局。

一　相关影响因素

在"点—轴—网"理论系统的配置体系中，"轴"的分类方式是按照"点"的分类方式来进行的。即分类的层次分为一级轴、二级轴、三级轴。在城市体育设施建设布局的空间结构中，发展轴对于相邻地区产生的集聚效应强度取决于发展轴的配置等级，也就是说，等级越高的发展轴产生的集聚效应强度越高。通常，发展轴是由城市交通线路构成的，各级体育设施中心由不同等级的交通干线贯穿起来，一级轴是由城市主要干线将城市一级体育设施连接而成的，也是通往各个主要体育设施的最佳路径。以此类推，二级轴则是由次级交通干线将城市二级体育设施连接而成的。由此可见，发展轴等级的认定对于体育设施建设布局具有重要的意义。关于发展轴等级层次的划分与确定受着多方因素的制约。

（一）经济发展水平

随着 2008 年北京奥运会的成功举办，北京后奥运经济的发展已经作为北京"十二五"的重要战略之一。以研究设立奥林匹克文体指数来形成北京服务、北京创造指数体系，全力打造北京服务、北京创造品牌，以建设奥林匹克中心区来提升北京高端产业的功能，进而彰显北京后奥运经济的内涵。体育设施建设布局是北京后奥运经济的主要内容之一，北京后奥运经济对于体育设施建设布局具有很强的指导作用。北京后奥运经济的可持续发展将为体育设施建设布局提供有力的支撑。在体育设施建设布局"点—轴—网"理论体系中划分"轴"的过程中，北京后奥运经济及北京整体经济发展状况是必须考量的方面，也就是说，北京后奥运经济是体育设施建设布局的重要影响因素之一。

（二）体育设施资源的状况水平

体育设施建设布局"点—轴—网"理论系统中的"轴"是由交通干线串联而成的，对于"轴"上或是"轴"附近的体育设施中心起着至关重要的支撑作用。体育设施建设布局发展轴与体育设施中心之间是相辅相成、互为一体的。一方面，体育设施建设布局发展轴可以使等级高的体育设施中心成为可达性和利用率更高的体育资源；另一方面，体育设施建设布局发展轴可以使等级不高的体育设施中心能够利用发展轴向外的辐射作用，逐步形成次级体育设施，成为可达性和利用率具有差异性的体育资源。

（三）交通干线

交通干线是城市构筑的主体框架，是连接城市范围内区县之间的主要通道。交通干线是实现体育设施可达性的必要的、关键的路径，是构筑体育设施建设布局"点—轴—网"理论系统的有效连接，是"轴"构成成分的主体。公路、轨道交通等构成了北京市城市发展规划的框架，也是城市经济发展的必要基础。体育设施建设布局"点—轴—网"理论系统中"轴"的选择与确定主要是以城市交通干线为依据来进行的。城市交通系统的建设状况直接决定着体育设施建设布局"点—轴—网"理论系统中"轴"的确定。

二　"轴"的确定

北京城市的公路、轨道交通纵横交错于北京的各个区县，构成了规模庞大、功能复杂的城市交通系统。这些交通线路为体育设施建设布局的"点—轴—网"理论系统中"轴"的选择提供了有利的条件。以北京市各区县体育经济和各区县体育设施资源的状况为基础，依据"点—轴—网"理论系统中各等级"点"的划定，对连接北京市 16 个区县的公路及轨道交通线路进行选择，进而确定体育设施建设布局的"点—轴—网"理论系统中的"轴"。

（一）一级轴线

基于上述对"点"的选择与确定以及对影响"轴"的因素的分析，从而进一步推断得出两条一级发展"轴"。第一条一级轴线是沿北京市传统中轴线的发展轴。这条轴线是北京城市规划最早的发展轴，是北京城市规划布局最权威的参照标准，中轴北段延伸线是北京奥林匹克中心区，是北京大型体育场馆设施资源非常集中的区域。这条发展轴是构建北京体育设施建设布局"点—轴—网"理论系统中最核心的区域，具有重要的意义。该发展轴从南到北将大兴县、丰台区、东城区、西城区、朝阳区、海淀区、昌平区串联起来。北京地铁 8 号线是一条轨道交通线路，这一轨道交通线路贯穿整个中轴线发展轴，并将传统的中轴线向北延伸到朱辛庄，向南延伸到瀛海站。地铁 8 号线有效地将 7 个不同等级的中心点（大兴县、丰台区、东城区、西城区、朝阳区、海淀区、昌平区）连接起来，是体育设施资源集聚的发展带，也是体育设施资源辐射影响最强的发展带（见图 6 - 12）。

第二条一级轴线为贯穿北京城市东西方向的发展轴。东西方向的发展轴与南北方向的中轴线共同构筑了北京城市空间布局的主体框架。在公路交通布局方面，长安街是北京城市最重要的东西方向的交通大动脉。长安街过去东起东单，西至西单；现在的长安街东到通州区八里桥，西至石景山；长安街全长38公里，① 东西横穿石景山区、海淀区、西城区、东城区、朝阳区、通州区6个区。西城区被北京市"十二五"规划确定为体育产业发展的重点区域，② 通过长安街发展轴可以进一步对体育设施建设布局起到集聚与扩散的空间影响作用。在轨道交通方面，北京地铁1号线贯穿北京东西方向的发展轴，西起苹果园，东至四惠东，大部分线路与长安街重合，全长31.04公里，③ 贯穿石景山区、海淀区、西城区、东城区、朝阳区5个区（详见图6-13）。长安街与地铁1号线发展轴融汇东西一系列街道，将首都核心区、城区以及新市区连成一体，共同促进东西发展轴体育设施建设布局的发展。

（二）二级轴线

四环路和五环路是两条不可或缺的二级发展轴。本书将四环路与五环路确定为第一条和第二条二级发展轴。四环路是北京市城区的环城快速路，全长65.3公里，全路设计时速为80公里/小时，④ 整个环路贯穿海淀、朝阳、丰台三区。四环路与地铁8号线相汇于奥体中心。五环路是北京市唯一的环城高速公路，全长95.58公里，设计时速为100公里/小时。⑤ 五环路贯穿朝阳区、海淀区、石景山区、丰台区、大兴区5个区。五环路与北京市向外辐射的所有高速路、国道以及市道相交，主要与八达岭高速公路、京承高速公路、机场高速公路、京哈高速公路、京沈高速公路、京津高速公路、京开高速公路、京石高速公路等相交（见图6-14）。四环路与五环路形成2008年奥运场馆所在区域内外两侧快速的交通线路，尤其是五环路被列为当时奥运基础设施的重点建设项目，连接着奥运会大多数的比赛场馆，是奥运交通大道。可以说，

---

① 《北京长安街》，http：//baike. baidu. com/subview/43852/5816711. htm？fr = aladdin。

② 《北京市"十二五"规划》，http：//wenku. baidu. com/link？url = Nmxkxi DOlVc QL3d KN5nu R7KO_ Px -7Ahn TEZ 6 UGRq FY 7 jwyqo XYQ Jra Z6Sbcv 2 zOTdp_ mo Pj2h VzJGf -0qI Sf-BlE QOVfa TYAu Ok ZYt FeQ_ wO。

③ 《北京地铁1号线》，http：//baike. baidu. com/view/1156802. htm？fr = aladdin。

④ 《北京四环路》，http：//baike. baidu. com/view/250825. htm？fr = aladdin。

⑤ 《北京五环路》，http：//baike. baidu. com/view/612215. htm？fr = aladdin。

"点—轴—网"理论系统中第一条和第二条二级发展轴（四环路和五环路）是后奥运时代奥运场馆设施的主要交通依赖，这两条二级发展轴可以与市区放射状的快速路和主要干路形成具有通往城区各个方向交通强大功能的大容量快速通道。

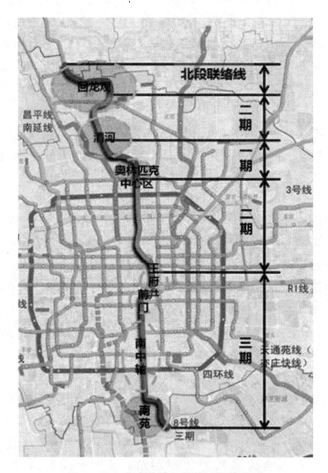

图 6 - 12   北京地铁 8 号线三期线路图

资料来源：《北京地铁 8 号线三期线路》，http：//image. baidu. com/i？ct = 503316480&z = &tn = baiduimagedetail&ipn = d&word = % E5% 8C% 97% E4% BA% AC% E5% 9C% B0% E9% 93% 818% E5% 8。

第三条二级轴是北京三环路。三环路于 1994 年建成通车，分别由海淀区、西城区、朝阳区、丰台区路段组成，设计时速 80 公里/小时，全长

48.27公里，① 是北京市城区的一条的环形城市快速路。三环快速路上的公交线路设置48个站点，在很大程度上提高了居民的出行率，使得三环之内分布于海淀区、西城区、朝阳区、丰台区的体育设施使用率随之提高。第四条二级轴是北京二环路。二环路于1992年建成通车，处于北京道路路网的核心位置，环绕北京东城、西城、宣武、崇文旧城修建，全长32.7公里。② 二环路是一条全线无红绿灯的环城快速路，整条环路上设置多条公交线路，不难看出，二环路是环绕东城区和西城区两大旧城区的主要交通环线，无疑可以加强二级点（东城区）对周边的辐射影响。此外，三环路和二环路与分布在北京中心城区的轨道交通线路相互交叉，对于提高城市中心城区交通的出行便捷性起到了积极的作用。由此可见，三环路和二环路两条二级发展轴对于北京中心城区体育设施建设布局有着重要的意义。

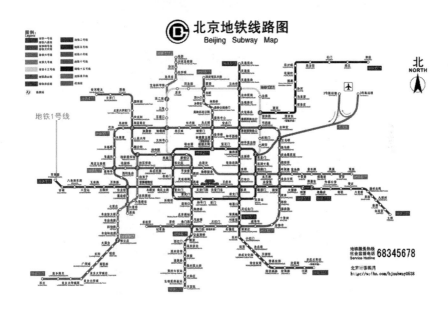

图6-13　北京地铁1号线路图

资料来源：《北京地铁1号线路图》，http://www.fzlol.com/redian/20140924/153710_6.html。

---

① 《北京三环路》，http://baike.baidu.com/view/612184.htm? fr = aladdin。
② 《北京二环路》，http://baike.baidu.com/view/612201.htm。

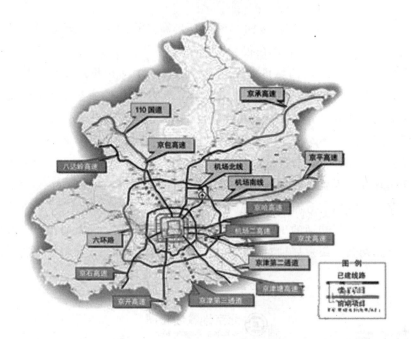

图 6 - 14 2010 年高速公路建设示意图

资料来源：《北京大力发展公共交通 将建设停车诱导系统》，http：//china. rednet. cn/c/ 2007/04/16/1182394. htm。

（三）三级轴线

我们通过图 6 - 15 可以发现，第一条三级发展轴是 G101，通往承德、沈阳，称为京承高速、京沈高速。G101 的北京段南起东直门，北至密云古北口，全长 123 公里，[①] 途经顺义、怀柔、密云三个区县。这条发展轴将三个不同等级的"点"连接起来，最终与东三环交汇。第二条三级发展轴是 G102，通往哈尔滨，称为京哈高速。G102 在北京段西起朝阳门，东至燕郊界，全长 32 公里，[②] 途经朝阳、通州两个区。G102 发展轴将通州与一级"点"——朝阳相连接，从而使得通州受到朝阳的体育设施资源技术因素的辐射影响。同时，G103 与 G102 交汇重合，与 G102 共同发挥着三级发展轴的作用。第三条三级发展轴是 G104 和

[①] 《北京行政区域内的国道分布情况》，http：//wenku. baidu. com/view/e 49e 11165f0e 7cd184253695. html。

[②] 同上。

G105，G104 和 G105 在北京段重合，它们北起永定门，南至大兴凤河营市界，全长 47 公里，[①] 途经崇文、丰台、大兴三个区县。第四条三级发展轴是 G106，G106 北京段北起右安门，南至固安大桥市界，全长 46 公里，[②] 途经宣武、丰台、大兴三个区。第五条三级发展轴是 G107，称为京深路，G107 北京段北起广安门，南至琉璃河市界，全长 50 公里，[③] 途经宣武、丰台、房山三个区。第六条三级发展轴是 G108，称为京原路，G108 北京段起点在复兴门，终点至鱼斗泉市界，全长 139 公里，[④] 途经西城、海淀、门头沟、房山四个区。第七条三级发展轴是 G110，称为京张路，G110 北京段起点在德胜门，终点至张山营市界，全长 98 公里，[⑤] 途经海淀、昌平、延庆三个区县。第八条三级发展轴是北京六环路（见图 6－16）。北京六环路是一条环形高速公路，全长 187.6 公里，[⑥] 环形贯穿昌平、顺义、通州、大兴、房山、门头沟六个区县。六环路与北京城市多条放射状的高速公路、国道以及省道相互连接，形成了功能强大的城市路网架构，这对于"点—轴—网"理论系统的通州、顺义、大兴、房山、昌平五个"点"体育设施的建设布局提供了强有力的交通支撑。

　　此外，北京的轨道交通在三级发展轴的选择方面同样发挥着重要的作用（见图 6－17）。作为第九条三级发展轴的北京地铁 15 号线，西起清华东站，东至俸伯站，全长 40.8 公里，[⑦] 途经海淀区、朝阳区和顺义区，与地铁 8 号线交汇于奥林匹克公园站，为奥体中心场馆设施的营运提供了交通可达的便利。第十条三级发展轴为北京地铁大兴线，北起丰台区公益西桥站，南至大兴区天宫院站，在公益西桥站与地铁 4 号线接轨，向北延伸至安河桥北，线路全长 21.8 公里，[⑧] 途经大兴区、丰台区、西城区、海淀区四区。第十一条三级发展轴为北京地铁八通线，该线西起四惠站，

---

　　① 《北京行政区域内的国道分布情况》，http：//wenku. baidu. com/ view/ e49 e11165 f0e7 cd184253695. html。

　　② 同上。

　　③ 同上。

　　④ 同上。

　　⑤ 同上。

　　⑥ 同上。

　　⑦ 《北京地铁 15 号线》，http：//baike. baidu. com/view/1488761. htm？ fr = aladdin。

　　⑧ 《北京地铁大兴线》，http：//baike. baidu. com/view/1165558. htm？ fr = aladdin。

东至土桥站，全长 17.2 公里，① 途经朝阳区和通州区。地铁八通线通过四惠站和四惠东站与地铁 1 号线相连接，使得城市中心区（朝阳区）体育设施资源向通州区方向得到延伸。第十二条三级发展轴为北京地铁亦庄线，该线北起丰台区宋家庄站，南至通州区亦庄火车站，途经丰台区和通州区，全长 23.3 公里。② 亦庄线与地铁 5 号、10 号线连接，使得通州区与城市中心区形成便捷的轨道交通网。第十三条三级发展轴为北京地铁房山线，该线北起丰台区郭公庄站，南至房山区苏庄站，途经丰台区和房山区，全长 24.79 公里。③ 房山线在郭公庄站与地铁 9 号线起点站进行衔接，使得房山区继连接丰台区之后又与海淀区衔接，进而形成房山区通向城市中心区的直接通道。第十四条三级发展轴为北京地铁昌平线，该条线路是

图 6 - 15   北京行政区域内的国道分布情况

资料来源：《北京行政区域内的国道分布情况》，http：//wenku. baidu. com/ view/ e49 e11165 f0e7 cd184253695. html。

---

① 《北京地铁八通线》，http：//baike. baidu. com/view/1752175. htm？fr = aladdin。
② 《北京地铁亦庄线》，http：//baike. baidu. com/view/4291480. htm？fr = aladdin。
③ 《北京地铁房山线》，http：//baike. baidu. com/view/1688082. htm？fr = aladdin。

图 6 - 16 北京六环路分布情况

资料来源：《北京六环路》，http：//image. baidu. com/i？ct ＝ 503316480&z ＝ &tn ＝ baiduimagedetail&ipn ＝ d&word ＝ ％ E5％ 8C％ 97％ E4％ BA％ AC％ E5％ 85％ AD％ E7％ 8E％ AF％ E8％ B7％ AF&step＿ word。

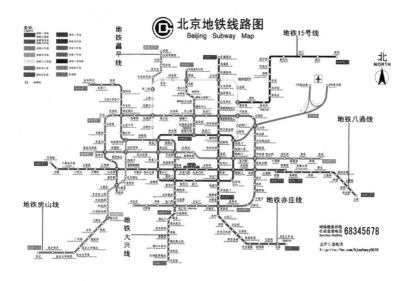

图 6 - 17 北京地铁线路图分布情况

资料来源：《北京地铁线路图》，http：//www. fzlol. com/redian/20140924/153710＿ 6. html。

城市中心区连接昌平区的重要通道，南起海淀区西二旗站，北至昌平区涧头西站，全长31.9公里,① 途经海淀区和昌平区。以上大兴线、八通线、亦庄线、房山线、昌平线等被称为北京地铁规划系统中的"郊区线"。这些"郊区线"有效地把"点—轴—网"理论系统中的三级"点"（通州、顺义、大兴、房山、昌平）连接起来，从而构成了以北京轨道交通为主体的三级发展轴。

第三节　"网"的构建

在不同等级"点"与发展轴选择与确定的基础上，以各级中心点为主体，以各级发展轴为连接，以各级发展轴相互交错而形成的"腹地"为延伸，"点—轴—网"理论系统中的"网"逐渐形成（参见图6－18）。以北京各个区县为中心点的基本单位，以北京城市公路和轨道交通为主体的发展轴，并以点和轴为基础，在集聚和扩散作用下形成体育设施建设布局"网"的空间布局结构（详见表6－16）。北京市体育设施"网"的空间结构模型与《北京市城市总体规划（2004—2020）》"两轴—两带—多中心"② 的城市空间结构规划模型是相互一致的（见图6－8）。北京市体育设施"网"的空间结构模型属于城市地域结构理论模式中的多核心理论模式。对于北京"点—轴—网"来说，这种空间结构模型就是：以两条一级轴（沿长安街的东西轴和传统中轴线的南北轴），以贯穿通州、顺义和大兴、房山、昌平的两条三级轴（即"东部发展带"包括通州、顺义、亦庄、怀柔、密云、平谷；"西部发展带"包括大兴、房山、昌平、延庆、门头沟）为框架的，并以多中心（主核心：奥林匹克中心区，次核心：海淀体育活动区和东城北京体育产业聚集区）为城市核心的城市体育设施"点—轴—网"空间结构。

---

① 《北京地铁昌平线》，http：//baike. baidu. com/view/2157525. htm? fr = aladdin。

② 《北京市城市总体规划（2004—2020）》，http：//baike. baidu. com/ link ? url = HxyIsq 7Mtlhlaod R6 Xx Mnc Q87b Wrif YI2 NAx_ GA6tX_ RQI 3Lmcr 2TKrvmar KXM2ubv 9Wwt Dnk Qv Fn-Jhud Bu CbK。

表6-16　"点—轴—网"理论系统中各级"点"与"轴"的情况

等级	"点"	"轴"
一级	朝阳区	以南北"传统中轴线"为主的发展轴、以东西长安街为主的发展轴
二级	海淀区、丰台区、东城区	五环路、四环路、三环路、二环路
三级	通州区、顺义区、大兴区、房山区、昌平区	G101、G102、G104 和 G105、G106、G107、G108、G110、六环路、地铁15号线、地铁大兴线、地铁八通线、地铁亦庄线、地铁房山线、地铁昌平线

图6-18　2014年8月12日美国宇航员里德·怀斯曼在国际空间站拍摄的北京夜景

资料来源:《美国宇航员太空俯瞰地球夜景:北京很显眼》,http://p.weather.com.cn/2014/08/txqg/2176385.shtml。

参考文献

〔1〕康伟:《基于点轴理论的山东半岛蓝色旅游空间结构研究》,《中国海洋大学学报》2012年第6期。

〔2〕张洪、夏明:《安徽省旅游空间结构研究》,《经济地理》2011年第12期。

〔3〕王德忠、庄仁兴:《区域经济联系定量分析初探——以上海与苏锡常地区经济联系为例》,《地理科学》1996年第1期。

〔4〕秦瑞鸿:《山东半岛旅游圈双核模式结构分析》,《统计与决策》2010年第16期。

［5］ 马志和、马志强、戴健等：《"中心地理论"与城市体育设施的空间布局研究》，《北京体育大学学报》2004 年第 4 期。

［6］ 陆大道：《2000 年我国工业生产布局总图的科学基础》，《地理科学》1986 年第 2 期。

［7］ 国家体育总局：《2010 年中国体育事业统计年鉴》，中国体育年鉴出版社 2011 年版。

［8］ 魏后凯：《走向可持续协调发展》，广东经济出版社 2001 年版。

［9］ 雷晓琴：《基于点轴网理论的区域城乡旅游互动模式研究》，硕士学位论文，厦门大学，2009 年。

［10］ 王智勇、郑志明：《大城市公共体育设施规划布局初探》，《华中建筑》2011 年第 7 期。

［11］ 罗云启、罗毅：《数字化地理信息系统 Mapinfo 应用大全》，北京希望电子出版社 2001 年版。

［12］ 赵宝椿、李田：《关于实施农民体育健身工程的几点思考》，《赣南师范大学学报》2007 年第 5 期。

［13］ 范冲、邹峥嵘：《GIS 在定向运动中的应用》，《测绘工程》2006 年第 2 期。

［14］ 王永、张增云、宋红丽：《GIS 在定向越野运动中的应用》，《自然科学》2007 年第 6 期。

［15］ 李森、盛蕾：《采用 GIS 技术管理国民体质数据的新尝试》，《北京体育大学学报》2007 年第 12 期。

［16］ 邬伦、刘瑜、张晶等：《地理信息系统原理方法和应用》，科学出版社 2001 年版。

［17］ 张文英：《基于 GIS 技术对安徽高校皖籍新生体质状况地理分布特征的研究》，硕士学位论文，北京体育大学，2009 年。

第七章　基于 GIS 的城市公共体育设施建设布局研究

第一节　地理信息系统的研究

地理信息系统（Geographic Information System，GIS）是一种在计算机软硬件支持下，对空间相关数据进行采集、管理、操作、分析、模拟和显示，为地理空间规划和决策服务而建立起来的计算机信息技术系统。[①] 在地理信息系统中，空间物体的地理定位及其空间属性元素所表现出来的特征数据决定着空间物体的空间数据，这种空间数据就是物体在空间范围内的特征表达。空间物体的地理定位及其空间属性元素之间是相互关联、相互对应的。地理信息系统技术是在地理三维空间内表现出来的，物体在地理三维空间内所呈现出来的数值代表着物体空间的信息表现，地理信息系统通过三维空间对物体的空间数值及其信息内容进行描述与说明，并且这种描述是以影像的形式来表达的。

有关空间物体的数据存贮、管理、检索、查询、分析等是地理信息系统的基本功能。此外，利用相关的计算机软硬件，经过专业操作与分析，地理信息系统可以科学地完成确定物体在一定空间范围内空间特征与空间属性的图片与实施方案。地理信息系统的工作原理和应用方向主要表现为以下五个方面：拓扑叠加、关系操作、建立缓冲区、网络分析、三维分析。[②]

地理信息系统技术的基本思想起源于查尔斯·科比（Charles Colby）于 1936 年发表的关于地图问题数量化研究方法的论文，[③] 随后诞生于加

---

①　杨万钟：《经济地理学导论》，华东师范大学出版社 1999 年版，第 8 页。

②　同上书，第 11 页。

③　同上书，第 15 页。

拿大，逐渐发展成为一项较为成熟的应用软件技术，已被广泛应用于农业开发、土地规划、多种资源管理、地质勘探、城市规划等多个领域。同样，在经济地理研究领域，地理信息系统以其科学的空间分析功能逐渐成为经济地理学研究的有力工具，主要应用于工业或商业的网点布局、交通运输以及城市规划等研究之中。

随着城市化问题研究的深入，城市地理信息系统研究越来越受到重视。城市是现代社会发展的必然产物，是集地域生产与生活于一体的综合系统，是由人口、各类基础设施、资源、环境等元素组成的复杂系统，其包含的内容、信息量以及空间结构实时变化，其影响因素设计的研究领域较为复杂。为了宏观地规划与管理城市，使城市科学持续地发展，地理信息系统已经被研究与开发。城市地理信息系统的应用领域和系统主要包括：城市公用和市政设施管理系统（简称 FMS）、城市土地信息和财产管理系统（简称 LIS/PMS）、城市测绘和制图系统（简称 CAM）、城市规划辅助系统（简称 PSS）、城市发展评价支持系统和城市三维空间模型系统（简称 DEM）等。[①]

随着 3S（3S 技术是遥感技术、地理信息系统和全球定位系统的统称，是空间技术、传感器技术、卫星定位与导航技术和计算机技术、通信技术相结合，多学科高度集成的对空间信息进行采集、处理、管理、分析、表达、传播和应用的现代信息技术）[②] 技术的发展，为进一步的空间分析提供了基础。关于地理信息系统研究所涉及的学科中，体育学研究领域也不例外。运用 GIS 技术以及模型模拟等方法，将体育设施布局理论与具体实例相结合已成为一种普遍的趋势，并涌现出一些具有学术影响力的科研成果。韩秀英、胡金平、张彦峰在《全民健身路径合理选址与科学布局的数学模型探讨》中提出了全民健身路径合理选址与科学布局的数学模型，并以实例进行分析，有效地提高了健身路径的使用效果；史兵在《体育地理学理论体系构建研究》中利用 GIS 空间分析功能对场馆布局的合理性进行统计分析，得出了体育场馆分布模型，同时运用文献综述、逻辑分析等方法探讨了体育地理学的基本理论；李海、吴殷、马辉在《上海市体育彩票销售网络最优规划研究》中对上海市体育彩票销售网点网络布局存在的问题进行探讨，并提出相应的规划建议；李艳霞、傅学庆、郝军龙在《基于

---

① 杨万钟：《经济地理学导论》，华东师范大学出版社 1999 年版，第 38 页。
② 3S 技术 [EB/OL]，http：//baike. baidu. com/view/539579. htm？fr = aladdin。

GIS 的全民健身路径空间布局分析》中以石家庄为例探讨了全民健身设施点位空间分布特征；王西波、魏敦山在《大型体育场馆的规划选址》中借用几何学中在平面确定一点的极坐标表示方式，探讨了大型体育场馆的规划选址问题；陈旸在《基于 GIS 的社区体育服务设施布局优化研究》将GIS 与 LA 模型结合起来对湘潭市雨湖区社区体育服务设施布局进行了优化与分析。借助 GIS 的强大功能，将已完备的理论方法实施于具体的案例中，在指导分析和预测模拟体育设施布局以及布局中可能存在的潜在问题等方面，发挥了越来越重要的作用。基于此，目前，GIS 在体育学领域中的应用尚有限，主要体现在体育设施及全民健身路径的布设、选址与管理、国民体质数据的监测与管理、定向越野运动等方面。此外，GIS 还被应用到大型赛事的公共信息服务、赛场危急管理方面以及农民体育健身工程实施的评估研究之中。在科技日益更新和学科不断融合的背景下，3S 技术运用于具体的规划研究中不失为一种有效的尝试，随着技术的普及和成熟，在体育设施布局方面必将取得新的研究成果。

第二节　城市公共体育设施 Web GIS 的研究与开发

公共体育设施是指向公众开放、供广大群众进行体育锻炼或观赏运动竞技以及业余运动员训练的体育设施及公共用地，[1] 具有政府主导、面向公众开放、公益性三个特点。目前，我国城市公共体育设施的管理水平整体不高，利用先进的 GIS 技术提升城市公共体育设施的信息服务、运营管理与布局规划等已成当前的发展趋势。[2][3][4][5][6][7][8] GIS 在体育领域的研究

[1]　毕红星：《我国城市公共体育设施规划布局研究》，《成都体育学院学报》2012 年第 4 期。
[2]　马运超、孙晋海：《基于 GIS 技术的城市体育设施信息系统的设计与开发》，《北京体育大学学报》2010 年第 4 期。
[3]　史兵：《体育地理学理论体系构建研究》，《体育科学》2007 年第 8 期。
[4]　曾建明、石路、赵霞：《基于 GIS 技术的重大体育突发事件应急管理研究——以乌鲁木齐红山体育中心区域为例》，《中国体育科技》2010 年第 5 期。
[5]　宋巨华、吴姜月：《基于 GIS 的我国城市体育场馆规划探索研究》，《内蒙古体育科技》2009 年第 3 期。
[6]　陈旸：《基于 GIS 的社区体育服务设施布局优化研究》，《经济地理》2010 年第 8 期。
[7]　娄艳春：《基于 GIS 的晋江市体育场空间布局及优化策略研究》，硕士学位论文，福建师范大学，2012 年，第 59 页。
[8]　郑志明：《特大城市公共体育设施布局规划研究——以成都市为例》，硕士学位论文，西南交通大学，2009 年，第 84 页。

工作还处于起步阶段，国内学者对基于 GIS 的城市公共体育设施信息服务进行了一些探索。史兵（2007）较早提出了体育 GIS 的理念，探讨了体育地理信息系统的分析功能与信息服务内容；韩会庆与郜红娟（2008）探讨了 GIS 在体育设施中的专题应用，分析了 GIS 在体育设施的信息管理、信息查询与信息显示等信息服务内容；毕红星（2010）探讨了基于GIS 平台 MapX 的信息服务系统功能与数据库的设计，但都没有具体系统实现。马运超与孙晋海（2010）认为城市体育设施信息系统的本质是基于网络的信息服务，介绍了采用 C/S 与 B/S 混合模式的系统结构、功能与数据库的设计内容，并基于商业化 GIS 软件 ArcI MS/Arc SDE 开发了该信息服务系统，实现了基本的地图浏览服务、简单的场馆信息管理、查询、统计及显示等服务，但该系统提供的功能有限，开发及维护成本较高，服务人群也受到一定限制。本书利用 Web GIS 技术与 Sogou Maps API研究面向公众的城市公共体育设施 Web GIS（Urban Public Sports Facilities Web GIS，UPSF Web GIS），设计开发可视化、多媒体、便捷的城市公共体育设施及周边信息查询、体育设施空间分布及位置信息搜索、出行路线规划等信息服务功能，为城市公共体育设施信息服务与管理提供新的技术视角。

一　系统设计

Sogou Maps API 是一套采用 Java Script 编写的应用程序接口，由搜狐公司免费提供，能方便快捷地构建简单的 Web GIS 应用系统。本书基于Sogou Map 的接口与在线地图数据来设计实现 UPSFWeb GIS 的系统结构、服务功能及数据库。

（一）系统结构设计

UPSF Web GIS 总体采用 B/S 三层体系结构，由 Web 浏览器、Web 服务器与数据服务器构成（见图 7—1）。Web 浏览器支持 IE、Firefox 等，是用户与系统交互的图形用户界面，提供了城市公共体育设施搜索、查询、浏览与分析等服务功能。Web 服务器是系统的核心部分，基于 Sogou Maps API[①] 设计开发，并部署于 IIS Web 服务器中，负责响应及解析 Web 浏览器的服务请求，实现向后台数据服务器的数据访问与数据处理功能，并将数

---

① 《搜狗地图 API》，http：//map. sogou. com/api/documentation/javascript/api2. 5/index. html。

据处理结果返还给 Web 浏览器显示。数据服务器包括两部分（见图 7—1）：其一是专题数据服务器，目前采用小型关系数据库管理系统 Access 集成管理城市公共体育设施的空间数据及属性数据，客户端可以通过 Web 服务器的数据访问模块读取和改写其管理的数据；其二是 Sogou Map 服务器，即 Sogou Map 提供的在线地图服务器，Web 服务器实现了在线网络地图及属性数据的读取，但不可改写数据库中的数据。

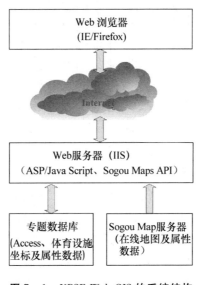

图 7—1　UPSF Web GIS 的系统结构

（二）系统功能设计

　　UPSF Web GIS 主要面向公众提供城市公共体育设施及有关的网络信息服务，分为体育设施搜索、体育设施查询、体育设施浏览和体育设施统计分析四大功能模块，如图 7—2 所示。体育设施搜索模块包括搜索体育设施空间位置及周边信息的服务功能。体育设施查询模块包括在线查询体育设施相关的空间信息与属性信息的服务功能。体育设施浏览模块包括体育设施网络地图查看功能（图层控制、地图平移与缩放、鹰眼）、标注功能（添加／删除标注）以及量测功能（测距、量面积）。体育设施分析模块包括公交路线分析、驾车路线分析和体育设施统计分析等功能。

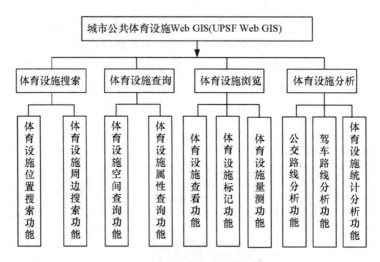

图7—2　UPSF Web GIS 的系统功能

（三）系统数据库设计

UPSF Web GIS 的数据库分为管理城市公共体育设施信息的专题数据库和提供网络地图及相关信息访问的 Sogou Map 数据库，后者由 Sogou Map 在线提供，因此，UPSF Web GIS 主要专注专题数据库的设计与建立。城市公共体育设施包括体育场馆、体育中心、体育公园（包括城市公园、城市广场等体育活动场所）、体育线路（包括滨海岸线及浴场、探险线路等）、社区健身场馆、社区健身广场等类型。专题数据库设计总体上将这些类型按几何形态划分为点状、线状和面状体育设施，体育设施的属性数据及数据字典见表7-1至表7-3，规划设施数据来自于《大连市体育设施专项规划（2009—2020）》。①

表7-1　　　　　　　点状城市公共体育设施数据字典

字段名	名称	数据类型	属性域	说明
ID	ID	数字（long）	8	主键，点状体育设施编号
CID	关联 ID	数字（long）	8	所属面状体育设施的 ID
NAME	名称	文本（string）	20	体育场馆、体育中心等

　　①《大连市体育设施专项规划（2009—2020）》，2010 年，大连市城市规划设计研究院档案馆藏。

续表

字段名	名称	数据类型	属性域	说明
PO	位置	文本（string）	20	体育设施的经纬度坐标
TY	类型	文本（string）	20	场馆、中心、公园等
EVENT	体育项目	文本（string）	20	游泳、网球、羽毛球等
AR	行政区	文本（string）	20	设施所属县区
AD	地址	文本（string）	50	设施所在门牌位置
OT	开放时间	文本（string）	20	全天、周末、半天等
TEL	咨询电话	数字（long）	11	体育场馆服务电话
BAREA	建筑面积	数字（long）	20	设施的建筑面积，单位平方米
BRIEF	设施简介	文本（string）	200	设施种类、功能等概况
TICKET	门票	数字（long）	10	0 元表示免费
PNAME	图片名	文本（string）	20	JPG、BMP 等格式

表 7-2　　　　　　　　　**线状城市公共体育设施数据字典**

字段名	名称	数据类型	属性域	说明
ID	ID	数字（long）	8	主键，线状体育设施编号
NAME	名称	文本（string）	20	滨海岸线、探险线路等
RANGE	范围	文本（string）	20	线路的起止点经纬度坐标
EVENT	体育项目	文本（string）	20	探险、漂流、徒步等项目
AR	行政区	文本（string）	20	设施所属县区
AD	地址	文本（string）	20	设施线路地址
BRIEF	设施简介	文本（string）	200	设施种类、功能等概况
PNAME	图片名	文本（string）	20	JPG、BMP 等格式

表 7-3　　　　　　　　　**面状城市公共体育设施数据字典**

字段名	名称	数据类型	属性域	说明
ID	ID	数字（long）	8	主键，面状体育设施编号
NAME	名称	文本（string）	20	健身场馆、健身广场等
CID	关联 ID	数字（long）	8	包含的点状体育设施的 ID
RANGE	范围	文本（string）	40	外包围框的经纬度坐标
CENTER	中心	文本（string）	20	面状体育设施中心地标

续表

字段名	名称	数据类型	属性域	说明
TY	类型	文本（string）	20	健身广场、大型场馆等
EVENT	体育项目	文本（string）	20	足球、高尔夫等
AR	行政区	文本（string）	20	设施所属县区
AD	地址	文本（string）	20	设施所在门牌位置
OT	开放时间	文本（string）	20	全天、周末、半天等
TEL	咨询电话	数字（long）	11	场馆服务电话
FAREA	占地面积	数字（long）	20	设施的占地面积，单位平方米
BAREA	建筑面积	数字（long）	20	设施的建筑面积，单位平方米
BRIEF	设施简介	文本（string）	200	设施种类、功能等概况
TICKET	门票	数字（long）	20	0 元表示免费
PNAME	图片名	文本（string）	20	JPG、BMP 等格式

表 7 - 4　　　　　　　　规划城市公共体育设施数据字典

字段名	名称	数据类型	属性域	说明
ID	ID	数字（long）	8	主键，规划设施编号
NAME	名称	文本（string）	20	规划设施名称
RANGE	范围	文本（string）	40	设施位置的经纬度坐标
TY	类型	文本（string）	20	点、线、面状
AT	建成时间	文本（string）	20	规划建成时间
EVENT	体育项目	文本（string）	20	游泳、足球、网球等
AR	行政区	文本（string）	20	设施所属县区
AD	地址	文本（string）	20	设施所在门牌位置
FAREA	占地面积	数字（long）	20	设施的占地面积，单位平方米
BAREA	建筑面积	数字（long）	20	设施的建筑面积，单位平方米
BRIEF	设施简介	文本（string）	200	规划设施项目、功能等概况
PNAME	图片名	文本（string）	20	JPG、BMP 等格式

二　系统开发

UPSF Web GIS 以 Visual Studio 2010 为开发平台，基于最新的 Sogou

Maps API 2.5 （Java Script 版）^① 的静态图服务、搜索服务、公交服务、线站服务与自驾服务等接口，采用 ASP. Net 和 Java Script 脚本语言开发实现了如下服务功能。

（一）体育设施搜索模块

UPSF Web GIS 的搜索功能包括模糊搜索城市公共体育设施的地理位置与属性信息，及模糊搜索城市公共体育设施周边一定范围内的空间对象与属性信息。

1. 体育设施位置搜索功能

体育设施的位置搜索功能使用 Search 类的 search ［request：Search Request，callback？：function （Object. ＜SearchResult＞）］ 方法将用户请求发送给 Web 服务器，使用 OleDbConnection 类连接专题数据库，用类中 open 方法访问数据库，对专题数据库中的关键字进行搜索，并将查询结果返回给回调函数。再利用 set Renderer（renderer：Search Renderer） 方法设置结果的渲染对象。设置之后会将结果渲染到地图上，或指定的结果区 ＜div＞上，如图 7—3 所示。

图 7—3　城市公共体育设施位置搜索功能界面

资料来源：城市公共体育设施 Web GIS 截图。

---

① 《大连市体育设施专项规划（2009—2020）》，2010 年，大连市城市规划设计研究院档案馆藏。

关键实现的代码如下：

```
function searchyw（）{
    var result = document. getElementById（‘res_ dtss’）；
    sRender = new sogou. maps. SearchRenderer（{‘panel’: result}）；
    var request =  {
        ‘map’: map,
        ‘what’: {
            ‘keyword’: dtss_ tb1. value
        },
        ‘range’: {
        ‘center’: new sogou. maps. Point（13537718，4682843），
        ‘city’:" 全国"
        }
    };
    search. search（request）；
    search. setRenderer（sRender）；
```

2. 体育设施周边搜索功能

体育设施的周边搜索功能使用 Search 类的 search〔request：SearchRequest, callback？：function（Object. < SearchResult >）〕方法将用户请求发送给 Web 服务器，使用 OleDbConnection 类连接数据库，用类中 open 方法访问数据库，搜索数据库中的关键字（目前仅能访问景点 POI），指定 Search Request 对象规范中的 what 和 range 属性（默认半径 =1 公里），将查询结果返回给回调函数。再利用 set Renderer（renderer：Search Renderer）方法设置结果的渲染对象。设置之后会将结果渲染到地图上或指定的结果区 < div > 上，如图 7—4 所示。

图 7—4 城市公共体育设施周边搜索功能界面

资料来源：城市公共体育设施 Web GIS 截图。

关键实现代码如下：

```
var request =  {
        ´map´: map,
        ´what´: {
        ´keyword´: zbcx_ lx . value,
         ´classid´: 97
        } ,
        ´range´: {
                ´radius´: zbcx_ fw . value,
            ´limit´: 1
        }
    } ;
search. search （request）;
search. setRenderer （sRender）;
```

（二）体育设施查询模块

1. 体育设施属性查询功能

体育设施属性查询功能使用 Search 类的 search［request：SearchRe-
quest, callback?：function（Object. < SearchResult > ）］方法将用户请求发
送给 Web 服务器，使用 OleDbConnection 类连接专题数据库，声明一个
DataSet 的对象并实例化，使用 infowindow 接口中的 open 方法查询数据库，
将查询结果返回给回调函数。再利用 set Renderer（renderer：Search Ren-
derer）方法设置结果的渲染对象。设置之后会将结果渲染到地图上或指
定的结果区 < div > 上，关键实现代码如下：

```
var search = new sogou. maps. Search（）;
search. search（request）;
search. setRenderer（sRender）;
var infowindow = new sogou. maps. InfoWindow（）;
sogou. maps. event. addListener（sRender，´getMarker´，function（a,
b）｛
        infowindow. open（map, a）;
        var div = document. createElement（´div´）;
        div. innerHTML = b. innerHTML;
        div. style. width = 300px´;
        div. style. fontSize = 12px´;
        infowindow. setContent（div）;
｝）;
```

2. 体育设施缓冲区查询

体育设施缓冲区功能使用 Search 类的 search［request：SearchRe-
quest, callback?：function（Object. < SearchResult > ）］方法将用户请求发
送给 Web 服务器，使用 OleDbConnection 类连接专题数据库，声明一个
DataSet 的对象并实例化，指定 range 属性指数范围绘制缓冲区多边形，将
满足的条件信息返回给回调函数。再利用 setRenderer（renderer：
SearchRenderer）方法设置结果的渲染对象。设置之后会将结果渲染到地
图上或指定的结果区 < div > 上，关键实现代码如下：

```
var sRender = new sogou. maps. SearchRenderer ( ) ;
var request = {   ´map´: map,
      ´what´: { keyword´: 游泳馆 } ,
      ´range´: {
 ´ center ´: new   sogou. maps. Point ( 13537718. 15625039,
4682843. 1875),
            ´radius´: 1000,
            ´limit´: 1
      }
  } ;
var search = new sogou. maps. Search ( ) ;
search. search ( request) ;
search. setRenderer ( sRender) ;
```

（三）体育设施浏览模块

1. 体育设施查看功能

体育设施查看功能使用 initialize 方法创建一个地图对象实例，设置地图容器为 map_ canvas，利用 Map 类的构造函数，设置 MapOptions 参数，将用户请求发送给 Web 服务器，使用 OleDbConnection 类连接专题数据库，返回给回调函数。将电子地图加载到页面中，有地图、卫星、三维三种查看方式（见图 7—3、图 7—4），关键实现代码如下：

```
function initialize ( ) {
    var myOptions = {
      zoom: 10,
      center: new sogou. maps. Point (13537718, 4682843)
    }
      var map = new sogou. maps. Map ( document. getElementById ( "
map_ canvas"),
                   myOptions) ;
    }
```

2. 体育设施标记功能

体育设施标记有添加和删除两种功能，标记添加功能使用 Marker 类的 Marker（opts?：MarkerOptions）方法创建带有指定选项的标记。使用

getPosition（）方法获取标记所在的位置坐标，标记会添加到地图上。标记删除功能是使用 removeMarkers（）方法对已添加的标记进行删除，关键实现代码如下：

```
var marker = new sogou. maps. Marker（｛
        position：myLatlng1,
        map：map,
        title：体育设施项目′
｝）；
        var infowindow = new sogou. maps. InfoWindow（）；
        infowindow. setContent（neirong）；
        sogou. maps. event. addListener（marker, ′click′, function（）｛
        infowindow. open（map, marker）；
        ｝）；
```

3. 体育设施测量距离功能

体育设施测量距离功能使用 Marker（opts?：MarkerOptions）方法中的 markerStyle 属性设置测量距离的节点标记样式和带箭头的线样式，使用 Polyline 方法创建线对象。利用事件 addListener 侦听地图区左键点击，点击时绘制折线节点，使用 Convertor（）方法计算距离，关键实现代码如下：

```
sogou. maps. event. addListener（map," mousemove", function（evt）
｛      path. length >0&&line. setPath（path. concat（［evt. point］））；
｝）；
sogou. maps. event. addListener（map," rightclick", function（evt）
｛      line. remove（）；
        path =［］；
｝）；
var convertor = new sogou. maps. Convertor（）；
function calcDistance（a）
｛      var b =0, i;
        for（i =0; i < a. length; i + +）
            ｛        if（a［i +1］）b + = convertor. distance（a［i］, a［i
+1］）；
```

```
    }
    return parseInt（b）
}
```

（四）体育设施分析模块

1. 公交线路分析功能

体育设施分析模块中的公交线路分析功能使用 Bus 类的 route［request：BusRequest，callback?：function（Object. < BusResult >）］方法将用户请求发送给 Web 服务器，设置属性 tactic 的 number 类型，根据需求选择少换乘、少步行和较快捷，将查询结果返回给回调函数。再利用 setRenderer（renderer：BusRenderer）方法设置结果的渲染对象。设置之后会将结果渲染到地图上或指定的结果区 < div > 上，如图 7—5 所示。

图 7—5　城市公共体育设施公交换乘功能实现界面
资料来源：城市公共体育设施 Web GIS 截图。

关键实现代码如下：

```
var search = new sogou. maps. Search（）；
var sRender；
function searchyw（）｛    var result = document. getElementById（res_
```

```
gjcx');
    var request = ｛'map'：map,
        'destination'：gjcx_ qd . value ,
            'origin'：gjcx_ zd . value ,
        'avoid'：0,
    ｝;
    result. innerHTML = " " ;
    var bus = new sogou. maps. Bus（）;
    bus. route（request，callback）;
    function callback（a）｛
        var option = ｛
            'map'：map,
            'panel'：result ,
            'busResult'：a
        ｝;
        var bRender = new sogou. maps. BusRenderer（option）;
    ｝;
```

2. 驾车线路分析功能

驾车线路分析功能使用 Driving 类的 route ［request：DrivingRequest, callback?：function（Object. < DrivingResult >）］方法将用户请求发送给 Web 服务器，设置属性 tactic 的 number 类型，根据需求选择路程短、时间少和不走高速，将查询结果返回给回调函数。再利用 setRenderer（renderer：DrivingRenderer）方法设置结果的渲染对象。设置之后会将结果渲染到地图上或指定的结果区 < div > 上，关键实现代码如下：

```
function searchyw（）｛
    var result = document. getElementById（'res_ jcdh'）;
    var request = ｛
        'map'：map,
        'destination'：jcdh_ zd . value ,
        'origin'：jcdh_ qd . value ,
        'tactic'：jcdh_ tj . value ｝
        result. innerHTML = " " ;
```

```
    var nav = new sogou. maps. Driving（）；
    nav. route（request）；
     nav. setRenderer（new sogou. maps. DrivingRenderer（｛'panel'：
document. getElementById（'res_ jcdh'）｝））；
    ｝
```

3. 体育设施统计分析

体育设施统计分析是以实际数据为参照，从而进行数据统计成图表形式的一种分析功能。这项功能可以分析在以使用者所在地点为圆心 1 公里内有多少公共体育设施，并用柱状图表的形式表示出来。通过 OleDbConnection 类连接专题数据库，声明一个 DataSet 的对象并实例化，使用 open 方法访问专题数据库，对其中已输入的属性数据，使用 FusionCharts 工具生成符合条件的柱状图。

第三节　基于 GIS 城市体育设施"点—轴—网"建设布局的实证研究——以大连市为例

一　城市公共体育设施配置体系分析

（一）发达国家城市公共体育设施配置体系

公共体育设施的建设水平与国家、城市的经济发展水平息息相关，发达国家很早就开始重视公共体育设施的建设，积累了大量的建设经验，形成了比较完备的公共体育设施配置体系。经研究发现，发达国家公共体育设施配置体系主要分为两类：一类是以美国为代表、以市场为主导、以成熟的职业体育为核心、以全民健身需求为出发点的市级、社区级二级配置体系；另一类是以日本为代表、以政府为主导、以公众体育运动为核心、与行政区划相结合的三级配置体系。

目前，美国各大城市的公共体育设施一般分为两级设置。第一级是服务整个城市的大型体育设施，用于举办大型体育竞赛和职业体育联赛，主要包括大型的体育场、体育馆等。第二级是社区体育设施，主要为社区内居民提供基本的运动和健身设施。以纽约市为例，其公共体育设施配置体系如表 7 – 5 所示。

表7-5　　　　　　　　　　纽约市公共体育设施配置体系

级别	服务范围	体育设施名称	体育设施内容
第一级	全市	纽约扬基体育场	足球场、棒球场
		麦迪逊广场花园	体育馆（纽约尼克斯队主场）
第二级	社区	上城东区体育设施	羽毛球、篮球、网球、橄榄球、游泳、高尔夫、跆拳道
		法拉盛区体育设施	乒乓球、羽毛球、篮球、网球、滑冰、跆拳道

资料来源：《大连市体育设施专项规划（2009—2020）》，2010年，大连市城市规划设计研究院档案馆藏。

日本的三级配置体系将公共体育设施体系分为三个层次：第一级为服务于都道府县的体育设施，日本共有一都、一道、二府、四十三县。一都是东京都，一道是北海道，二府是京都府和大阪府，县相当于中国的省，该级类似于我国的省、自治区、直辖市；第二级为服务于市镇村的体育设施，日本的市镇村是都道府县下设的行政分区，其中市指城市，镇村属农村系统，该级类似于我国的一般城市和村镇。第三级为区级体育设施，日本的区是相对于市的更小划分，类似于我们所说的社区。

（二）我国城市公共体育设施配置体系

公共体育设施配置体系应当既能与国家规范相适应，便于制定各级公共体育设施的建设标准；又与行政区划一致，便于实施管理。因此，公共体育设施规划以此为目标，结合具体城市总体规划公共服务设施分类体系。通过检索文献资料发现，当前，我国城市公共体育设施的配置体系与城市的行政区划标准基本相同。但在配置的层次数量上有所差异，一般的配置体系有三、四、五级。三级具体划分为市（省）级—区（县）级—街道（社区）级；四级划分为市（省）级—区（县）级—片区级—社区级；五级划分为市（省）级—区（县）级—居住区（含镇）级—社区（小区）级—镇级（中心镇、一般镇）。不同配置体系各有利弊，不同城市的公共体育设施配置体系也各不相同（详见表7-6）。

表 7 - 6　　　　　　　　　　我国城市公共体育设施配置体系

级别	代表城市	配置体系	优缺点
三级	北京、杭州、沈阳、青岛、大连	市（省）、区县、街道（社区）级	优点：与行政区划一致，便于实施管理 缺点：各区行政区划大小不一，新区与老区用地很难统一标准
四级	南京、成都	市（省）、区县、片区和社区级	优点：各级公共体育设施与规范相对应，有比较明确的建设标准 缺点：没有与片区相对应的行政区划，公共体育设施的建设方和管理方难以明确
五级	厦门	市（省）、区、居住区、社区（小区）和镇（中心镇、一般镇）级	优点：分级层次多，有比较明确的建设目标，考虑了镇级公共体育设施的建设指引 缺点：居住区级很难界定，公共体育设施的建设方和管理方难以明确，用地难以落实

资料来源：毕红星：《我国城市公共体育设施规划布局的实证研究》，《福建体育科技》2011年第 6 期。

（三）我国城市公共体育设施配置标准

作为城市公共设施的一大门类，体育设施在进行规划和建设时，必须满足一定的量化控制要求特别是用地要求。以美国、日本、英国、新加坡为代表的发达国家公共体育设施建设比较成熟，公共体育设施的服务功能已由最初的以竞技体育为主转向以大众体育为主。经过长期的发展，发达国家对大众体育活动的基本载体——社区体育设施的建设制定了一系列的建设标准（详见表 7 - 7）。这其中有很多值得我们借鉴的经验。

表 7 - 7　　　　　　　　美国城市居住区体育场地面积及设施

类型	场地面积（平方米）	位置	场地面积/1000 人指标（平方米）	设施
居住区级体育运动场地	8000—15000	位置适中，居民步行距离≤800m	200—300 平方米	设 400m 跑道足球场的体育运动场一个，网球场 4—6 个，小足球场、篮球场及排球场各一个
居住小区级体育运动场地	4000—10000	结合小区中心布置，步行距离≤400m	200—300 平方米	设小足球场、篮球场和排球场一个，网球场 2—4 个，羽毛球场 2—4 个

续表

类型	场地面积 （平方米）	位置	场地面积/ 1000人指标（平方米）	设施
小块体育 运动场地	2000— 3000	服务半径 110m左右		设成年人和老年人的练拳操场、 羽毛球场、露天乒乓球场、足 球场

资料来源：《大连市体育设施专项规划（2009—2020）》，2010年，大连市城市规划设计研究院档案馆藏。

　　由于《城市公共体育运动设施用地定额指标暂行规定》（1986）（简称《暂行规定》）颁布时间较早，受当时经济发展水平的影响较大。随着社会经济的持续发展，市民体育运动的需求日益增长，《暂行规定》的局限性逐渐显现，有的城市各级公共体育设施优于规范，有的城市各级公共体育设施与规范依然存在较大的差距。在规范存在局限性而我国城市建设又不均衡的情况下，对国内其他城市公共体育设施配置标准的参考，无疑成为城市体育设施规划校核规范、科学取值的重要依据。

　　城市公共体育设施配置标准是根据体育设施配置体系为每一级的体育设施配置相应的标准。《暂行规定》是目前城市公共体育设施分级配置标准的主要依据。但由于其年代较早，存在一定的局限性，与城市经济发展水平和居民需求存在差距，具体取值还需进一步完善。《城市公共设施规范规划》（2008）根据不同规模城市等级提出了具体的规划用地指标（见表7-8），① 可作为城市公共体育设施配置标准的主要参考依据。对于部分达不到该指标的城市可依据实际情况适当调整。表7-9为《暂行规定》中选取50万—100万人口以上数据作为城市公共体育运动设施用地定额指标，《暂行规定》作为城市公共体育设施配置标准的参考依据。②

---

① 中华人民共和国建设部，《城市公共设施规划规范》（GB 50442—2008），http：//wenku.baidu.com/link？url = tcFUzNZNXNOCsltoHOErNrCP2PiJrBNwC51c1lPMoINs0NjL1ZGptPQavmecKFnpm3F0nkdTFWs5qPswlBNwkKkqugkFkcwfEFy4JwsZ_ Qq。

② 城乡建设部、国家体委，《城市公共体育运动设施用地定额指标暂行规定》，http：//wenku.baidu.com/view/787280dbad51f01dc281f112.html。

表7-8　　　　　　　　城市公共体育设施规划综合指标

类别	小城市	中等城市	大城市Ⅰ	大城市Ⅱ	大城市Ⅲ
人口规模（万人）	< 20	20—50	50—100	100—200	≥200
占中心城区规划用地比例（%）	0.6—0.9	0.5—0.7	0.6—0.8	0.5—0.8	0.6—0.9
人均规划用地（平方米/人）	0.6—1.0	0.5—0.7	0.5—0.7	0.5—0.8	0.5—0.8
市级体育设施规划用地（公顷）	9—12	12—15	15—20	20—30	30—80
区级体育设施规划用地（公顷）	—	6—9	9—11	10—15	10—20

资料来源：《城市公共设施规划规范》（GB 50442—2008），http：//wenku.baidu.com/link?
url=tcFUzNZNXNOCsltoHOErNrCP2PiJrBNwC51c1lPMoINs0NjL1ZGptPQavm

ecKFnpm3F0nkdTFWs5qPswlBNwkKkqugkFkcwfEFy4JwsZ_ Qq。

表7-9　　　　　城市公共体育运动设施用地定额指标暂行规定

100万人口以上城市				
	规划标准	观众规模（千座）	用地面积（万平方米）	千人指标（平方米/千人）
1. 市级				
体育场	1个/100万—200万人	30—50	86—122	40—122
体育馆	1个/100万—200万人	4—10	11—20	5.5—20
游泳馆	1个/100万—300万人	2—4	13—17	4.3—17
游泳池				
射击场	1个/100万—300万人		10	5—10
2. 区级				
体育场	1个/30万人	10—15	50—63	167—210
体育馆	1个/30万人	2—4	10—13	33—43
游泳池	2个/30万人		12.5	42
射击场	1个/30万人		6	20
50—100万人口城市				
	规划标准	观众规模（千座）	用地面积（万平方米）	千人指标（平方米/千人）
1. 市级				
体育场	1个/50万—100万人	20—30	75—97	73—194
体育馆	1个/50万—100万人	4—6	11—14	11—28

续表

50—100 万人口城市			
规划标准	观众规模 （千座）	用地面积 （万平方米）	千人指标 （平方米/千人）
1. 市级			
游泳馆　1 个/50 万—100 万人	2—3	13—16	13—32
游泳池			
射击场　1 个/50 万—100 万人		10	10—20
2. 区级			
体育场　1 个/25 万人	10	50—56	200—224
体育馆　2 个/25 万人	2—3	10—11	40—44
游泳池　2 个/25 万人		12.5	50
射击场　1 个/25 万人		6	24

资料来源：城乡建设部、国家体委，《城市公共体育运动设施用地定额指标暂行规定》，http：//we nku. baidu. com/view/787280dbad51f01dc281f112. html。

2005 年，国家体育总局编制和颁发的《城市社区体育设施建设用地指标》，提出城市社区体育设施配置标准（详见表 7 - 10）。该标准较新，且规定了不同人口规模的公共体育设施用地指标，为城市社区公共体育设施的配置提供了明确依据。首先，人均室外用地面积 0.3—0.65 平方米，人均室内建筑面积 0.1—0.26 平方米。其次，在 30000—50000 人口规模的社区中宜设置一处社区体育中心，其面积 10300—13600 平方米（室外）和 3600—4900 平方米（室内）。[①]

表 7 - 10　　　　　　　　城市社区体育设施分级面积指标

人口规模	室外用地面积 （平方米）	室内建筑面积 （平方米）	体育活动设施配置
1000—3000	650—950	170—280	乒乓球 2 个、室外综合健身器械 1 个、儿童游戏场 1 个、室外健身器械 1 个

---

① 中华人民共和国建设部、国土资源部，《城市社区体育设施建设用地指标》，http：//wenku. baidu. com/ link？url = Q0ko Nq ZOymz0m FfN Gw4 Mj Kd N5y Vu QIX0l QgO 6FDx Voq Qfku MCg Xy X6 PLvxtx 5na Hjj 7H - Qmfv 49X8 Utgl SeL EMm FDVp - h ZA6 MLj Hun Aj S9m。

续表

人口规模	室外用地面积（平方米）	室内建筑面积（平方米）	体育活动设施配置
10000—15000	4300—6700	2050—2900	篮球 1 个、5 人制足球 1 个、门球 1 个、兵乓球 6 个、羽毛球 2 个、网球 1 个、游泳池 1 个、室外综合性场地 1 个、儿童游戏场 1 个、室外健身器械 1 个、60—100 米跑道 1 个
30000—50000	18900—27800	7700—10700	篮球 3 个、排球 1 个、7 人制足球 1 个、5 人制足球 2 个、门球 3 个、兵乓球 16—20 个、羽毛球 6 个、网球 3 个、游泳池 3 个、滑冰场 1 个、轮滑场 1 个、室外综合健身场地 3 个、儿童游戏场 9 个、60—100 米跑道 2 个、100—200 米跑道 1 个

　　资料来源：中华人民共和国建设部、国土资源部，《城市社区体育设施建设用地指标》，http：//wenku. baidu. com/link？url＝Q0ko NqZOymz0m FfN Gw4 Mj KdN 5yVu QIX0l QgO 6FDx Voq Qfku MCg XyX 6PLvxtx 5na Hjj 7H－Qmfv49 X8 Utgl Se LEMm FDVp－hZA6 MLj Hun Aj S9m。

　　选择南京、济南、沈阳、青岛等曾举办过大型体育赛事、体育事业发展较好、具有体育专项规划编制经验的城市作为参考，为我国不同城市公共体育设施配置标准的确定提供借鉴。

表 7 - 11　　　　我国部分城市人均公共体育设施用地面积一览表

城市	现状指标（平方米/人）		规划指标（平方米/人）	
南京	0.30	市区，2007 年	0.9—1.2	2020 年
济南	0.44	2008 年	1.0—1.1	2020 年
沈阳	0.35	市区，2007 年	1.1	2020 年
青岛	0.37	2008 年	0.7—1.1	2020 年
厦门	0.29	2008 年	1.2	2020 年
大连	0.13	2009 年	0.8—1.2	2020 年
宁波	0.57	2008 年	1.2	2020 年

　　资料来源：《大连市体育设施专项规划（2009—2020）》，2010 年，大连市城市规划设计研究院档案馆藏。

　　通过表 7 - 11 可以看出，国内大部分城市现状人均公共体育设施用地低于第五次全国体育场地普查（截至 2003 年 12 月 31 日）中人均体育场地面积 1.03 平方米的国家平均水平，[①] 基本为 0.2—0.5 平方米/人，大连更低，只有 0.13 平方米/人，增加朱棋路体育中心后，可达到 0.24 平方米/人；各个城市规划目标均有很大提高，基本在 1.0—1.2 平方米/人之间。此外，对于不同的城市公共体育设施体系配置来说，各级配置的标准也是不同的。例如，青岛市市级、区级、社区级体育设施的配置标准分别为 130 平方米/千人、290 平方米/千人、330—650 平方米/千人。[②]

（四）城市公共体育设施布局规划的模式

公共体育设施布局模式是指公共体育设施在城市范围内的空间分布形式。城市公共体育设施是发展体育事业的物质基础，体育事业发展水平是一个国家综合国力和社会文明程度的重要体现。[③] 公共体育设施是城市的公共物品，是一个城市的标志性建筑。因此，公共体育设施的规划建设要体现出社会效益和经济效益，保证每一级的公共体育设施布局模式达到最优。同时，城市公共体育设施布局模式受城市空间形态、经济基础、城市整体布局等因素的影响。目前主要有以下几种布局模式。

1. 集中式布局模式

集中式的布局模式是以体育中心为核心的综合布局模式。其含义是把一些主要场馆设施集中布置在一至两处，其他次要体育设施分布在市区各处。市级公共体育设施一般采用相对集中的布局模式，便于举办国内外大型赛事和专业竞技体育训练。我国广州市荔湾区以集中式布局主要集中在荔湾体育中心。集中式布局模式可参照中心地理论来对公共体育设施进行规划布局。

2. 分散式布局模式

分散式布局模式主要将主要场馆设施分布在若干处，分散式的布局模式是指将区级公共体育设施按人口分布情况，配置区级公共体育设施，满足居民体育运动的需要。分散布局模式，要求根据居民日常体育健身的需求来设置区级公共体育设施，便于居民使用，但分散式布局需要更多用地和强大的经济实力作为支撑。我国青岛市区级公共体育设施采用分散式布局模式。

---

① 《第五次全国体育场地普查数据公报》，http：//www.chinasfa.net/lr.aspx？id＝2650。

② 《大连市城市总体规划（2009—2020）》，http：//wenku.baidu.com/view/9f374f7fa26925c52cc5bf8e.html。

③ 王雷、刘国兴：《地理信息技术对体育场馆可持续利用的规划研究》，《软件导刊》2010年第 12 期。

3. 集中 + 分散式布局模式

集中与分散相结合的模式是集中和分散两种布局模式的结合。在对片区级的公共体育设施进行布局时通常采用"集中 + 分散"的布局模式，确保每个片区有一个综合性的片区级公共体育中心，并在此基础上根据区内人口分布情况和需求建设片区级公共体育设施。济南市采用该模式取得了较好的发展。在规划布局时可结合"点—轴"理论进行布局。

4. 均衡模式

在居住区公共体育设施建设布局时，一般采取以居住区级公共体育设施为核心，以居住小区级公共体育设施为辅助的空间布局模式。此种模式可以使公共体育设施在居住区分布较为均匀，使居民在以居住地为圆心，以一定步行距离为半径的圆形范围内，多个方向上均可以到达健身的公共体育设施场所。

二　城市公共体育设施规划布局的构建

（一）城市公共体育设施规划布局的指导思想与原则

首先，城市公共体育设施的规划布局要顺应城市社会与经济的发展进程，符合城市总体规划布局的基本要求；其次，优化城市公共体育设施的布局，以人为本，充分体现公共体育设施的便民性和公益性，改善并提高人民群众的健康与文化生活水平；第三，依照国家有关体育规范进行城市公共体育设施的建设与布局，并借鉴国内外发达城市的成功经验；第四，按照相应的行政分级和用地标准配置完善的公共体育设施服务体系，立足主城区，并带动周边乡镇，城乡统筹协调发展，逐步形成覆盖规划区的城乡体育设施网络；第五，公共体育设施规划建设要发挥城市土地综合效用最大化，协同保护城市环境与生态可持续性发展；第六，探索依托城市公共体育设施规划布局的现状，梳理并整合影响公共体育设施规划布局的经济地理学因素，探索运用经济地理学的"中心地理论"、"点—轴系统"理论及"网络开发理论"[1][2] 指导城市公共体育设施的规划布局。

（二）城市公共体育设施规划布局体系构建

依据我国城市公共体育设施配置体系的规范性，城市公共体育设施规

---

①　马志和、马志强、戴健等：《"中心地理论"与城市体育设施的空间布局研究》，《北京体育大学学报》2004 年第 4 期。

②　陆大道：《关于"点—轴"空间结构系统的形成机理分析》，《地理科学》2002 年第 1 期。

划布局分别表现在我国城市不同行政区划上，即省市、区（县）、街道（乡镇）、社区。本书以市级、片区级、社区级三级为例来探析公共体育设施规划布局体系的构建。

市级公共体育设施是指服务于城市的公共体育设施（市级体育设施一般具有竞技与公共双重性质，规划在市级公共体育设施中进行统筹考虑）。市级公共体育一般集中分布在市区的边缘地区，这主要是从服务中心与服务半径、用地空间以及交通影响等方面进行考虑。市级公共体育设施采用相对聚集的"集中式"布局模式，便于举办国内外大型赛事和专业竞技体育训练。从图7—6和图7—7中可以看出：大连规划市级体育设施共有8处，[1] 即朱棋路体育中心、大连市市民健身中心、钻石湾体育公园、辽宁省水上训练基地、大连射击训练基地、大连曲棍球训练基地、体育博物馆以及金石滩国际运动中心。济南规划市级体育设施有2处，[2] 即山东省体育中心和济南市奥体中心。

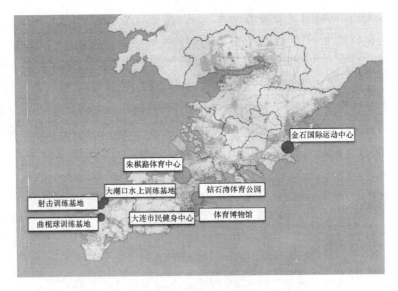

图7—6　大连市级体育设施规划布局图

资料来源：《大连市体育设施专项规划（2009—2020）》，2010年，大连市城市规划设计研究院档案馆藏。

---

① 《大连市体育设施专项规划（2009—2020）》，2010年，大连市城市规划设计研究院档案馆藏。
② 同上。

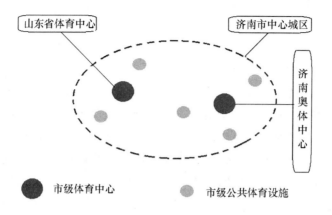

图 7—7　济南市级体育设施规划布局图

资料来源:《大连市体育设施专项规划（2009—2020）》, 2010 年, 大连市城市规划设计研究院档案馆藏。

片区级公共体育设施是服务于各个片区、符合相应规模和标准的公共体育设施, 主要分布在各个片区公共中心或者大规模居住区的中心, 将充分考虑市民需求, 合理布置项目。大连市片区级公共体育设施规划采用"集中 + 分散"式的布局模式,[①] 确保每个片区有一个综合性的片区级公共体育中心, 并在此基础上根据区内人口分布情况和需求建设片区级公共体育设施。根据全域城市化发展战略, 为带动新区发展, 在普湾新区、金州新区、旅顺口区各规划一处集中的片区级体育中心及场馆。普湾新区结合职教园区规划一处集中体育中心, 设施共享、提高场馆利用率; 旅顺口区结合曲棍球基地建设体育中心; 金州新区在黄海翼结合 F1 赛艇规划片区级体育中心, 在渤海翼金州西海新区建设一处片区级体育中心（详见图 7—8）。其他体育设施根据人口分布情况分散布局, 便于居民就近使用。大连市新增 43 处片区级体育设施, 现状 13 处, 合计 56 处。[②] 区级确保每个区有一个综合性的区级公共体育中心, 并在此基础上根据区内人口分布情况和需求建设区级公共体育设施。

[①]《大连市城市总体规划（2009—2020）》, http://wenku.baidu.com/view/9f374f7fa26925c52cc5bf8e.html。

[②]《大连市体育设施专项规划（2009—2020）》, 2010 年, 大连市城市规划设计研究院档案馆藏。

　　社区级公共体育设施规划是服务于各个街道、社区、小区的公共体育设施，设施安排及项目选择主要考虑市民就近健身的要求，通常采用"分散式"的布局模式。大连社区级公共体育设施规划布局根据人口规模分成 30000—50000 人规模、10000—15000 人规模、1000—3000 人规模三种形式，分别提出建设标准。[①] 30000—50000 人口的社区宜集中设置一处社区体育中心，在用地紧张情况下可结合社区公园设置，如利用社区公园地下空间设置游泳池、羽毛球、乒乓球、健身房、社区体育指导中心等室内体育设施，利用社区公园设置室外体育设施，但室外体育设施占地面积不得高于 30% 的社区公园用地面积。10000—15000 人口规模和 1000—3000 人口规模的社区，可结合小区级公建或住宅底层公建设置室内体育设施，室外体育设施结合小区中心绿地设置。通常，社区体育活动中心服

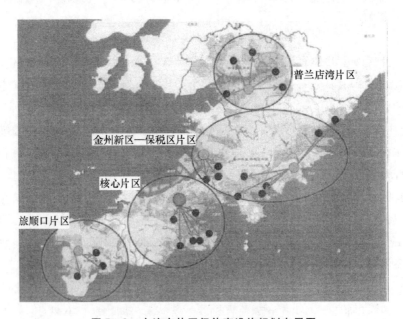

图 7—8　大连市片区级体育设施规划布局图

资料来源：《大连市体育设施专项规划（2009—2020）》，2010 年，大连市城市规划设计研究院档案馆藏。

---

①　《大连市体育设施专项规划（2009—2020）》，2010 年，大连市城市规划设计研究院档案馆藏。

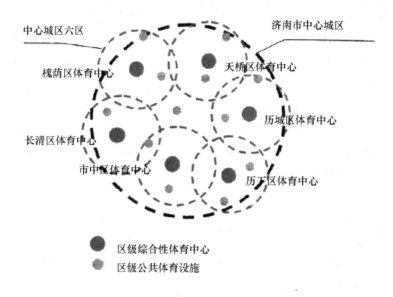

图 7—9　济南区级体育设施规划布局图

资料来源:《大连市体育设施专项规划（2009—2020)》,2010 年,大连市城市规划设计研究院档案馆藏。

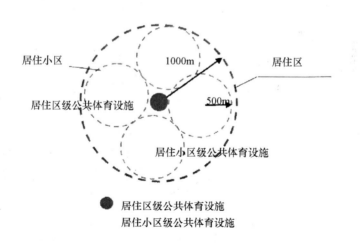

图 7—10　济南居住区和居住小区级体育设施布局模式

资料来源:《大连市体育设施专项规划（2009—2020)》,2010 年,大连市城市规划设计研究院档案馆藏。

务半径不超过 1500 米，小区配套体育设施服务半径不超过 800 米。① 图
7—10 中济南规划采用以居住区级公共体育设施为核心，以居住小区级公
共体育设施为补充的均衡式布局模式。居住区级公共体育设施在配置球
类、游泳、健身等场地的同时，也具有休息室、社交场所等附属设施，是
集健身、休闲、娱乐、社交等多功能于一体的综合性体育设施，可满足社
区内有较高体育需求的居民。居住小区级公共体育设施主要配置一些分散
的体育器械运动点、棋牌活动室、老年人活动场地等，这些体育设施可满
足居民日常的锻炼需求。

三　小结

公共体育设施规划布局是城市公共设施建设的客观需要，是城市
规划设计与发展的必然选择。城市公共体育设施的界定与布局配置应
当既能与国家规范相适应，便于制定各级公共体育设施的规划布局标
准；又与行政区划一致，便于实施管理。在公共体育设施规划布局构
建过程中，必须依照配置体系、配置标准，并遵从体育设施的布局模
式进行体育设施资源的整合与优化，进而形成相对完善的网络化
体系。

第四节　基于 GIS 大连市公共体育设施
"点—轴—网"空间结构优化

城市公共体育设施是城市基础设施的重要组成部分，具有较强的承办
各类赛事的能力，同时也能够满足广大群众对体育锻炼的需求，具有一定
的经济效益和社会效益。作为体育事业的重要载体和依托，它既是经济发
展的产物，同时又适应了精神文明建设中人们对生活质量的要求，越来越
成为和谐社会构建的推动力量。

在国内，体育场地设施建设布局发展较为缓慢。从 2001 年 7 月 13
日我国申奥成功开始，体育场地设施建设进入一个快速发展的新阶段。
大型运动会体育设施的选址和空间分布必须同城市特点、城市规划和

---

① 《大连市体育设施专项规划（2009—2020）》，2010 年，大连市城市规划设计研究院档案
馆藏。

城市发展目标结合起来。对于城市公共体育设施布局，众多学者分别从布局的理论、布局的方法技术以及存在的问题等方面进行了全面的研究，并已取得了丰硕的成果。田至美在《体育服务设施的空间组织优化问题》中运用中心地理论探讨了体育服务设施的空间组织优化问题，得出了体育设施布局有正三角形和正六边形之分的结论；马志和、马志强、戴健等在《"中心地理论"与城市体育设施的空间布局研究》中认为体育场（馆）的兴建应考虑市场、交通以及行政原则等；巴艳芳在其硕士论文《城市体育设施空间布局与体育产业发展对策研究——以武汉市为例》中运用中心地理论、城市意象和城市感应理论、马斯洛需求层次理论、体育产业理论对城市体育设施空布局进行了探讨；毕红星在《以经济地理学视角对城市公共体育设施建设布局的理论思考》中则从经济地理学的角度对辽宁公共体育设施建设"点—轴—网"布局进行了系统探讨；韩秀英、胡金平、张彦峰在《全民健身路径合理选址与科学布局的数学模型探讨》中提出了全民健身路径合理选址与科学布局的数学模型，并以实例进行分析，有效地提高了健身路径的使用效果；史兵在《体育地理学理论体系构建研究》中利用 GIS 空间分析功能对场馆布局的合理性进行统计分析，得出了体育场馆分布模型，同时运用文献综述、逻辑分析等方法探讨了体育地理学的基本理论；郑志明、蒋蓉在《成都市中心城公共体育设施分级的思考》中以成都市中心城区为例将公共体育设施划分为四级，即市级—区级—社区级—农村新型社区级。

　　大量的研究分别从理论和方法上对城市公共体育设施布局进行了总结，已经形成了比较成熟的理论体系，并且在公共体育设施的实践布局方面也取得了一定的成果。大连体育文化底蕴深厚，是全国著名的体育名城、足球城市、田径之乡。体育事业潜力巨大，竞技体育和全民健身一直保持着较快的发展，这为大连市体育事业的发展提供了前所未有的机遇。大连凭借其良好的区域优势、经济社会条件，结合交通以及人口规模构建合理的公共体育设施空间结构成为研究的课题。

一　研究区概况

（一）大连市范围界定

大连市总面积 13538 平方公里，市域总人口 691.2 万人，国内生产总值 3858 亿元。本书范围包括大连市区及普湾新区，面积 3360 平方公里，包括中山区、西岗区、沙河口区、甘井子区、旅顺口区、高新区、金州新区、保税区、普湾新区。市区总面积 2567 平方公里，总人口 398.5 万人，其中户籍人口约 297.3 万人、暂住人口约 101.2 万人。① 目前，大连市体育人口占总人口将近 50%。② 同时，大连市作为全国体育大省，已形成足球、国际沙滩排球、国际马拉松赛、国际徒步大会、帆船拉力赛等特色体育项目。大连市群众体育基础较好，自行车、山地运动、极限运动、田径等运动在居民中普及程度较高，居民对体育设施的需求量较大。

（二）大连市交通网络概述

大连市交通四通八达，高速公路、铁路、水路贯穿区内，航空航线通行国内外大中城市。交通体系发达，为"点—轴—网"理论在大连市的运用提供了条件。大连港水深港阔，不冻不淤，是闻名世界的天然良港，现有泊位 70 多个，其中万吨级以上泊位 40 个，与世界 160 多个国家和地区的 300 多个港口有贸易运输往来；③ 铁路、公路线四通八达，沈大高速公路、大连至丹东的高等级公路"黄海大道"、大连至旅顺的"旅顺南路"等成为活跃大连经济的交通动脉，"鹤大线"和"黑大线"贯穿区内。市区内公交便利，轨道交通、无轨电车、公共汽车路线密布，并具有世界先进的交通指挥系统；大连机场开通了上百条国际国内航线，是中国东北地区最大的货物空运基地。同时也应看到，对内外交通的薄弱点，连接区内外的快速铁路通道还需进一步优化，与国内各主要城市间的干线网络还不够完善。

（三）大连市公共体育设施现状

从 2009 到 2013 年，市县（区）两级共投入全民健身设施达 14.708 亿元，其中市本级投入资金 4.2 亿元，区市县投入 10.518 亿元，全市的市民健身中心已达 10 个，健身面积达 8 万余平方米，健身器材达 1.5 万

---

① 《大连城市建设发展概况》，http：//www.dalian - jw.gov.cn/news/news_ view.asp？id = 37976。

② 《西岗区举办"全民健身日"体育健身展演》，http：//szb.dlxww.com/dlrb/html/2010 - 08/09/content_ 390746.htm。

③ 《大连交通概况》，http：//travel.sina.com.cn/china/2008 - 08 - 28/100121520.shtml。

余件。① 建成 100 个街头篮球场、40 个笼式足球场、100 个体育健身活动室和 100 条健身路径，全市健身活动室和健身路径累计数量分别达到 924 个和 2378 条。② 建成体育公园 5 个，面积 100 余万平方米，健身步道（登山）30 余条，总长度 150 余公里；截至 2013 年 7 月，大连市人均公共体育面积达 0.6 平方米。③

　　大连市作为人口集聚的中心城市，不断增长的人口对体育设施展现了强大的需求。然而，大连市目前在公共体育设施方面仍然面临着承赛能力不足、健身设施缺乏，地区体育设施分布不平衡，体育设施分布与体育设施需求不符等问题。因此，开展大连市公共体育设施布局规划指导已显得尤为重要（见图 7—11 至图 7—13）。

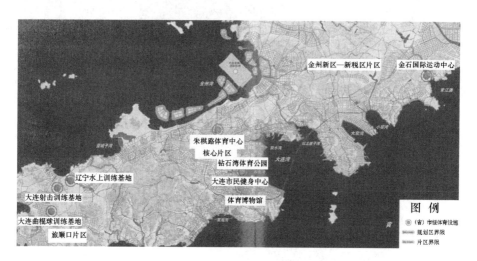

图 7—11　市级公共体育设施

　　资料来源：《大连市体育设施专项规划（2009—2020）》，2010 年，大连市城市规划设计研究院档案馆藏。

---

　　① 《大连市人均公共体育面积达 0.6 平方米》，http：//www.ln.gov.cn/zfxx/qsgd/dls/hxdl/201309/t20130902_1174373.html。

　　② 《大连市 2013 年国民经济和社会发展统计公报（辽宁）》，http：//www.my12340.cn/article.aspx？ ID = 3230。

　　③ 《大连市人均公共体育面积达 0.6 平方米》，http：//www.ln.gov.cn/zfxx/qsgd/dls/hxdl/201309/t20130902_1174373.html。

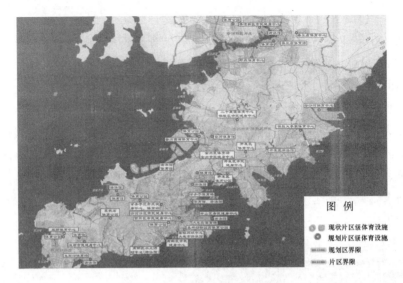

图7—12 片区级公共体育设施

资料来源：《大连市体育设施专项规划（2009—2020）》，2010年，大连市城市规划设计研究院档案馆藏。

图7—13 社区级公共体育设施

资料来源：《大连市体育设施专项规划（2009—2020）》，2010年，大连市城市规划设计研究院档案馆藏。

二　"点—轴—网"理论

（一）"点—轴—网"理论概述

"点—轴—网"理论是"点—轴系统"理论和"网络开发"理论的总称。"点—轴系统"理论是我国著名经济地理学家陆大道先生对中心地理论、空间扩散理论和增长极理论进行深入研究基础上的区域空间结构理论。[①]"点"指各级居民点和中心城市，"轴"指由交通、通信干线和能源、水源通道连接起来的基础设施束；"点—轴系统"反映了社会经济空间组织的客观规律，是最有效的国土开发和区域发展的空间结构模式。[②] "网络开发"理论，是"点—轴系统"理论的延伸和继承。随着点轴模式的应用与发展，以及多中心和郊区核心化情况的出现，使区域内部的政治经济文化联系得到加强，空间轴线不断增多，从而形成了类似经纬线的网络模式。[③]

（二）"点—轴—网"理论与公共体育设施

在城市公共体育设施"点—轴系统"理论模型中，"点"是指不同级别的体育中心地或体育场馆，"轴"是指由以交通线为主组成的基础设施束（在此称为"发展轴"）。基于空间集聚和空间扩散客观规律的作用，城市公共体育设施首先在"点"上集聚，再通过"轴"（交通线）来连接。当集聚效应在一个体育设施中心点上出现交通以及社会管理等问题时，空间扩散的客观规律便要求体育设施在这个中心点上实施分散（平衡）发展，体育设施扩散到次级体育设施中心点上，相邻的次级体育设施中心点通过交通线（称为次级发展轴）连接，如此发展，第三级、第四级等发展轴逐次产生。基于此，不同级别规模的体育中心和与之相对应的发展轴组成了网络式的城市全域布局模式。

三　大连市公共体育设施空间结构点与轴的界定

（一）公共体育设施节点的界定

市区内的公共体育设施包括：（1）大连市市区内市级以下（含市级）

---

① 陆玉麒：《论"点—轴系统"理论的科学内涵》，《地理科学》2002 年第 2 期。

② 陆大道：《关于"点—轴"空间结构系统的形成机理分析》，《地理科学》2002 年第 1 期。

③ 康伟：《基于点轴理论的山东半岛蓝色旅游空间结构研究》，硕士学位论文，中国海洋大学，2012 年，第 9—17 页。

各级人民政府所有的，由体育局主管的公共体育场馆及其附属用地；（2）社会公益团体或社会力量开办的纯公益性体育场馆及其附属用地；（3）大连市市区内市级以下各级人民政府所有的，具有体育设施性质的包含体育健身设施的公园，即体育公园（大连市规划将体育公园的 20% 计入公共体育设施用地）。

目前，大连市公共体育设施在适应国家规范以及公共服务设施分类体系标准的要求下，分为"市级—片区级—社区级"三级，形成相对完善的公共体育设施网络体系。市级公共体育设施指服务于辽宁省和大连市范围内的公共体育设施（市级体育设施一般具有竞技与公共双重性质，规划在市级公共体育设施中进行统筹考虑）；片区级公共体育设施指综合行政区划设置的服务于全区范围的公共体育设施，主要供居民进行体育活动使用，同时也能够举办一般体育赛事；社区级公共体育设施指服务于街道、社区、小区的公共体育设施，主要供居民日常体育健身活动使用。因此，将市级公共体育设施作为一级节点，片区级公共体育设施作为二级节点，社区（镇）级公共体育设施作为三级节点。

（二）重点轴线的选择

交通运输干线以及相应的综合运输通道是城市、发展中心、增长极的联结线路，对于促进区域发展具有重要意义。港口比较密集的沿海地带、主要通航河流的沿河地带、主要铁路和高等级公路是轴线的重点选择对象。大连市临海靠黄、港口众多、铁路交汇、高速公路密集，这些都是轴线的重要选择对象。在大连市三个级点划分的基础上，着重对区内交通线进行选择，并对轴线进行划分和确定。

1. 一级轴线的选取

第一条一级发展轴为哈大中轴及向旅顺的延伸轴线。哈大中轴是大连市城镇空间结构发展的主轴，也是公共体育设施构建的核心区域，连接普湾新区、金州新区—保税区西部、核心区以及旅顺口区西部地区。在区域经济发展中占有重要地位，金州区体育场以及正在建设的朱棋路体育中心两处市级公共体育设施都分布在该轴上。交通上依托哈大铁路、沈大铁路、本大高速公路，该线大大缩短了大连市各区之间的距离，为地区之间的沟通交流提供了便利。

第二条一级发展轴为沿黄海发展线，连接大连市沿海各区及城镇。交通上依托丹大铁路、丹大高速公路、201 国道、东北东部铁路通道以及市域轨道和城市轨道的沿海路段。大连市民健身中心、大连市游泳馆、奥林匹克足球场、旅顺太阳沟体育场等几处大型体育设施均依托此轴线而建。

第三条一级发展轴为沿渤海发展线，该轴线主要依托沿海公路主干线、长兴岛铁路、沈大高速公路、哈大客运专线，沿黄金海洋线分布，这将充分发挥大连市作为全国重要体育名城的集聚和扩散作用，促进沿渤海局部区域公共体育设施的进一步发展。

2. 二级轴线的选取

二级轴线主要指市级与区级以及区级与区级公共体育设施之间的交通线路。二级轴线将市内各级公共体育设施与相关配套设施相连接，构成点轴发展的网络状格局。大连市内主要二级轴线有普湾新区内的长皮高速、大窑湾疏港公路、土羊高速公路、国道 201 和 202、鹤大高速、沈海高速以及"七纵七横"[①] 市内交通线等。

3. 三级轴线的选取

三级发展轴为二级轴线基础上延伸出来的市内主要通道、街道乡镇道路等。在片区级公共体育设施中心上沿各条街道和社区扩散而形成次一级的社区级体育中心，三级轴线众多，主要为社区与社区之间的短距离交通道路，如表 7 - 12 所示。

表 7 - 12　　　　　　　大连市公共体育设施空间结构模式

形式	级别	内　容
点	一级点	市级公共体育设施点
	二级点	片区级公共体育设施点
	三极点	社区级公共体育设施点
轴	一级轴	哈大中轴及向旅顺的延伸轴、沿黄海发展轴和沿渤海发展轴的"Y"形发展轴
	二级轴	大窑湾疏港公路、土羊高速公路、国道 201 和 202、鹤大高速、沈海高速以及"七纵七横"市内交通线等
	三级轴	市内主要通道、街道乡镇道路

---

① 《"七纵七横"构建城市快速路网》，http://dalian.runsky.com/2012 - 12/11/content_4530250.htm。

四 基于点轴形成的大连市公共体育设施四大片区

"点—轴—网"理论的发展需要经过不断地优化和发展才能趋向成熟,大连市公共体育设施的点轴体系还处于初级阶段,根据书中所选极点、重要发展轴线以及各区发展情况,经过点轴的不断扩散,可重点对核心片区、旅顺口片区、金州新区—保税区片和普湾新区四大片区进行公共体育设施规划布局。

（一）核心片区

核心片区包括中山区、西岗区、沙河口区、甘井子区、高新技术园区的行政辖区及金州湾机场填海范围（详见图7—14至图7—19）。该片区为大连市行政中心、文化中心、体育中心。该区公路网四通八达,交通密集。大连市民健身中心、奥林匹克足球场、国际网球中心、大连市游泳馆、西岗区市民健身中心、朱棋路体育中心和火车头体育场等几处市级公共体育设施都集中在此。核心片区公共体育设施主要集中在东部沿海地区和中部地区,体育设施分布不均,沙河口区内的会展中心至河口交通通达性高、人口密度大,但公共体育设施缺乏,无法满足市民需求,该处应建

图7—14 核心片区公共体育设施规划布局图

资料来源：《大连市体育设施专项规划（2009—2020）》,2010年,大连市城市规划设计研究院档案馆藏。

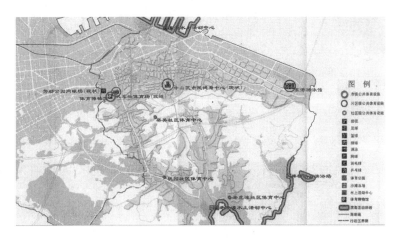

图 7—15　中山区公共体育设施规划布局图

资料来源：《大连市体育设施专项规划（2009—2020）》，2010 年，大连市城市规划设计研究院档案馆藏。

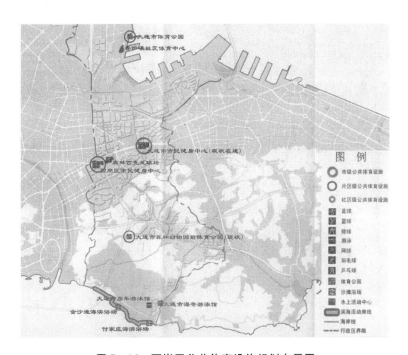

图 7—16　西岗区公共体育设施规划布局图

资料来源：《大连市体育设施专项规划（2009—2020）》，2010 年，大连市城市规划设计研究院档案馆藏。

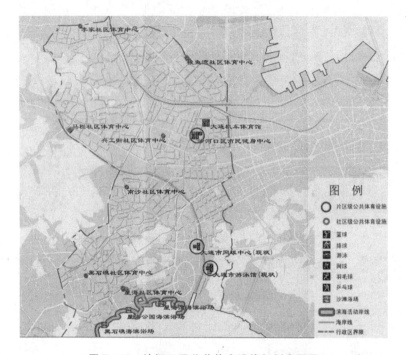

图7—17　沙河口区公共体育设施规划布局图

资料来源：《大连市体育设施专项规划（2009—2020）》，2010年，大连市城市规划设计研究院档案馆藏。

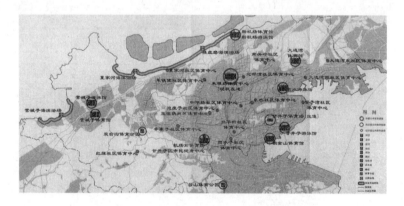

图7—18　甘井子区公共体育设施规划布局图

资料来源：《大连市体育设施专项规划（2009—2020）》，2010年，大连市城市规划设计研究院档案馆藏。

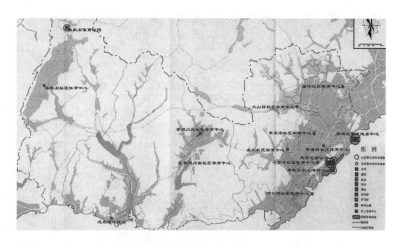

图 7—19　高新园区公共体育设施规划布局图

资料来源：《大连市体育设施专项规划（2009—2020）》，2010 年，大连市城市规划设计研究院档案馆藏。

设一处市级公共体育设施。根据"点—轴—网"理论中对重要节点和重点轴线的选择依据，并结合核心区公共体育设施的现状与不足，认为：核心区应新增 1 个体育场、4 个市民健身中心、3 处体育馆、5 处游泳馆、2 处体育公园；另外，新增社区及公共体育设施 37 处。该区公共体育设施的规划主要根据人口分布情况分散布局在各区，便于居民就近使用，如表 7 - 11 所示。

（二）旅顺口片区

旅顺口区行政辖区范围统称为旅顺口片区。该片区发展方向是保留城市绿心和生态走廊，在老城区、水师营、旅顺开发区、双岛湾、旅顺南路等地区组团式发展；定位为东北亚旅游目的地和宜居城市、高新技术产业和高等教育科研基地、海上交通枢纽和临港产业基地。该区公共体育设施缺乏，现状只有一个太阳沟体育场，旅顺口片区应建设具有开展全民健身活动的市级体育设施中心。旅顺北路、土羊高速公路、旅顺中路、旅顺南路等线缩短了旅顺与市区的距离。根据"点—轴—网"理论，片区级公共体育设施规划发展方向重点沿黄、渤海两翼，认为：规划新增 6 处公共体育设施包括 1 处体育场、1 处市民健身中心、2 处体育馆、1 处游泳馆、1 处体育公园；该区无社区级体育中心，规划新增 7 处；旅顺体育中心和体育公园布局在大连市规划中的地铁 4 号线上，旅顺体育馆和市民健身中心位于旅顺北路，旅顺游泳馆位于旅顺南路线上，如图 7—20 和表 7 - 11 所示。

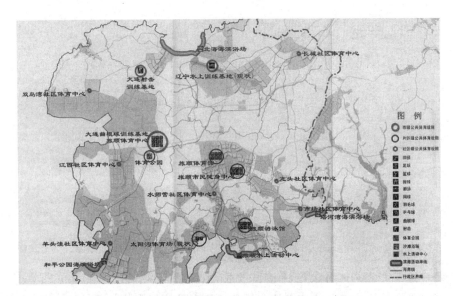

图 7—20　旅顺口片区公共体育设施规划布局图

资料来源：《大连市体育设施专项规划（2009—2020）》，2010 年，大连市城市规划设计研究院档案馆藏。

（三）金州新区—保税区片

金州新区—保税区片区包括经济技术开发区、保税区、登沙河、杏树屯、华家、向应、亮甲店行政辖区范围。该片区发展方向重点是沿黄、渤海两翼发展，本区现有金州体育场、金州市民健身中心、开发区市民健身中心、开发区游泳馆和开发区体育公园 5 处片区级公共体育设施，其中金州区体育场是一座可承办足球、田径等运动项目的综合性体育场，承办国内多项体育赛事，成为大连足球甚至大连体育的象征之一。为满足城市人口对公共体育设施的需求，根据“点—轴—网”理论，该区应新建 1 处市级公共体育设施，规划新增片区及公共体育设施包括 1 处体育场、1 处市民健身中心、5 处体育馆、5 处游泳馆、1 处体育公园；为保证每个街道一处社区及体育中心，该区新增 15 处社区级公共体育设施。丹大高速公路、丹大城际铁路、201 国道等多条主要交通干线纵贯东部。本大高速公路、哈大铁路、沈大城际铁路沿东部渤海线南北分布。大窑湾疏港公路与区内几条主要公路沿东西分布，将黄渤海两翼的公共体育设施连接，形成浅"U"形的"点—轴—网"布局模式，如图 7—21 和表 7 – 11 所示。

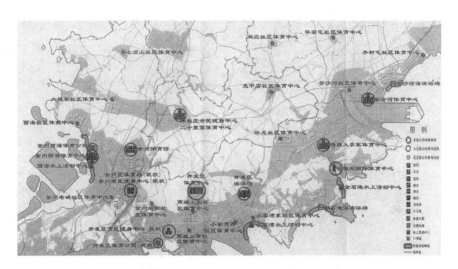

图 7—21　金州新区—保税区片区公共体育设施规划布局图

资料来源：《大连市体育设施专项规划（2009—2020）》，2010 年，大连市城市规划设计研究院档案馆藏。

（四）普湾新区

普湾新区包括普兰店城区部分、石河街道、三十里堡街道、炮台镇、复州湾镇。该片区发展方向重点是沿普兰店湾发展，是大连市城市空间扩展的承载区域和率先实现发展方式转变、提升城市功能和城市化的重点区域。根据该区地形特点结合"点—轴—网"理论的分布形状规划新增 3 处体育场、1 处市民健身中心、3 处体育馆、1 处游泳馆、1 处体育公园、12 处社区体育中心，形成了"点—轴—网"的环状分布特点。以普兰店湾南部体育场为中心，东西以皮海线为连接轴线，分布有炮台体育公园、普湾新区市民健身中心和普兰店体育场、普兰店体育公园。普湾游泳馆位于该区中心，各级交通汇集点。各社区体育中心围绕片区公共体育设施呈环状分布，形成以普兰店湾南部体育场为中心，各级体育设施分散布局的网络式发展模式，如图 7—22 和表 7 – 13 所示。

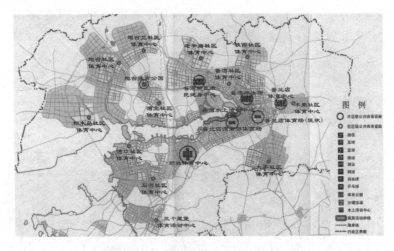

图 7—22　普湾新区公共体育设施

资料来源：《大连市体育设施专项规划（2009—2020）》，2010 年，大连市城市规划设计研究院档案馆藏。

表 7 - 13　　　　　　　　　　　**2020 年片区级公共体育设施规划**

地区	规划人口（万人）	公共体育设施现状	规划新增体育设施
核心区	298	2 处体育场、1 处市民健身中心、1 处网球中心、1 处游泳馆、1 处体育公园	1 处体育场、4 处市民健身中心、3 处体育馆、5 处游泳馆、2 处体育公园
金州新区—保税区	200	1 处体育场、2 处市民健身中心、1 处游泳馆、1 处体育公园	1 处体育场、1 处市民健身中心、5 处体育馆、5 处游泳馆、1 处体育公园
旅顺口片区	52	1 处体育场	1 处体育场、1 处市民健身中心、2 处体育馆、1 处游泳馆、1 处体育公园
普湾新区	100	1 处体育设施	3 处体育场、1 处市民健身中心、3 处体育馆、1 处游泳馆、1 处体育公园

资料来源：根据第四节的第四部分得出。

五　小结

在"点—轴—网"理论的基础上，选取了大连市规划体育设施的重要节点和重要轴，并基于该理论对大连市四个片区公共体育设施的布局进行了规划。得出大连市公共体育设施的空间结构，即市级—区级—社区及三级点，哈大中轴及向旅顺的延伸轴、沿黄海发展翼和沿渤海发展翼一轴两翼的"Y"形一级发展轴线以及大窑湾疏港公路、土羊高速公路、国道201 和 202、鹤大高速、沈海高速和"七纵七横"① 市内交通线等二级发展轴线和四大片区，构建了大连市公共体育设施"点—线—面"的空间结构。"点—轴—网"理论能够充分反映社会经济空间组织的客观规律，能够因地制宜地指导体育设施的合理布局。本书在"点—轴—网"理论下建立的大连市四个片区体育设施布局的规划思路，实现了以轴线串节点、点轴联动的开发模式，进一步促进了大连市体育设施的合理规划与布局，有利于推动大连市体育事业的发展。

参考文献

[1] 韩秀英、胡金平、张彦峰：《全民健身路径合理选址与科学布局的数学模型探讨》，《中国体育科技》2005 年第 4 期。

[2] 史兵：《体育地理学理论体系构建研究》，《体育科学》2007 年第 8 期。

[3] 李海、吴殷、马辉：《上海市体育彩票销售网络最优规划研究》，《体育科学》2008 年第 11 期。

[4] 李艳霞、傅学庆、郝军龙：《基于 GIS 的全民健身路径空间布局分析》，《河北师范大学学报》2008 年第 1 期。

[5] 王西波、魏敦山：《大型体育场馆的规划选址》，《规划设计》2008 年第 2 期。

[6] 陈旸：《基于 GIS 的社区体育服务设施布局优化研究》，《经济地理》2010 年第 8 期。

[7] 毕红星：《我国城市公共体育设施规划布局研究》，《成都体育学院学报》2012 年第 4 期。

[8] 曾建明、石路、赵霞：《基于 GIS 技术的重大体育突发事件应急管理研

---

① 《"七纵七横"构建城市快速路网》，http：//dalian. runsky. com/2012—12/11/content_4530250. htm。

究——以乌鲁木齐红山体育中心区域为例》，《中国体育科技》2010 年第 5 期。

　　［9］陈旸：《基于 GIS 的社区体育服务设施布局优化研究》，《经济地理》2010 年第 8 期。

　　［10］娄艳春：《基于 GIS 的晋江市体育场空间布局及优化策略研究》，硕士学位论文，福建师范大学，2012 年。

　　［11］郑志明：《特大城市公共体育设施布局规划研究——以成都市为例》，硕士学位论文，西南交通大学，2009 年。

　　［12］韩会庆、郜红娟：《地理信息系统在体育设施中的应用》，《枣庄学院学报》2008 年第 5 期。

　　［13］毕红星：《农民体育健身工程与 GIS》，辽宁大学出版社 2010 年版。

　　［14］毕红星：《我国城市公共体育设施规划布局的实证研究》，《福建体育科技》2011 年第 6 期。

　　［15］王雷、刘国兴：《地理信息技术对体育场馆可持续利用的规划研究》，《软件导刊》2010 年第 12 期。

　　［16］陆大道：《关于"点—轴"空间结构系统的形成机理分析》，《地理科学》2002 年第 1 期。

　　［17］田至美：《体育服务设施的空间组织优化问题》，《人文地理》1995 年第 2 期。

　　［18］巴艳芳：《城市体育设施空间布局与体育产业发展对策研究——以武汉市为例》，硕士学位论文，华中师范大学，2006 年。

　　［19］郑志明、蒋蓉：《成都市中心城公共体育设施分级的思考》，《城乡规划与环境建设》2008 年第 1 期。

　　［20］陆玉麒：《论"点—轴系统"理论的科学内涵》，《地理科学》2002 年第 2 期。

　　［21］兰贺元、王方雄、孙迪：《大连市地震信息网络发布系统的设计与开发》，《测绘与空间地理信息》2012 年第 8 期。

第八章　基于"点—轴—网"布局的城市公共体育设施功能规划

第一节　城市公共体育设施功能规划

一　城市公共体育设施功能及其规划分析

功能是指事物或方法所发挥的有利作用。从管理学角度来看，功能是对象能够满足某种需求的一种属性。满足使用者现实需求的属性是功能，而满足使用者潜在需求的属性也是功能。① 基于此，本书认为：城市公共体育设施功能是实现公共体育设施建设者（管理者）和使用者客观的、主观的需求的一种属性。

（一）城市公共体育设施功能分析

1. 促进区域经济增长，带动城市体育文化产业链的整体发展

众所周知，大型体育场馆的建设可以直接促进城市经济的发展。大型赛会是将大规模体育场馆带动城市经济发展的必要形式。2008 年北京奥运会使用的 37 个比赛场馆（其中北京市内的体育场馆 31 个包含新建 11 个、北京以外的 6 个），仅最大的国家体育馆"鸟巢"建设费用就为 23 亿元人民币。2005 年 8 月，北京奥组委副主席于再清表示，北京奥运会总预算为 23 亿美元，其中 10 亿美元来自于国际奥委会，剩余的主要依靠组委会通过 2008 年奥运会组委会合作伙伴、赞助商和供应商计划以及门票销售等来筹集。② 在国际奥组委和国内外私有公司共同投资的大背景下，社会的投资与消费的市场逐渐发展壮大，这种增长的势头直接驱动城市和区域经济的发展。这就是大型体育场馆拉动经济发展的全过程。大型体育设施的建设是城市建设的大手笔，大型体育设施的建设同时必将刺激

---

① 《功能》，http://baike.baidu.com/view/587727.htm。

② 《2008 年奥运会总投入》，http://zhidao.baidu.com/question/64448618.html。

城市基础设施与交通道路的建设，使得体育产业的消费市场和消费需求快速提升，最终增加社会经济总量。

体育设施行业的发展给其他相关产业的发展带来机会，同时，体育设施在体育产业范畴中具有明显的凝聚和辐射作用。城市大型体育场馆的建设使城市的体育竞赛、表演、广告、体育用品、体育旅游、体育文化等产业得到迅速发展。具体表现为：第一，具有国际现代化体育场馆的建成和使用为城市承接国内外大型体育赛事创造了机会与条件，无形中为城市增加了参与竞争举办体育赛事的硬实力。伴随着大型赛事数量与质量的提升，观赛人数会大幅度地增加，这很好地刺激了以设备完善的体育设施为硬件平台的体育竞赛表演市场的发展，同时也活跃了体育消费市场，进而形成体育消费与体育竞赛相互促进的良性循环发展态势。第二，体育场馆的建设与体育产品的展示营销息息相关。体育产品或体育用品的营销在很大程度上需要对产品进行广告宣传，体育场馆是大型赛事的承载体，具有显著的广告宣传效力，体育产品借助体育场馆赛事的对外宣传效应可以获得很好的销量，同时体育产品的知名度也得到提升，体育产品的生产企业也获得了持续发展的动力。体育场馆所具有的对外宣传功能吸引着国外众多著名体育产品生产商，对于提升我国体育产品市场的发展等级起到了积极的作用。改革开放以来，尤其是2008年北京奥运会之后，我国体育场馆的数量与规模都得到巨大的发展，由此，对全民健身运动的开展起到了积极的促动作用，群众体育休闲娱乐市场被极大地激活，为了更好地满足群众日益增长健身休闲的需求，众多开发出来的新兴体育运动项目走进大众健身消费市场，大众健身的项目种类、层次水平、消费方式等发生了巨大的变化，无形中加快了社会消费量的增加。第三，大型体育场馆的建设所带来的大型赛事的增加，这个过程有利于体育旅游和与赛事相关的旅游项目的发展。由于大型赛制的举办必将带动周边城市甚至是国外的游客前来观战，形成了异地观赛的体育经济现象，这必然会拉动体育旅游产业的发展，刺激体育旅游的巨大消费。第四，大型体育场馆的兴建可以为凝聚城市体育文化氛围、塑造城市形象提供强有力的硬件支撑，进而使城市体育文化事业得到全面发展。

2. 完成城市规划任务，实现城市新格局发展

我国在《国民经济和社会发展第十二个五年规划纲要》中提出，"大力发展公共体育事业，加强公共体育设施建设，广泛开展全民健身运动；

加快面向大众的城镇公共文化、体育设施建设，积极稳妥推进城镇化"。当前，国家把城市体育设施的规划建设提到了政府工作的议事日程上，城市体育设施的建设布局是实施这一项任务的具体体现。

城市体育设施的建设符合国家对城市规划的要求，顺应了"由东向西、由南向北拓展"的国家促进经济增长和市场空间的发展战略。《国民经济和社会发展第十二个五年规划纲要》中提出，"按照统筹规划、合理布局、完善功能、以大带小的原则，遵循城市发展客观规律，以大城市为依托，以中小城市为重点，逐步形成辐射作用大的城市群，促进大中小城市和小城镇协调发展。构建以陆桥通道、沿长江通道为两条横轴，以沿海、京哈京广、包昆通道为三条纵轴，以轴线上若干城市群为依托、其他城市化地区和城市为重要组成部分的城市化战略格局"。①

在实践城市规划目标，实现城市新格局发展的进程中，以国家经济发展四大板块划分作为具体问题具体分析的工作出发点是符合国家发展的实际情况的。即针对我国东部、西部、东北、中部经济发展不平衡的现实状况进行我国城市规划的研究。《国民经济和社会发展第十二个五年规划纲要》中提出："在东部地区逐步打造更具国际竞争力的城市群，在中西部有条件的地区培育壮大若干城市群；有重点地发展小城镇，把有条件的东部中心镇、中西部地区县城和重要边境口逐步发展成为中小城市。"②

城市体育场馆的建设与城市建设紧密结合。二者互动发展、共同促进。以体育设施建设促动城市格局的优化，实现城市新布局的战略目标。例如，城市体育中心的建设模式通常采用组团式的开发格局，由于新建的体育中心大多位于城市的边缘地带，所在区域处于尚在开发阶段或是改造阶段。新体育中心的建设带动了该区域的市政建设，完善了城市基础设施以及交通道路的配套建设，形成了城市发展的另一个中心，缓解了城市老中心区域基础设施以及交通道路可达性不足的城市发展问题。从而促进了城市体育文化事业的发展，重点发展了城市的外延空间，完善了城市的整体功能。此外，体育设施的建设布局对于组团式建设布局模式中城市其他项目的建设布局具有积极的拉动作用，并对该区域的规划发展与城市新功

---

① 《国民经济和社会发展第十二个五年规划纲要》，http://www.gov.cn/2011lh/content_1825838.htm。

② 同上。

能区的形成奠定了坚实的基础，也将成为实施城市规划布局发展战略的重要工作措施。

3. 提高竞技体育水平，加快城市体育事业发展

体育场地设施是国家发展体育运动的基础条件之一，是实现国家体育发展目标，是完成国家体育基本任务的重要物质保障，是国家和地区体育发展水平的重要标志。[①] 面临着人民群众日益增长的体育健身需求与体育设施数量不足、布局不合理的现状之间的矛盾，改革开放以来，国家非常重视体育设施建设，据第五次全国体育场地普查结果显示，各类体育设施数量达到 758572 个，体育设施建设资金为 1858.5 亿元，[②] 这充分体现出我国体育设施建设规模不断扩大、投入不断增长的持续发展特征。众所周知，功能齐全、配备专业的体育设施是竞技体育用于训练和竞赛必不可少的基础载体，据第五次全国体育场地普查结果显示，我国体育系统的体育场地数量达到 14453 个。[③] 在科学训练思想的指导下，我国竞技体育取得了巨大的成就。特别是 2008 年北京奥运会，我国获得 51 枚金牌，[④] 位居金牌榜第一。竞技体育的训练、比赛科学化程度的逐步提高与场馆设施的发展规模、现代化程度有着密切的关联。可以说，体育场馆设施建设的科技化含量影响着竞技体育的发展，进而推动着体育事业的全面发展。

4. 满足公众多元化体育需求，构建公共体育服务体系

随着我国城市社会经济水平的不断提高，城市居民的生活水平得到提高，城市居民在健身、休闲、体育文化生活等方面的多元化需求也随之不断增加。与此同时，这种公众多元化的需求与我国当前公共体育设施数量少、布局不合理的现状之间的矛盾日益凸显。面对现实的矛盾，无疑，加大公共体育设施建设布局的力度是解决矛盾问题的最直接方法。数量充足、布局合理的公共体育设施可以使城市居民的基本体育权利得到保障，健身、休闲以及体育文化生活的体育需求得到满足，可以保持或增加城市的体育人口数量，可以满足不断升温的大众体育消费。构建公共体育服务体系的三要素是体育设施、体育活动以及体育组织。可见，加强公共体育

---

① 《2008 年奥运会总投入》，http://zhidao.baidu.com/question/64448618.html。

② 国家体育总局：《第五次全国体育场地普查数据公报》，http://www.sport.gov.cn/n16/n1167/n2768/n32454/134749.html。

③ 同上。

④ 《2008 北京奥运会中国金牌榜》，http://www.zyzw.com/mjzg019.htm。

设施建设布局是构建公共体育服务体系的重要组成部分之一。为此，我国体育事业"十二五"规划一项重点工作，就是要加强城乡基层社区体育设施建设。[①]

　　进一步发展和完善体育的公共体育服务体系，是以人为本，满足人民群众日益增长的健身需求的基础性工作。[②] 城市公共体育设施建设为体育设施发挥公共服务提供了硬件基础。城市公共体育设施建设是以满足广大人民群众日益增长的体育文化需求为出发点的。在体育场馆建设的投资规模、投资结构以及投资重点上，充分体现出公共体育设施的公益性，公共体育设施建设的理念从注重大型的、比赛的及地标性的向小型的、分散的及群体健身性转变；公共体育设施建设的投融资逐步形成多渠道模式，将体育彩票公益金充分用在继续推行"全民健身工程"、"农民健身工程"以及"雪炭工程"等广大人民群众满意的并受益的体育健身活动上。因而，使得公共体育设施的建设布局逐步实现为广大人民群众提供公共体育服务的根本目标。换言之，加强体育设施建设布局是满足公众多元化体育需求、构建公共体育服务体系的可行路径。

（二）城市公共体育设施功能规划分析

　　公共体育设施功能的规划就是将建设管理者和使用者的主观与客观需求加以归纳整理。公共体育设施功能规划的意义就在于，更好地将公共体育设施的建设管理者和使用者的需求体现出来。这种需求的体现发生在公共体育设施建成之前和建成之后的两个阶段，其中，建成之前阶段的意义更为重要。然而，公共体育设施的建成阶段正是公共体育设施建设布局的过程。不难推断出，公共体育设施功能的发挥与其建设布局是紧密相关的，建设布局过程直接影响公共体育设施功能的体现。依据本书的"运用经济地理学的理论与方法来解决我国城市公共体育设施建设布局的问题是非常契合的"观点，公共体育设施建设布局的"点—轴—网"模式能够使其功能发挥达到最佳化。

二　城市公共体育设施专项规划编制分析

　　随着社会与经济的发展，城市体育设施的规划布局对于整个城市的建

---

① 《体育事业发展"十二五"规划》，http://www.sport.gov.cn/n16/n1077/n1467/n1843577/1843747.html。

② 国家体育总局：《改革开放30年的中国体育》，人民体育出版社2008年版，第48页。

设与发展日渐重要。城市体育设施专项规划编制的主要目的与意义在于围绕推动全民健身、提高竞技水平、发展体育产业、推广体育文化四大任务，完善体育设施配置，优化体育设施布局，促进体育产业发展，为实现城市体育建设规划目标、构建和谐社会奠定基础。因此，对于实现城市公共体育设施推动全民健身、提高竞技水平、发展体育产业、推广体育文化四大功能而言，城市公共体育设施专项规划编制的分析是具有重要的意义的。

为落实《全民健身条例》（2009）、《中共中央国务院关于进一步加强和改进新时期体育工作的意见》（2002）、《中共辽宁省委、辽宁省人民政府关于加快我省体育事业发展的意见》（辽委发〔2004〕9号）和《中共大连市委、大连市人民政府关于加快体育事业发展的意见》（大委发〔2006〕6号）的精神，促进大连市体育事业和谐、持续、快速发展，实现由体育大市向体育强市的跨越，大连市政府决定以辽宁省承办第十二届全运会为契机，开展大连市公共体育设施专项规划编制工作。

城市体育设施专项规划编制工作涉及城市建设的很多相关部门。首先由市政府牵头，会同相关的市政单位，组成城市体育设施专项规划工作领导小组。大连市为了编制好专项规划，市政府于2008年11月11日，成立以副市长为组长，市体育局局长、市规划局局长为副组长，17个相关委办局为成员单位的体育设施专项规划工作领导小组，确定由规划局、体育局牵头组织编制本次专项规划，规划编制单位为城市规划设计研究部门。

（一）城市体育设施专项规划编制的时代背景

体育是人类文化的重要组成部分，体育事业的发展水平就是国家或地区综合实力的象征，是评价地区社会经济发展水平的重要标志。体育活动对于提高凝聚力、促进和谐社会的建设具有重大作用，同时，体育事业的快速发展对地区经济的腾飞又有显著的促进作用。我国越来越重视体育事业的发展，并且正在经历从体育大国到体育强国、从竞技体育到全民健身转变的过程。

1. 积极发展体育事业是构建和谐社会的需要

中共十六大报告第一次将"社会更加和谐"作为重要目标提出，中共十六届四中全会，进一步提出构建社会主义和谐社会的任务。① 而在构建社会主义和谐社会的进程中，体育承担着重要的历史使命。社会的和谐与发展，要求促进人的全面发展，离不开健康的身体和健全的精神。身心健康是小康生活的前提、事业发展的依托、社会和谐的基础，而体育是人们保持身心健康的有效途径之一。体育不仅仅是一种身体运动，更是一种教育手段、一种生活方式、一种精神载体，体育中蕴藏着和谐理念与和谐精神。

在建设全面小康社会的过程中，经济社会事业的快速发展，人民物质文化需求不断提高，为体育事业的发展提供了良好的条件，创造了新的机遇，赋予了新的生命。发展全民体育，构建和谐社会是新时期体育工作的一项根本目标、首要任务和必然要求。中共中央总书记胡锦涛同志在2008年9月29日北京奥运会、残奥会总结表彰大会的重要讲话（简称"9·29"讲话）中强调："要着眼于满足人民群众体育需求，加强城乡体育健身场地和设施建设，健全群众体育组织，完善全民健身体系，为人民提供更多更好的体育公共服务，让人民分享体育发展成果、享受体育带来的健康和快乐，形成健康文明的生活方式。"②

2. 国家相关体育法律法规要求

《中华人民共和国体育法》第四十五条要求："县级以上地方各级人民政府应当按照国家对城市公共体育设施用地定额指标的规定，将城市公共体育设施建设纳入城市建设规划和土地利用总体规划，合理布局，统一安排"。③《公共文化体育设施条例》第十条要求："公共文化体育设施的数量、种类、规模以及布局，应当根据国民经济和社会发展水平、人口结构、环境条件以及文化体育事业发展的需要，统筹兼顾，优先配置，并符合国家关于城乡公共文化体育设施用地定额指标的规定。"④

3. 国家体育事业"十二五"规划初步方案提出新的发展目标

国家体育事业"十二五"规划提出"十二五"期间体育事业发展的

---

① 《社会主义和谐社会》，http：//baike. baidu. com/view/10891. htm？fr = Aladdin。

② 《胡锦涛总结北京奥运会、残奥会成功条件》，http：//www. chinanews. com/gn/news/2008/09 - 29/1399174. shtml。

③ 《中华人民共和国体育法》，http：//baike. baidu. com/view/113781. htm？fr = Aladdin。

④ 国务院，《公共文化体育设施条例》，http：//www. gov. cn/zwgk/2005 - 05/23/content_157. htm。

总体目标为："以科学发展观为统领，认真总结北京奥运会成功举办和开展群众体育、发展体育产业的经验，解决体育事业发展过程中的各种矛盾，以增强人民体质、提高全民族身体素质和生活质量为目标，实现竞技体育、群众体育和体育产业协调发展，进一步推动我国由体育大国向体育强国迈进，努力实现体育事业的新发展、新跨越。"[①]

（二）城市公共体育设施专项规划编制背景的实证分析

1. 大连举办第十二届全运会的刚性诉求

2009年1月29日，国家体育总局以无记名投票方式选举产生了2013年第十二届全运会的承办权，确定由辽宁省承办，辽宁省全运会承办城市主要集中在沈大高速沿线城市，第十二届全运会所设的31个大项分别安排在辽宁的14个城市进行。[②] 作为辽宁省第二大城市、沈大沿线和辽南沿海的核心城市，大连市体育设施的完善与否直接影响辽宁省全运会的举办。而且当前大连市体育设施整体基础薄弱、欠账较多，要想完成承办全运会的重要任务，编制体育专项规划、落实设施建设用地迫在眉睫。

2. 体育事业对提升大连城市综合竞争力具有举足轻重的作用

体育设施是发挥体育事业的重要基础，具有一种独特的文化内涵，是一个国家政治、经济、科技、文明状态及人民生活质量的综合体现，越来越引起世界各城市政府和人民的重视，成为宜居城市建设不可或缺的内容之一。

"足球城"的美誉已成为大连市的一张重要名片，从某一方面展示了大连市改革开放的成果。2004年国务院批复的《大连市城市总体规划（2001—2020）》中就明确提出要把大连建设成为文化、体育和现代产业协调发展的国际名城。[③] 新一轮的《大连城市总体规划（2009—2020）》确定大连市的城市发展目标之一是文体之都，使大连成为体育事业发达的现代都市。[④] 体育作为建设国际名城的一项重要内容而写到城市性质里面

---

① 《体育事业发展"十二五"规划》，http：//www.sport.gov.cn/n16/n1077/n1467/n1843577/1843747.html。

② 《第十二届全运会将于31日在沈阳开幕》，http：//news.xinhuanet.com/sports/2013 - 08/30/c_ 117167397.htm。

③ 《国务院关于大连市城市总体规划的批复》，http：//www.gov.cn/gongbao/content/2004/content_ 63153.htm。

④ 《大连城市总体规划（2009—2020）》，http：//wenku.baidu.com/view/ 68617 e4fc850 ad02 de8041c0.html。

的，关系到一个城市发展的重要方向。因此，可以说，体育事业的发展是提升大连城市综合竞争力、提高城市魅力和国际知名度的重要因素。

3. 大连市体育设施匮乏，与社会经济发展不相适应

改革开放30多年来，大连市的经济、社会、文化等发生了根本变化，城市基础设施建设大大提升，市容市貌明显改观，但体育设施处于滞后状态，虽较过去有所发展，但速度缓慢、条件简陋。目前，大连现有体育设施无论在数量、规模还是在质量方面，不仅距离国家规范要求相去甚远，而且在国内同类城市中也处于落后状态。据初步调查，大连市区人均公共体育设施用地面积为0.6平方米，① 与国内同类型城市相比差距明显，例如，长春市目前人均公共体育设施用地面积约为2.03平方米，② 北京市为1.6平方米。③ 同时，大连体育设施用地指标也远低于全国人均体育场地面积1.03平方米。④ 可见，体育名城的建设目标任重道远。

4. 体育设施的公益性决定需要编制专项规划进行用地保障

在市场经济条件下，寸土寸金的城区范围内，用地非常紧张，如果政府不强制预留空间，必然会受到房地产、商业等强势产业排挤。反观国内同类型体育设施完备、体育事业先进的城市，无不将体育设施的建设通过科学的规划，从法律上予以保障，如济南、南京、青岛、厦门等城市都相继编制了《体育设施发展专项规划》，对于体育设施的发展进行了专门研究和立法规定，有效地保障了城市体育设施依法配套建设。

（三）城市公共体育设施专项规划编制的实施思路

城市公共体育设施专项规划的编制需要科学依据。大连市围绕《中华人民共和国城乡规划法》（2008）、《城市规划编制办法》（建设部令第146号）、《中华人民共和国体育法》（1995）、《全民健身条例》（2009）、《城市公共设施规划规范》（GB 50442—2008）、《公共文化体育设施条例》（国务院令第382号）、《城市社区体育设施建设用地指标》（2005）、《中共中央国务院关于进一步加强和改进新时期体育工作的意

---

① 《大连市人均公共体育面积达0.6平方米》，http：//www. ln. gov. cn/zfxx/qsgd/dls/hxdl/201309/t20130902_1174373. html。

② 《长春：全民健身风潮正劲，人均体育用地2.03平方米》，http：//sports. sina. com. cn/o/2013-08-07/08566709710. shtml。

③ 《全民健身难在哪》，http：//finance. ifeng. com/a/20140423/12182575_0. shtml。

④ 国家体育总局：《第五次全国体育场地普查数据公报》，http：//www. sport. gov. cn/n16/n1167/n2768/n32454/134749. html。

见》(2002)、《中共辽宁省委、辽宁省人民政府关于加快我省体育事业发展的意见》(辽委发〔2004〕9号)、《中共大连市委、大连市人民政府关于加快体育事业发展的意见》(大委发〔2006〕6号)、《大连市体育事业发展"十一五"规划》进行公共体育设施专项规划的编制。①

在科学依据的基础上，大连市提出了明确的编制任务。首先，通过详细摸底调查、现场踏勘以及资料汇总，梳理大连体育设施现状规模、具体分布及存在问题，为下一步科学合理配置体育设施奠定基础；其次，研究相关政策法规，总结国内外成功案例，为大连体育设施配置提供经验借鉴及标准制定依据；第三，采用"问题导向法"和"目标导向法"建立大连市体育事业未来发展的目标与战略；第四，构建科学配置、城乡统筹的公共体育设施分级体系和配置标准；第五，制定大连市区体育设施用地布局，确保用地落实；第六，为村镇及市域其他地区域区体育设施建设提出规划指引；第七，制定各级公共体育设施近期建设规划，与体育事业"十二五"规划相衔接；第八，提出公益事业单位附属体育设施规划指引，促进体育设施社会共享；第九，制定规划实施措施，强化规划的可操作性。

大连市公共体育设施专项规划的编制规划必须遵循有关的原则。第一是以人为本，利民便民。通过制定体育设施规划，促进大连市公共体育设施的合理布局，为人民群众创造良好的生活环境，不断提高居民生活质量。第二是城乡统筹，均衡共享。立足主城区，并带动周边乡镇，城乡统筹协调发展，村镇人口与城市人口在体育设施使用方面享有同等的便利，充分体现公共体育设施的便民性、公益性，满足人民群众对体育设施的需求。第三是分级配置，层次清晰。公共体育设施布局总的要求是调整结构、完善新建区、加强分级布局，积极推进公共体育设施布局的战略调整。具体按市级、片区级、社区（含镇级）级等不同要求设置，构建完善的体育设施服务体系。第四是立足现状，适度超前。从现代体育的内涵和发展趋势出发，整合大连现有体育设施资源，结合大连市国民经济和社会发展水平、人口结构、城市空间结构、环境条件以及体育发展需求等因素，合理确定体育事业的发展规模和标准；同时放眼长远，在设施数量、

---

① 《大连市体育设施专项规划（2009—2020）》，2010年，大连市城市规划设计研究院档案馆藏。

规模、档次等方面适度超前，留有发展空间，不断完善功能，提升整体服务水平。第五是挖掘内涵，彰显特色。大连素有体育名城、足球之城的美誉，也是我国重要的体育人才培养基地，体育设施规划和建设应立足于大连市特有的体育文化和滨海城市的特点，进一步彰显大连的城市特色。

（四）小结

城市体育设施专项规划编制的主要目的与意义在于围绕推动全民健身、提高竞技水平、发展体育产业、推广体育文化四大任务，完善体育设施配置，优化体育设施布局，促进体育产业发展，为实现城市体育建设规划目标、构建和谐社会奠定基础。因此，实现城市公共体育设施推动全民健身、提高竞技水平、发展体育产业、推广体育文化四大功能，城市公共体育设施专项规划编制的分析是具有重要的意义。城市公共体育设施专项规划编制的制定必将会有益于公共体育设施功能的发挥。

第二节　基于"点—轴—网"布局的城市公共体育设施功能规划

城市体育设施功能规划的最终目的就是要使体育设施发挥其最佳的社会效益与经济效益。本书研究认为：体育设施科学合理方式的建设布局就可以发挥其社会效益和经济效益。到目前为止，运用"点—轴—网"理论对城市体育设施进行建设布局是对城市体育设施建设布局经济地理学研究的正确的、科学的选择，这也可能是城市体育设施建设布局合适的发展路径。那么，要想发挥体育设施的社会效益和经济效益，必须对其进行"点—轴—网"理论模式的构建。只有通过这样的方式，才能体现出城市体育设施科学合理的功能规划理念。

一　"点—轴—网"理论及其应用

"点—轴—网"理论是建立在点轴系统理论基础之上的，主要包括佩鲁的增长极理论、克里斯泰勒的中心地理论和赫格尔斯德兰的空间扩散理论。陆大道对宏观区域发展战略进行研究后提出点轴理论，[①] 他认为，地

---

① 陆大道：《关于"点—轴"空间结构系统的形成机理分析》，《地理科学》2002 年第 1 期。

域空间结构的演化是由"点"到"轴"再由"轴"到"面"的渐进式演化过程。具体来讲，经济中心总是首先集中在少数条件较好的区位，呈现出点状分布。这些点被称为点轴开发模式的区域增长极。随着经济的发展，生产要素的不断交换，经济中心逐渐增加，这些点与点之间需要铺建交通线路、动力供应线、水源供应线等配套设施，从而相互连接形成轴线。在区域经济发展中，确定一条或几条具有发展潜力的轴线，并重点发展轴线上的若干点，随着发展的不断推进，发展重点将逐渐向级别较低的发展轴线和发展中心扩散，这样，在区域范围内就渐渐形成不同等级的发展点和轴线，它们彼此相互连接，共同构成发展有序的空间结构，最终形成点轴系统。① 网络开发理论是中心地理论和点轴系统理论的进一步发展，是在区域经济发展达到较高阶段时的空间结构。网络开发理论表明，依据空间一体化的一般规律，区域内的点轴体系完善后，发展的重点就在点轴与其腹地之间的综合建设上，形成网络化布局，将发展机会辐射到更多的区域，生产要素的利用更加充分，空间结构与产业结构更趋合理。②

"点—轴—网"理论反映了社会经济空间组织的客观规律，是目前最有效的产业布局和区域发展的空间结构模式。目前国内大型娱乐设施的建设、体育比赛场馆建设以及商业中心的选址，都在实践上验证了这一理论。韩增林等（2005）将这一理论应用在中小尺度区域交通带规划中，对于旅顺北路经济带的产业规划，提出以交通干线和运输通道为发展主轴，作为交通经济带形成和发展的前提条件，而具备诸多要素的交通，才能加快显现沿线重点产业，形成主导效应，从而带动其他产业的发展，当产业集聚效应形成之后，又能够为城镇组团的基础设施建设提供便利条件和可观的经济效益，经济带就会在区域的发展中发挥更大的拉动效应。③ 李刚等（2006）通过对辽宁省旅游资源的系统分析和总结，提出辽宁省旅游地系统结构空间发展由于自然区位、经济区位、交通区位、旅游区位的优劣，因此形成了不同的等级开发层次，应重点发展增长极点；海岸线

---

① 陆大道：《关于"点—轴"空间结构系统的形成机理分析》，《地理科学》2002 年第1 期。

② 雷晓琴：《基于点轴网理论的区域城乡旅游互动模式研究》，硕士学位论文，厦门大学，2009 年，第 29 页。

③ 韩增林、刘伟、王利：《"点—轴系统"理论在中小尺度区域交通经济带规划中的应用——以大连旅顺北路产业规划为例》，《经济地理》2005 年第 5 期。

和主要铁路线是重点发展轴的主要选择;开发布局应把突出重点与加强协调有机结合起来,结构模式有中心、增长极、发展节点、发展主轴、扩展轴,形成"点"、"轴"、"面"相结合的板块旅游模式。[①] 郝雪等(2011)通过对北黄海经济带的空间发展模式的论述提出,规模效益是"点—轴"模式的基本优势。[②] 由于中心节点存在优越的基础设施条件和交通条件,使得轴心产生集聚效应,一方面,中心节点上人流、物流逐渐集中,能够高效地利用社会分工与协作所产生的效率,各种公共设施的利用率达到最优。另一方面,这种人流、物流、资金流、技术流的流动,提高了轴带上的交通密度,加强了交通工具的使用效率,降低了成本,这也会推动发展多层次立体交通网络。李善华等把"点—轴系统"理论应用到广西省休闲体育产业中,他提出了根据不同的要素特征,建立多条发展轴及中心点,要注重点轴渐进扩散方式,重点开发级别较低的发展轴和中心点,实现以点轴为核心的辐射式发展,最终形成由不同等级的发展轴和中心点组成的多层次复合结构的点轴体育产业发展系统。[③]

以上论述表明,"点—轴—网"理论适用范围广泛,应用成熟,已成为当前我国区域发展和产业布局理论指导的核心理论,这对于我国进一步应用"点—轴—网"理论发展公共体育设施事业有重要的借鉴意义。

二 城市公共体育设施最佳化发展

"点—轴—网"理论模式的本质思想来自于"中心地理论"城市公共体育设施空间结构的发展过程就是城市区位"等级—规模"学说的体现,"点—轴—网"模式的形成就是公共体育设施在城市范围的空间集聚与空间扩散相互发生作用的最终结果,这一空间模式符合社会客体在空间范畴运动的客观规律,"点—轴—网"理论模式是公共体育设施城市规划与发展的最佳结构。

国家国民经济和社会发展"十二五"规划明确提出大力发展公共

① 李刚、吕芳、卢莹:《基于"点—轴"理论的辽宁省旅游地系统空间结构研究》,《辽宁师范大学学报》(自然科学版)2006 年第 2 期。

② 郝雪、韩增林、李明昱:《基于"点—轴"系统理论的北黄海经济带空间结构研究》,《资源开发与市场》2011 年第 6 期。

③ 李善华、黎晓春、陆元兆:《基于点轴理论的广西休闲体育产业特色研究》,《山东体育学院学报》2011 年第 5 期。

体育事业，加强公共体育设施建设，以实现大力发展生活性服务业的目标。[①] 大力加强公共体育设施建设的目的是缓解广大人民群众日益增长的体育需求和社会体育资源相对不足之间的矛盾，只有公共体育设施的社会效益与经济效益最大化地发挥，当前社会体育资源问题才会得以逐渐解决。公共体育设施建设布局的现实问题是我国城市体育设施新建或改（扩）建过程中遇到的棘手问题。目前城市中出现的已建大型体育中心大众无人问津和想锻炼却找不到场地的普遍现象就是突出的例证。如何使公共体育设施有效地被大众利用成为当下政府关注的重中之重。

影响公共体育设施发挥社会与经济效益的显著因素包括人口分布与交通通达度。众所周知，当其他因素处于理想状态的前提下，人口分布与交通通达性越合理，体育设施的利用率就越高。"点—轴—网"理论模式可以科学地将人口分布与交通通达度等影响公共体育设施建设布局的因素进行整合，使区域性的体育设施与区域性的基础设施有机地结合起来，形成显著的空间集聚效果，从而使公共体育设施获得最佳的发展。城市公共体育设施"点—轴—网"理论模式的构建就是将城市公共体育设施在区域范畴形成最佳的空间结构，获得区位空间的最佳发展。

三　"点—轴—网"理论对我国城市公共体育设施建设布局的启示

自 20 世纪 80 年代以来，"点—轴系统"理论在我国的国土开发与经济布局中得到了应用。"点—轴系统"理论是 1987 年《全国国土总体规划》中将沿海和沿江地带作为开发战略重点（即"T"字形结构）的重要理论基础，[②] 同样在城市公共体育设施的建设布局中发挥着主导作用。西方体育发达国家体育设施投资结构呈现多元化特征，在政府出台的多项关于土地、税收等鼓励政策背景下，有效调动了社会及个人力量建设体育设施的积极性，并且社会及个人资本投入比例呈增长态势。

通过对 2009—2010 年《体育事业统计年鉴》统计发现，财政拨款在

---

① 《国民经济和社会发展第十二个五年规划纲要》，http://www.gov.cn/2011lh/content_1825838.htm。

② 陆大道：《2000 年我国工业生产布局总图的科学基础》，《地理科学》1986 年第 2 期。

体育场地投资金额中所占的比例由 2009 年的 23.42% 上升到 2010 年的
56.58%。[①] 由此可见，各级政府财政拨款是当前我国新建或改（扩）建
体育场地资金来源的主体。同时，也表明我国现行的体育设施建设模式带
有较浓厚的政府行政色彩。政府对体育场馆包揽式的管理影响了市场机制
的作用，导致体育场馆利用率低，由此产生的恶性循环降低了社会及个人
资本投入体育设施建设的积极性。在以经营性为主的体育设施运行模式的
现实前提下，既要实现体育设施多方面的投资效益，又要体现体育设施为
公众提供健身娱乐的社会效益，就成为当下发展我国群众体育事业的一个
重要课题。根据"点—轴系统"理论思想的启示，对体育设施进行科学、
合理的建设布局，无疑是打破体育设施社会经济效益低的最佳突破口。

公共体育设施的配置应既能与国家规范《城市公共体育运动设施用
地定额指标暂行规定》相对应，便于制定各级公共体育设施建设标准；
又与行政区划一致，便于实施管理。根据各级公共体育设施相关法规、规
范，结合城市总体规划公共服务设施分类体系，国内各城市形成了不同的
公共体育设施配置体系，但以三、四、五级配置体系居多；三级配置体系
一般为市（省）级—区（县）级—街道（社区）级，以北京、杭州、沈
阳、青岛、大连等城市为代表；四级配置体系一般为市（省）级—区
（县）级—片区级—社区级，以南京、成都等城市为代表；五级配置体系
一般为市（省）级—区（县）级—居住区（含镇）级—社区（小区）级
—镇级（中心镇、一般镇），以厦门为代表城市。

此外，遵从与城市经济发展水平相适应的原则，应确定不同公共体育
设施配置体系的人均用地标准。以大连市为例，2009—2020 年《大连市
体育设施专项规划》提出，2020 年市级公共体育设施按 0.2—0.3 平方米
/人的标准配置，片区级公共体育设施按 0.3—0.4 平方米/人的标准配置，
社区级体育设施用地面积达到 0.3—0.5 平方米/人、建筑面积达到
0.10—0.26 平方米/人。[②] 这样的配置体系与"点—轴系统"理论中

---

① 国家体育总局：《2009 年中国体育事业统计年鉴》，中国体育年鉴出版社 2010 年版，第
89—91 页；国家体育总局：《2010 年中国体育事业统计年鉴》，中国体育年鉴出版社 2011 年版，
第 84—89 页；国家体育总局：《2011 年中国体育事业统计年鉴》，中国体育年鉴出版社 2012 年
版，第 88—91 页；国家体育总局：《2012 年中国体育事业统计年鉴》，中国体育年鉴出版社 2013
年版，第 87—91 页。

② 《大连市体育设施专项规划（2009—2020）》，2010 年，大连市城市规划设计研究院档案
馆藏。

"点"（体育设施）的逐级空间扩散思想是完全吻合的。因此，我国城市公共体育设施现行的配置体系符合"点—轴系统"理论模式的基本要求。

一般来说，我国城市体育设施布局规划的模式可分为 3 种形式，即集中式、分散式、集中与分散相结合式。集中式的布局模式是以体育中心为核心的综合布局模式。以广州市荔湾区为例，大部分区级公共体育设施集中在荔湾体育中心，其建设标准较高，是 2010 年广州亚运会的主要会场之一。① 区级公共体育设施是为区内居民服务的，集中的布局模式将导致居民使用不方便、体育设施使用率不高等问题。分散式的布局模式是指将区级公共体育设施按人口分布情况，配置区级公共体育设施，满足竞技体育与居民体育健身的需求。以青岛市为例，青岛市区级公共体育设施采用分散式的布局模式，在建设市级体育中心的同时，分别在市内 7 个区内建设了 16 处区级体育设施。② 分散式的布局模式要求根据居民日常体育健身的需求设置区级公共体育设施，便于居民使用，但分散式布局需要更多土地和强大的经济实力作为支撑。以上现行的规划布局配置形式仅是依据经验由约定俗成思维定式演绎而形成，缺乏相关理论的支撑。

依据"点—轴系统"理论模式的基本思想，公共体育设施在社会经济的发展中，具有在空间上形成体育设施中心、发挥体育设施中心集聚效果的客观要求。这种空间集聚效果产生的前提条件是合理公共体育设施结构的确定及公共体育设施与区域性基础设施的协调结合，而体现这种空间集聚效果的载体正是"点—轴系统"发展模式。在此，基础设施主要指以交通线为主以及附属于交通线上的交通、通信信息、休闲、娱乐、餐饮、购物、旅游、体育教育培训等基础服务设施。"点—轴系统"发展模式能够尽可能地发挥各级体育中心的作用。各级体育中心在城市经济发展中产生，是城市体育文化的核心，区域人口分布、百姓健身需求、经济发展状况等是其建设布局与发展的依据，体育中心以健身、竞技比赛、训练等供给服务于城市的不同区域。只有把各级体育中心作为不同等级的建设重点，整个城市的群众体育事业才能发展起来。

"点—轴系统"发展模式可以使各级体育中心与以交通线为主的基础

---

① 《广州亚运会场馆》，http：//www.gz2010.cn/10/0825/15/6EUN0IJS0078009G.html。

② 《大连市体育设施专项规划（2009—2020）》，2010 年，大连市城市规划设计研究院档案馆藏。

设施之间达成最佳的空间结合,从而使城市区域内的交通、通信信息、休闲、娱乐、餐饮、购物、旅游、体育教育培训等设施与各级体育中心、公共体育设施形成一体化。"点—轴系统"发展模式有利于城市的区之间、街道之间、社区之间便捷地联系,有利于城市内各级行政区划之间的公共体育设施专业化与协作,进而形成有机的城市网络。因此,"点—轴系统"发展模式考虑的关键是城市各级行政区域内重点发展轴线的选择与确定。这一方面可以使城市各级行政区域公共体育设施建设布局战略思想保持统一,另一方面可使城市各级行政区域公共体育设施建设布局方向保持一致,最终有利于提高公共体育设施的社会效益、经济效益以及管理组织水平。

在我国城市体育设施专项规划中,常常把规划目标确定为逐步形成覆盖规划区的城乡体育设施网络。可见,网络化是城市公共体育设施建设布局的最高诉求。"点—轴系统"理论使我们感到点轴与网络之间似乎存在着内在的关联。我国学者魏后凯提出:网络化模式是在区域经济发展达到较高程度情况下的空间结构。① 陆大道先生指出:网络开发模式实际上是"点—轴系统"模式的进一步发展,是该理论模式的一种表现形式。②

通过对"点—轴系统"理论模式形成机理的分析得出:以基础设施束为表现形式的发展轴的确定,必将使附着在发展轴上或在发展轴影响范围内的体育中心、公共体育设施获得重点发展和优先开发,从而产生次级的体育中心。以此类推,第三级、第四级的发展中心逐次得以形成。基于此,不同级别规模的体育中心和与之相对应的发展轴组成了网络式的城市全域布局模式。网络开发模式是"点—轴系统"理论模式一种更高形式的演变,在城市公共体育设施建设布局中同样发挥着重要的理论指导作用。此外,"点—轴系统"理论是经济地理学的重要理论之一,那么,作为经济地理学中经典研究方法之一的地理信息系统法,在"点—轴系统"理论使用过程中可以发挥研究工具的作用。GIS具有地图浏览、信息查询、图表统计以及数据录入的功能。所以,GIS可以作为公共体育设施建设布局中的一个有力的管理工具。

考虑到当前我国城市公共体育设施的布局情况,我们提出的应用思路

---

① 魏后凯:《走向可持续协调发展》,广东经济出版社2001年版,第84页。
② 陆大道:《关于"点—轴"空间结构系统的形成机理分析》,《地理科学》2002年第1期。

为：第一，系统整理城市公共体育设施的相关信息，综合评价，以选取所在区域的中心点，总结各中心点发展过程中体现出来的性质与特征，整合分析各中心点的状况，进行轴的连接，从而得出所要研究区域的性质与特征。第二，在发展策略研究上，要优先考虑发展轴，因为发展轴犹如门轴转动带动整个门一样，是区域发展的核心力量，所以根据要素禀赋的特征，在一定地域空间内开发具有相同潜力和等级的重要线状基础设施经过的地带等，并将此作为体育设施布局的发展轴，根据发展轴和中心点的不同等级来确定重点发展对象。第三，在城市公共体育设施的扩展布局中，注重"点—轴"渐进扩散的方式。随着区域体育设施数量的逐渐增加，开发重点逐步转移并扩散到级别较低的发展轴和中心点，实现以"点—轴"为核心的辐射式发展，最终形成由不同等级的发展轴和中心点组成的多层次结构的点、轴、网覆盖下的城市公共体育设施布局，进而带动整个城市公共体育设施的全面发展。第四，对于正在建设中或已经形成的区域，通过改变或增加"轴"的方式，使各级"点"较好地结合起来，让区域发展中的人流、物流和能量流最为经济，生产和流通的中间过程支出最小化，体育设施的实用性与居民点的关联达到一体化；对于未开发的区域，要优先确立发展轴。确立发展轴要特别关注：连接城市两个区域间体育中心或体育设施的最优交通线；已经具备发展轴条件的交通主次干线（区域内的人口、基础设施、交通通达性等）；尽量靠近居住区。发展轴的确立可使区域内各地区、各部门有明确统一的地域开发方向，有利于提高公共体育设施的投资效果和管理组织水平。第五，构建公共体育设施经济地理信息系统（EGIS）。公共体育设施既需要理论的支撑，又需要专业工具的辅助，而地理信息系统（GIS）有力地辅助经济地理研究。它的出现能够帮助分析公共体育设施产业发展的自然资源、自然条件、技术条件以及社会经济发展，评估城市公共体育设施布局的特征，定性、定量分析当前城市公共体育设施布局的合理性，对不同城市公共体育设施的建设布局进行相应的优化，依据EGIS分析出的成果，以抽象演绎法总结中心地等级序列和市场需求区的镶嵌规律。

四　依据"点—轴—网"理论优化大连市公共体育设施建设布局的案例分析

依托大连"西拓北进"的城市发展战略，《大连市城市总体规划

（2009—2020）》提出了"一轴两翼、一核多节点"全域城市化的城镇空间结构规划（见图8—1）。①"一轴"是沿"哈大"交通走廊的东北地区区域发展中轴，"两翼"是沿渤海城镇发展翼和沿黄海城镇发展翼，"一核"即大连市中心城区，包括核心区、金州新区—保税区城区和旅顺城区，"多节点"即目前大连所属县市城区以及长兴岛经济技术开发区等。《大连市建设文明交通城市行动计划（2011—2015）》指出：近期目标是完善大连主城区"七纵七横"的快速路（主干路网）系统（如图8—2所示）；远期目标是通过高速公路、环城快速路或轨道交通，形成"Ψ"字形放射式的城市路网格局。② 此外，大连市主城区组团中的核心区域"十二五"交通规划将要构建外环路网模式，即构建由大连湾跨海大桥、土羊高速、南部滨海通道、地铁4号线和轻轨旅顺南线组成的主城区组团内大外环线路。③ 因此，"中轴"向"西拓"的延伸部分是"大外环"（见图8—3）。"十一五"期间，大连市全域人口城市化进程加速。城市化率由56.2%升至61.2%，高出全国15%，比"十五"期间提高了3.7%。城市人口分布呈"西拓北进"发展态势。④ 大连城市交通和人口分布的特征与全域城市化发展战略的要求是完全相符的。

　　"点—轴—网"理论优化大连市公共体育设施建设布局的关键是确定"发展轴"。公共体育设施中心（"点"）赖以产生与发展的基础设施束（"发展轴"）是实现区域通达性和渐进式扩散的前提条件，也是"点—轴系统"理论模式构建的思想精髓。依据"点—轴系统"理论中首先确定发展轴的思维模式，将集聚交通和人口的大连城市主命脉"一轴"、"两翼"和"大外环"作为公共体育设施建设布局的主要发展轴（称为一级发展轴），那么，公共体育设施的一级配置（市级公共体育设施中心）就应建设布局在哈大中轴、沿黄海发展翼、沿渤海发展翼及向旅顺延伸"大外环"的"三轴一环"上（见图8—1）。

　　① 《大连城市总体规划（2009—2020）》，http：//wenku.baidu.com/view/68617e4fc850ad02de8041c0.html。

　　② 大连市城乡建设委员会，《大连市建设文明交通城市行动计划（2011—2015）》，http://www.dalian-jw.gov.cn/news/news_view.asp?id=42770。

　　③ 《大连市主城区组团中的核心区域"十二五"交通规划》，http：//www.360doc.com/content/13/0202/10/8553846_263724760.shtml。

　　④ 《我市人口分布趋向合理》，http：//my.dl.gov.cn/rss_info.jsp?diid=127B010001103100532111030919。

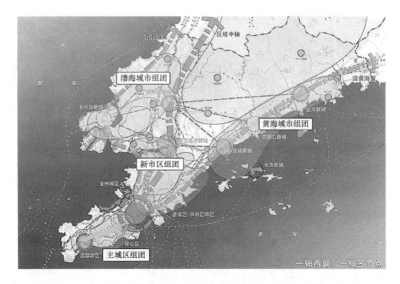

图 8—1　"点—轴系统"理论中大连城市一级发展轴示意图

资料来源:《〈大连市城市总体规划（2009—2020）〉（草案）公告》，http://blog.ifeng.com/article/8430292.html。

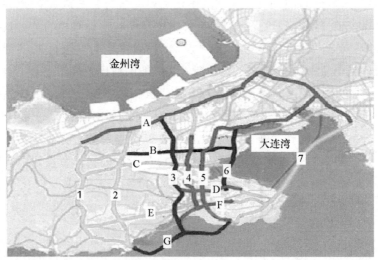

注:"七横"包括:A-土羊高速，B-中华路，C-东方路，D-疏港路，E-五一路，F-胜利路，G-南部滨海通道;"七纵"包括:1-前黄路，2-河革路，3-西南路，4-东联路，5-东北路，6-光明路，7-大连湾跨海通道

图 8—2　大连市核心区"七纵七横"快速路图

资料来源:《"七纵七横"构建城市快速路网》，http://www.pwxqw.com/news/460.aspx。

图8—3　大连市轨道交通规划图

资料来源：《大连轨道交通规划》，http：//www.doc88.com/p-989966030876.html。

从大连市规划的8个市级公共体育设施中心布局来看（见图8—4至图8—7）。① 金石国际运动中心位于沿黄海发展轴上；朱棋路体育中心位

图8—4　大连市市级公共体育设施规划图

资料来源：《大连地图》，http：//map.baidu.com/? newmap=1&s=s%26wd%3D大连市%26c%3D167&from=alamap&tpl=mapcity。

① 《大连市体育设施专项规划（2009—2020）》，2010年，大连市城市规划设计研究院档案馆藏。

图 8—5　大连市市级公共体育设施规划图

资料来源:《大连地图》, http://map. baidu. com/? newmap = 1&s = s% 26wd% 3D 大连市%
26c% 3D167&from = alamap&tpl = mapcity。

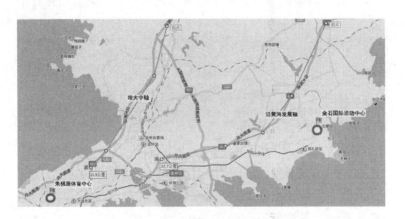

图 8—6　大连市市级公共体育设施规划图

资料来源:《大连地图》, http://map. baidu. com/? newmap = 1&s = s% 26wd% 3D 大连市%
26c% 3D167&from = alamap&tpl = mapcity。

于哈大中轴上;其他 6 个分布在主城区组团内,辽宁水上训练基地、
大连射击训练基地、大连曲棍球训练基地(即旅顺体育中心)分别布局
在旅顺北路(G202)、丹大高速公路(G11)以及大连市规划中的地铁 4
号线上。其中辽宁水上训练基地和大连射击训练基地主要是用于竞技比赛

与训练，从公共体育设施概念外延界定，这两处训练基地不应被划分为公共体育设施。大连市市民健身中心、钻石湾体育公园、体育博物馆位于"七横"的五一路、东方路、胜利路，"七纵"的大连湾滨海大道和大连规划的轨道交通 2 号、4 号、5 号线以及快轨 3 号线上（如图 8—2 所示）。

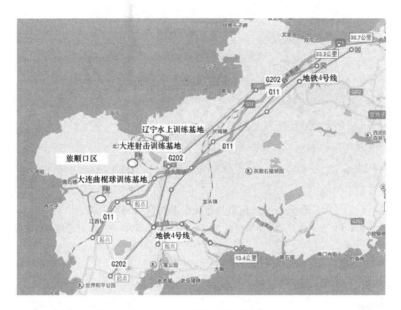

图 8—7 大连市市级公共体育设施规划图

资料来源：《大连地图》，http：//map. baidu. com/？newmap = 1&s = s% 26wd% 3D 大连市% 26c% 3D167&from = alamap&tpl = mapcity。

以上表明：沿渤海发展轴和哈大中轴上没有规划建设布局市级体育中心；布局在黄海发展轴上的市级公共体育设施中心数量不足；布局在主城区大外环发展轴上的实际公共体育中心仅有 3 个（朱棋路体育中心、旅顺体育中心和钻石湾体育公园），且数量严重短缺。纵观全局，大连市市级公共体育设施中心建设布局不符合"点—轴系统"理论模式。结合大连市片区级公共设施中心规划布局状况进一步分析得出（如图 8—8 至图 8—11 所示）：在已经确定的一级发展轴上没有合理地衍生出二级发展轴；规划布局的片区级公共体育设施中心与市级公共体育设施中心没有体现出集聚后扩散生成的空间结构演变特征。

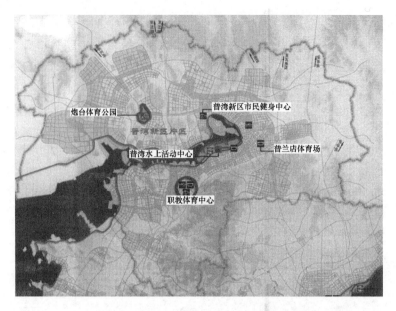

图8—8 大连市片区级公共体育设施规划图

资料来源:《大连市体育设施专项规划(2009—2020)》,2010年,大连市城市规划设计研究院档案馆藏。

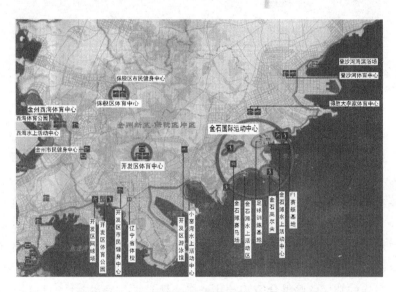

图8—9 大连市片区级公共体育设施规划图

资料来源:《大连市体育设施专项规划(2009—2020)》,2010年,大连市城市规划设计研究院档案馆藏。

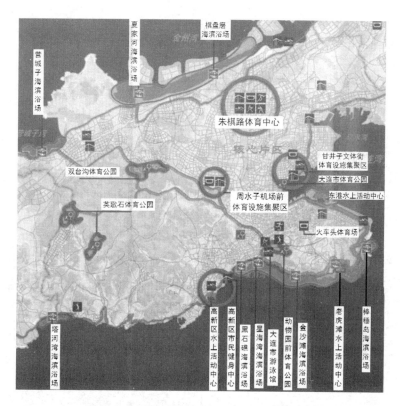

图8—10 大连市片区级公共体育设施规划图

资料来源:《大连市体育设施专项规划(2009—2020)》,2010年,大连市城市规划设计研究院档案馆藏。

综上所述,提出优化方案:扩大《大连市体育设施专项规划(2009—2020)》中体育设施配置体系中片区(包括旅顺口片区、核心片区、金州新区—保税区片区、普湾新区片区四大片区)的覆盖范围,分别在沿渤海发展轴上的长兴岛新城、哈大中轴上的普兰店湾新城、黄海发展轴上的皮杨新城建设布局市级公共体育设施中心;在位于核心片区沙河口区(具有交通通达性高、人口密度大的会展中心)至河口区间段建设布局市级公共体育设施,以填补沙河口无市级公共体育设施的空白。依托大连市"十"字形轨道交通网和"七纵七横"快速路网,科学地确定二级发展轴,优化片区级公共体育设施中心的建设布局,同时兼顾对周边社区的扩散效益,以此整合完善大连市体育设施的功能规划。

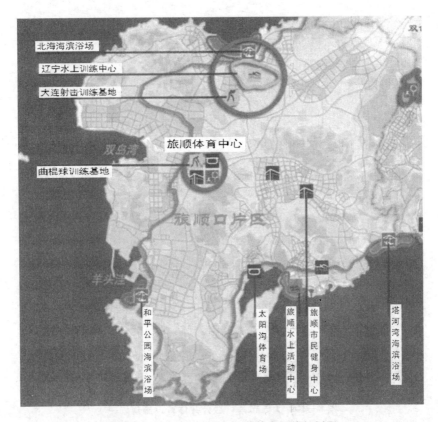

图 8—11　大连市片区级公共体育设施规划图

资料来源：《大连市体育设施专项规划（2009—2020）》，2010 年，大连市城市规划设计研究院档案馆藏。

五　小结

"点—轴系统"理论在我国国土开发和区域发展中发挥着重要的指导作用，[1][2] 应成为我国城市公共体育设施建设布局的理论支撑。城市公共体育设施的建设布局应考虑的关键是城市各级行政区域内重点发展轴线的选择与确定，并且将以交通线为主的各级基础设施束与之相对应的各级行政区域的体育中心结合起来。城市公共体育设施建设布局必须具有城市全域性、整体发展的战略理念，协调好集中与分散、部分与整体、不平衡发

①　陆大道：《关于"点—轴"空间结构系统的形成机理分析》，《地理科学》2002 年第 1 期。

②　杨万钟：《经济地理学导论》，华东师范大学出版社 2009 年版，第 18 页。

展与平衡发展之间的关系，将城市公共体育设施在区域范畴形成最佳的空间结构，获得区位空间的最佳发展。大连市市级公共体育设施的建设布局与"点—轴系统"理论模式不相符的案例表明，应重视利用发展轴"资源流"的优势，在城市不同等级的发展轴上合理布局市级与片区级公共体育设施中心。

参考文献

[1] 国家体育总局：《改革开放 30 年的中国体育》，人民体育出版社 2008 年版。

[2] 陆大道：《关于"点—轴"空间结构系统的形成机理分析》，《地理科学》2002 年第 1 期。

[3] 韩增林、刘伟、王利：《"点—轴系统"理论在中小尺度区域交通经济带规划中的应用——以大连旅顺北路产业规划为例》，《经济地理》2005 年第 5 期。

[4] 李刚、吕芳、卢莹：《基于"点—轴"理论的辽宁省旅游地系统空间结构研究》，《辽宁师范大学学报》（自然科学版）2006 年第 2 期。

[5] 郝雪、韩增林、李明昱：《基于"点—轴系统"理论的北黄海经济带空间结构研究》，《资源开发与市场》2011 年第 6 期。

[6] 李善华、黎晓春、陆元兆：《基于点轴理论的广西休闲体育产业特色研究》，《山东体育学院学报》2011 年第 5 期。

[7] 陆大道：《2000 年我国工业生产布局总图的科学基础》，《地理科学》1986 年第 2 期。

[8] 国家体育总局：《2009 年中国体育事业统计年鉴》，中国体育年鉴出版社 2010 年版。

[9] 国家体育总局：《2010 年中国体育事业统计年鉴》，中国体育年鉴出版社 2011 年版。

[10] 国家体育总局：《2011 年中国体育事业统计年鉴》，中国体育年鉴出版社 2012 年版。

[11] 国家体育总局：《2012 年中国体育事业统计年鉴》，中国体育年鉴出版社 2013 年版。

[12] 魏后凯：《走向可持续协调发展》，广东经济出版社 2001 年版。

[13] 郑皓怀、钱峰：《国外社区体育设施发展建设初探》，《建筑学报》2008 年第 1 期。

[14] 林向阳：《我国区域体育协调与发展的理论研究》，《首都体育学院学报》2004 年第 4 期。

[15] 焦连成：《经济地理学研究的传统对比》，博士学位论文，东北师范大学，

2007 年。

　　[16] 王智勇、郑志明：《大城市公共体育设施规划布局初探》，《华中建筑》
2011 年第 7 期。